中国特色社会主义经济建设协同创新中心

中国特色社会主义经济建设协同创新中心成果要报（2018）

逄锦聚　主　编
周云波　副主编

中国财经出版传媒集团
经济科学出版社
Economic Science Press

图书在版编目（CIP）数据

中国特色社会主义经济建设协同创新中心成果要报 . 2018/逄锦聚主编 . —北京：经济科学出版社，2019. 5

ISBN 978 -7 -5218 -0556 -7

Ⅰ. ①中… Ⅱ. ①逄… Ⅲ. ①中国特色社会主义 - 经济建设 - 研究报告 - 2018 Ⅳ. ①F120. 3

中国版本图书馆 CIP 数据核字（2020）第 069152 号

责任编辑：于海汛 李迎悦
责任校对：杨 海
责任印制：李 鹏 范 艳

中国特色社会主义经济建设协同创新中心成果要报（2018）

逄锦聚 主 编

周云波 副主编

经济科学出版社出版、发行 新华书店经销

社址：北京市海淀区阜成路甲 28 号 邮编：100142

总编部电话：010 -88191217 发行部电话：010 -88191522

网址：www. esp. com. cn

电子邮件：esp@ esp. com. cn

天猫网店：经济科学出版社旗舰店

网址：http：//jjkxcbs. tmall. com

北京季蜂印刷有限公司印装

787 ×1092 16 开 16 印张 310000 字

2020 年 5 月第 1 版 2020 年 5 月第 1 次印刷

ISBN 978 -7 -5218 -0556 -7 定价：56. 00 元

编　委　会

前　言

中国特色社会主义进入新时代。加强对中国特色社会主义改革、开放和现代化建设理论与实践的研究，为经济社会发展提供战略性、全局性、前瞻性的理论和政策支持，是实践和时代发展的迫切需要。适应实践和时代发展之需要，由南开大学牵头，南京大学、中国人民大学、中国社会科学院和国家统计局组成的中国特色社会主义经济建设协同创新中心按照“国家急需、世界一流”的要求，以发展道路建设、经济制度建设和理论体系建设为主攻方向，积极联合国内外创新力量，有效整合创新资源，努力建设成为中国特色新型智库。

《成果要报》是由中国特色社会主义经济建设协同创新中心主办的内部报告，也是落实建设新型智库任务的重要载体，其宗旨就是咨政建言，为党和国家民主决策、科学决策提供参考。

《成果要报》创办以来得到了协同单位和广大学者的鼎力支持，特表示衷心感谢！此次编辑成书的是“中心”学者 2018 年提交的 52 篇研究报告的摘要，这些报告摘要曾经通过一定渠道提供给有关决策部门参阅，现结集出版，以与读者们交流，并请批评指正。我们愿与学术界同仁一起，为实现“两个百年”目标和中华民族伟大复兴的中国梦做出积极的贡献！

逄锦聚

2019 年 1 月 10 日

目　录

习近平新时代中国特色社会主义思想与政治经济学的理论突破

周绍东

【内容简介】 任何一种思想体系的诞生，都是以基础理论的重大突破作为先导的。马克思主义与中国实践的结合，曾实现了"两次飞跃"，形成了两大思想体系。第一次"飞跃"形成了毛泽东思想，第二次"飞跃"形成了包括邓小平理论、"三个代表"重要思想、科学发展观在内的中国特色社会主义理论体系。以党的十九大为标志，在新的历史条件下继续夺取中国特色社会主义伟大胜利的时代背景下，习近平新时代中国特色社会主义思想，系统回答了"坚持和发展什么样的中国特色社会主义、怎样坚持和发展中国特色社会主义"这个重大问题，实现了马克思主义中国化的"第三次飞跃"。

毛泽东思想和中国特色社会主义理论体系的建立，都是以正确认识我国社会基本矛盾和主要矛盾作为理论突破，进而构建起完整体系的。马克思主义唯物史观认为：生产力和生产关系之间的矛盾、经济基础和上层建筑之间的矛盾是社会基本矛盾，这个基本矛盾决定了社会发展过程的基本性质和基本趋势，同时，社会基本矛盾的运动是社会发展的根本动力。在社会发展的不同历史阶段，又会出现与之相对应的社会主要矛盾，这个主要矛盾，决定了社会发展阶段的性质，同时也决定了这个阶段的主要任务。

新民主主义革命时期，以毛泽东为核心的中国共产党第一代领导集体，准确把握当时中国社会主要矛盾——广大人民群众同帝国主义、封建主义、官僚资本主义之间的矛盾，率领中国人民推翻三座大山，建立起中华人民共和国，取得了新民主主义革命的伟大胜利。随着国民经济的恢复和社会主义改造的完成，1956 年中共八大提出：我们国内的主要矛盾，已经是人民对于建立先进的工业国的要求同落后的农业国的现实之间的矛盾，已经是人民对于经济文化迅速发展的需要同当前经济文化不能满足人民需要的状况之间的矛盾。这是新中国成立以来党对社会主要矛盾认识的第一次重大突破，是马克思主义政治经济学基本原理与中国实践紧密结合的光辉典范。由此，中国共产党将新民主主义革命思想和社会主义建设思想有机融合起来，共同构成了毛泽东思想这一完整的理论体系。

改革开放以来，以邓小平为核心的党的第二代领导集体，重新审视社会主义本质和社会主义初级阶段基本国情，运用马克思主义政治经济学“生产力—生产关系”相互作用的基本原理，实事求是地对我国社会主要矛盾进行了重新定位。1981 年党的十一届六中全会指出：在社会主义改造基本完成以后，我国所要解决的主要矛盾，是人民日益增长的物质文化需要同落后的社会生产之间的矛盾。这是党对社会主要矛盾认识的第二次重大突破，在此基础上，中国特色社会主义事业不断前进，涌现出邓小平理论、“三个代表”重要思想、科学发展观等一脉相承的重大理论创新，中国特色社会主义理论体系不断完善，同时也不断开拓着马克思主义政治经济学新境界。

进入二十一世纪，特别是党的十八大以来，世界经济政治格局发生了深刻变化，中国发展的总体态势趋好，但同时也面临着经济新常态、资源环境约束和逆全球化浪潮等一系列严峻挑战。面对纷繁复杂的国内外局势，以习近平同志为核心的中国共产党新一代领导集体，创造性地运用马克思主义基本原理，辩证把握社会主义初级阶段的“变”与“不变”，紧紧抓住社会主要矛盾这一根本性、全局性问题，提出“新时代我国社会的主要矛盾是人民日益增长的美好生活需要和不平衡不充分的发展之间的矛盾”，完成了中国共产党对社会主义矛盾认识的第三次重大突破，实现了马克思主义中国化的“第三次飞跃”。也正是通过这一重大理论突破，为习近平新时代中国特色社会主义思想体系的建立奠定了基础。

主要矛盾转化的同时也提出了如何解决矛盾的问题。解决这一问题的关键点在于：在注意到主要矛盾变化的同时，不能忽视社会基本矛盾，而是要在把握社会基本矛盾的基础上抓住主要矛盾、解决主要矛盾。社会主要矛盾是社会基本矛盾在特定历史阶段的表现形式和存在形式，是随着历史发展潮流不断变化的，“变”是常态。生产力与生产关系、经济基础和上层建筑之间的矛盾运动是永不停歇的，基本矛盾的变化蕴含在不变之中，持续不“变”的“变”是常态。

因此，要解决“人民日益增长的美好生活需要和不平衡不充分的发展之间的矛盾”，不能仅仅调整社会总供给和总需求这一经济运行的表层关系，而是要深入调整生产方式及其与之相适应的生产关系。从这个意义上来看，中国特色社会主义政治经济学的理论突破不仅在于提出社会主要矛盾的转化，更重要的还是如何解决这一矛盾。特别需要指出的是：开展这种调整的根本标准是以人民为中心，根本举措是全面深化改革，根本原则是贯彻五大发展理念，具体来说，应从以下几个方面着手。

第一，坚持和完善社会主义基本经济制度。必须毫不动摇巩固和发展公有制经济，坚持公有制主体地位，发挥国有经济主导作用，不断增强国有经济活力、控制力、影响力。公有制经济控制关系国计民生的重要部门，提供基础设施配套、公共服务和战略性高新技术，能够有效地纠正发展的“不平衡”问题，保护和发展全体人民的整体利益。与此同时，必须毫不动摇鼓励、支持、引导非公有制经济发展，激发非公有制经济活力和创造力，避免经济发展陷入“不充分”的陷阱。通过发展非公有制经济，调动各类经济主体的主观能动性，能够为国民经济发展提供竞争性的市场环境，积极有效地推动经济发展方式的转型升级。

第二，把市场在资源配置中起决定性作用和更好发挥政府作用有机结合起来。使市场在资源配置中起决定性作用，核心之道就是要充分激发人的主观能动性，只有充分发挥人的主观能动性，市场机制的灵活性和激励功能才能充分显现出来。但与此同时，又不能仅仅依靠市场机制，而是要在市场决定资源配置的基础上，更好发挥政府作用，纠正“经济人”片面追求利益最大化造成的发展不平衡问题，维护公平正义和社会稳定，实现全体人民的整体利益要求。

第三，在供给侧结构性改革中推动供给和需求的协调发展。供给侧结构性改革不仅仅局限在供给侧，其要义是从供给和生产的角度促进发展，并同时统筹协调供给和需求两个方面。供给侧结构性改革就是要通过夯实社会主义基本经济制度基础，理顺市场与政府的关系，进一步提升供给质量，满足人民日益增长的美好生活需要，脱离了这个根本目的，供给侧结构性改革就无法取得预期效果。必须从人民群众整体需求出发，把制度、体制和技术三者有机结合起来，减少无效供给、扩大有效供给、优化供给结构，推动我国生产力充分增长，增强经济平衡发展的韧性和动力。

【作者简介】

周绍东，南京财经大学副教授，江苏省中国特色社会主义理论体系研究中心特聘研究员。

关于新时代党的领导和经济社会发展的一些思考

卫兴华

【内容简介】办好中国的事情，关键在党。为什么必须坚持加强和完善党对一切工作的领导，文中给出了详细的解答。坚持和完善党的领导，是党和国家的根本所在、命脉所在，是全国各族人民的利益所在、幸福所在。进入新时代会面临多样的经济社会发展问题，文中详细介绍了经济社会发展的不同时期社会主要矛盾论断的多次转换以及依据新发展理念建设现代化经济体系。

一、为什么必须坚持加强和完善党对一切工作的领导

中国在共产党的领导下，完成了新民主主义革命的胜利，推翻了压在中国人民头上的三座大山：帝国主义、封建主义和官僚资本主义，获得了民族独立和被压迫、被剥削人民的解放，使中国人民站起来了，洗雪了百余年来任由列强侵略宰割的耻辱。又在共产党的领导下，进行了社会主义革命和社会主义建设，在旧中国所遗留下来生产力极端落后的基础上建立了社会主义制度。建立社会主义制度是全新的事业，需要把马克思主义理论与中国的实际国情结合起来，进行新的探索和实践，既向先期的社会主义国家学习，更重视从中国实际出发，走自己的路。于是在党领导下，提出和实践社会主义初级阶段理论、中国特色社会主义道路与制度，并进行了近 40 年的改革开放和新的发展事业，使中国从站起来到富起来、强起来，这一切都是在中国共产党领导下实现的。

创建和发展社会主义事业，走中国特色社会主义道路，为什么必须由以马克思主义为指导的中国共产党领导？在十九大报告中反复强调要坚持党对一切工作的领导，党政军民学，东西南北中，党是领导一切的。十九大报告强调：中国特色社会主义制度最本质的特征是中国共产党的领导，中国特色社会主义制度的最大优势是中国共产党的领导。党的领导是人民当家做主和依法治国的根本保证。没有共产党的领导，民族复兴必然是空想。论述符合事实，也是长期以来一再强调的事情。我认为，可以从更深层次的理论和实践逻辑来论

证这一问题。创建和发展社会主义事业、走中国特色社会主义道路、夺取新时代中国特色社会主义的新胜利，必须以由马克思主义武装的中国共产党领导。既有其必要性，也有其必然性。

我曾阐述过社会历史发展的一个独特问题：社会主义的产生和发展，与以往一切社会形态的产生和发展有个根本性的区别。以往社会形态的产生和发展以及被另一更高社会形态所取代，都是一个既合乎社会历史发展规律的过程，又是一个自发的自然而然的发展过程。以往新的社会经济制度的萌芽是在旧社会制度中产生，并逐渐发展，最后取代旧的制度，建立起新的社会制度。就资本主义制度来说，资本主义经济萌芽，如马克思所说，早在14世纪就在地中海的沿岸产生了。16世纪西方一些国家已进入资本主义社会制度。但直到19世纪初期，还没有“资本主义”概念产生。资本主义与市场经济是同生共存的，但“市场经济”的概念直到19世纪末还未出现。国外学者和少数国内学者曾探讨“资本主义”和“市场经济”概念最初由何人、何时、何著作中提出，但至今依然显得杂乱无章，无确实证据可立论。如果查证，马克思在1848年出版的《共产党宣言》中，还没有“资本主义”概念，而多用资产阶级概念。从笔者所查证的学术资料来看，最早从社会经济制度含义上提出“资本主义”概念的就是马克思。虽然在19世纪50年代，马克思的论著中还很少使用资本主义概念，但在个别地方还是使用了。如在1857～1858年的《经济学手稿》中马克思讲：“有一种幻想，以为资本家实际上是‘节约’的，似乎正因为这样他们才成为资本家——这是一种在资本主义以前的时期才有意义的要求和想法。”① 在19世纪60年代，马克思著作中就普遍运用资本主义概念了。

虽然资本主义经济离不开市场经济，但“市场经济”一词出现得更晚。有个别学者说，“市场经济”一词最早出现在19世纪末的新古典经济学著作中，但经我查询，没有提供出处，只是一种推断，不足为凭。从现有资料看，最早提出市场经济一词的是列宁。他在1906年的《土地问题和争取自由的斗争》一文中提出：“只要还存在着市场经济，……世界上任何法律都无法消灭不平等和剥削”。“只有建立起大规模的社会化的计划经济”，同时一切生产资料归劳动者所有，“才能消灭一切剥削”。西方国家后来宣传市场经济，在一定程度上是用以反对社会主义计划经济的。西方学者广泛使用和宣扬市场经济，是在20世纪30年代及以后的时期。20世纪二三十年代，产生过一次资本主义市场经济和社会主义计划经济的大论战。一些西方学者把市场经济与资本主义相等同，把计划经济与社会主义相等同。他们赞扬西方市场经济，贬抑社会主义计划经济，就是依此来用资本主义否定社会主义。由此，市场经济概

① 《马克思恩格斯全集》第46卷上册，人民出版社1979年版，第244页。

念才在西方国家广泛流传起来。

由此可以看出，资本主义是先有社会经济制度的产生与发展，后有资本主义和市场经济概念及其理论的形成。表明资本主义的产生和发展，是一个自然而然的自发演进的过程，并不是事先在封建主义内部建立起一个主张实行资本主义的政党、提出资本主义概念和理论、有领导有谋划地开展资本主义运动、自觉实现和推进资本主义的过程。资本主义制度建立以后，也不会出现倒退回封建制度的事情。因此，不需要提出要坚持资本主义道路和方向的问题。

社会主义的产生和发展，与以往社会制度的产生和发展有根本的不同。"社会主义"一词是个广义的大概念。先有"社会主义范畴""社会主义理论""社会主义运动""社会主义革命"，后有"社会主义制度"的产生和发展。我们讲"社会主义 500 年"，是先有社会主义思想和理论，后有社会主义实践。社会主义由空想变为科学后，一切社会主义事业都是有领导、有组织、有谋划的自觉的行动。脱离开马克思对政党的领导，没有党掌握客观发展规律的谋略，没有党用科学的理论教育和掌握群众和发动群众，社会主义事业不可能胜利。从人类以往的发展历史来看，一个新的社会制度建立和发展后，不存在倒退回旧制度的可能。世界上一百几十个资本主义国家，没有一个会倒退回封建制度去。因此，没有一个资本主义国家的政治家和理论家会提出要坚持资本主义道路和资本主义方向。而我国则要不断强调坚持社会主义道路、方向。如果不坚持以马克思主义为指导的党的领导，不自觉地去进行社会主义的发展和改革，而让自发势力泛滥，发展了的社会主义也可能倒退回旧制度去。某些原社会主义国家的历史事实就是印鉴。同时，应当明确，社会主义创建与发展的自觉性、战略预见性和科学规划性，需要也只能集中于党中央手中，而不可能分散于广大群众手中。这正是搞社会主义必须由党的领导的根本所在。放弃或削弱党的领导，社会主义事业必然难以成功而最终转向失败。党的领导关键在党中央，中央领导的关键在核心。党领导的正确与错误、成功与失败，关系到社会主义事业的得失成败。

正是由于党的领导的必要性和重要性，就需要改进和完善党的领导制度与体制，需要从严治党。十九大报告指出："我们党要始终成为时代先锋、民族脊梁，始终成为马克思主义执政党，自身必须始终过硬。全党要更加自觉地坚定党性原则，勇于直面问题，敢于刮骨疗毒，消除一切损害党的先进性和纯洁性的因素，清除一切侵蚀党的健康肌体的病毒，不断增强党的政治领导力、思想引领力、群众组织力、社会号召力，确保我们党永葆旺盛生命力和强大战斗力。"

中国共产党的强大领导力和巨大的社会影响力，在于立党为公、执政为民，在于全心全意为人民服务。习近平强调要树立以人民为中心的思想，十九大报告将这一思想作为新时代中国特色社会主义思想的重要内容之一。再次指出，要坚持人民当家作主，以人民为中心。人民是决定党和国家命运的根本力量，要把党的群众路线贯彻到治国理政全部活动之中，把人民对美好生活的向往作为党的奋斗目的，依靠人民创造历史伟业。离开了这一根本宗旨，就会失去人民群众的信任和拥护，从而失去领导力。原来的一些社会主义国家亡党的教训一定要记取。

二、进入新时代的经济社会发展问题

1. 经济社会发展的不同时期社会主要矛盾论断的多次转换

新中国成立后，从半殖民地半封建社会的旧中国接收下来的“遗产”，是极端落后的生产力和广大人民群众处于缺衣少食的贫穷状况。在党的领导下，经过三年的发展，到1952年，国民经济就恢复到1936年的水平。1953年，开始实行第一个五年经济计划。第一个五年计划完成得较好，在生产力发展和人民生活水平的提高两个方面都取得了显著的成就。1956年，党的八大会议是在三大改造基本完成期间召开的。八大决议提出了我国主要矛盾的转化，即由三大改造前的工人阶级与资产阶级的矛盾，转化为“人民对于建立先进的工业国的要求同落后的农业国的现实之间的矛盾”，是“人民对于经济文化迅速发展的需要同当前经济文化不能满足人民需要的状况之间的矛盾”。在消灭生产资料私有制，建立了社会主义制度后，对主要矛盾转化的论述，总的说来是正确的。新的主要矛盾正是表明了，由于生产力落后，不能满足人民日益增长的经济文化的需要。为解决这一矛盾，主要任务自然是要发展生产力，把我国尽快地从落后的农业国变为先进的工业国，提高人民的物质生活和文化生活水平。

但是，1957年“反右”运动后，放弃了八大决议关于社会主要矛盾的论断，将主要矛盾规定为“无产阶级和资产阶级的矛盾，社会主义道路和资本主义道路的矛盾”。1958年，违反生产关系适合生产力发展状况的规律搞“大跃进”，脱离我国生产力落后的现实，要通过建立人民公社实现共产主义，干了许多超阶段的错事。在造成经济社会重大损失引发社会化矛盾的情况下，又狠抓阶级斗争直至“文化大革命”。

1978年，党的十一届三中全会放弃“以阶级斗争为纲”的方针，把工作重点转移到以经济建设为中心的社会主义现代化建设上来。

总结新中国成立后在社会主义建设与发展事业中的经验教训，根据我国生产力落后、经济短缺、人民生活的基本物质文化需要不能满足的现实，提出了我国处于社会主义初级阶段的理论。1981年，在中共中央《关于建国以来党的若干历史问题的决议》中第一次明确提出“我们的社会主义制度还是处在初级阶段”。党的十三大在以往多次论述的基础上，进一步系统地和比较充分地论述了我国社会主义初级阶段的理论和实践问题，并以此作为党和国家制定经济社会发展的基本路线、方针和政策的理论依据。

在我国经济社会发展的不同阶段，都要提出相应的社会主要矛盾的具体内容。党的十一届三中全会既然否定了“阶级斗争为纲”方针，将工作重点转移到社会主义现代化建设上来，对社会主要矛盾的提法自然也需要改变。但这种改变不是由经济社会发展的实际变化所引致，而是对原有关于主要矛盾论断的否定，是对八大决议所提出的社会主要矛盾的恢复和进一步明确化。邓小平在1979年3月提出：“我们的生产力发展水平很低，远远不能满足人民和国家的需要，这就是我国目前时期的主要矛盾，解决这个主要矛盾就是我们的中心任务。”① 1981年，中共中央《关于建国以来党的若干历史问题的决议》将主要矛盾表述为“在社会主义改造基本完成以后，我国所要解决的主要矛盾，是人民日益增长的物质文化需要同落后的社会生产之间的矛盾”。党的十二大报告确定了这一表述。对这一社会主要矛盾的表述，一直延续到十九大报告前。十九大报告改变了原有的表述，提出了社会主要矛盾的转化。我国已进入了中国特色社会主义发展的新时代，应“明确新时代我国社会主要矛盾是人民日益增长的美好生活需要和不平衡不充分的发展之间的矛盾”。矛盾的转化反映了我国生产力快速发展的巨大成就和人民生活水平总体上已提高到一个新的层次的事实，是当代中国特色社会主义政治经济学的创新与发展。

有个问题需要弄清：两种不同表述的社会主要矛盾，都是社会主义初级阶段的主要矛盾，二者的内涵是毫无联系、相互排斥和否定的关系呢，还是有继承、有延伸、有发展、有变化的关系？我的理解是后者而非前者，否则就无法说明一个事实。习近平同志2016年1月29日在十八届中央政治局第三十次集体学习时的讲话中说：“我国发展虽然取得了巨大成效，但我国仍处于并将长期处于社会主义初级阶段的基本国情没有变，人民日益增长的物质文化需要同落后的社会生产之间的矛盾这一社会主要矛盾没有变。”另外，习近平同志在2016年7月1日《在庆祝中国共产党成立95周年大会上的讲话》中说：“我国仍处于并将长期处于社会主义初级阶段的基本国情没有变，人民日益增长的物质文化需要同落后的社会生产之间的矛盾这一社会主要矛盾没有变。这是我们谋划发展的基本依据。”难道只隔一年，社会主要矛盾就骤然发生了转变？如果按照后一种逻辑理解，问题就迎刃而解了。其实，社会主要矛盾转化前后都有一个抽象的共同点：生产供给不能满足消费需求。习近平同志经常运用“两点论”的方法分析问题。论述原有的社会主要矛盾，既可以是指生产力绝

① 《邓小平文选》第二卷，人民出版社1994年版，第182页。

对落后，日用消费品绝对短缺的情况；也可以是指内涵虽然发生变化，但生产力还是相对落后，供给不能满足提高了的需求。习近平同志在十九大前正是从后一种意义上论述社会主要矛盾没有变的。他一方面论述了我国生产力发展的巨大成就，经济发展的诸方面居于世界第一。另一方面，中国仍然是世界上最大的发展中国家，中国的人均国内生产总值仅相当于全球平均水平的三分之二，美国的七分之一，排在世界八十位左右……如果按照世界银行的标准，中国则还有两亿多人生活在贫困线以下。中国城乡有七千多万低保人口①。这也是事实。之所以这样讲，是在提醒和激励我们要看到不足，要为实现两个一百年的目标继续奋发图强。但事实上社会主要矛盾的具体内涵已有很大的差别，原来的主要矛盾的内涵是生产力极端落后，不能满足人民群众低水平日用消费品的需要，什么都要凭票证限量供应。而在改革开放已经历 40 年的今天，生产力大幅提高，正向全面小康迈进，中高收入消费群体的物质文化需求已提高了层次，要求提供高质量、更安全、符合个性需求的高端产品。而且需求的内容已不限于物质文化方面，扩展到民主、法制、公平、正义、生态、环境等方面。我国已经告别了短缺经济时代，已由卖方市场转向买方市场。但新的主要矛盾是低端产品产能过剩，高端产品供给不足，需要减少无效供给、增加有效供给。社会主义矛盾内涵的这种转变，其实中央早已认清并采取了供给侧结构性改革的对策。既然社会主要矛盾的内涵发生了重大转变，我国进入了中国特色社会主义发展的新时代，那么根据供求关系的新变化，说明社会主要矛盾的转化，以有利于朝向新时代的新任务、新目标砥砺前行，就是顺理成章的事情了。

2. 依据新发展理念建设现代化经济体系

新中国的发展，从 1956 年三大改造完成，建设了社会主义制度算起，至少要经历 100 年的社会主义初级阶段时间。从实际发展过程来看，可将其分为三个各 30 多年的不同时期。前 30 多年是生产力落后、人民群众生活贫穷时期。大约从 1987 年到 2020 年，即中国共产党成立 100 周年，是实现全面小康任务的时期。再经过 30 年的发展，即到 21 世纪中叶，实现第二个 100 年即中华人民共和国成立 100 周年的奋斗目标，建立起全面现代化的强国。

十九大报告进一步指出：从十九大到二十大是“两个一百年”奋斗目标的历史交汇期。提出从 2020 年到 21 世纪中叶，又可分为两个阶段来安排。第一个阶段是从 2020～2035 年，经过 15 年的奋斗，在全面建成小康社会的基础上，“基本实现社会主义现代化”。第二个阶段是从 2035 年到 21 世纪中叶，再经过 15 年的奋斗，把我国建成富强民主文明和谐美丽的社会主义现代化强国。

① 《习近平关于社会主义经济建设论述摘编》，中央文献出版社 2017 年版，第 8 页。

而且不是一般的现代化强国，是要成为综合国力和国际影响力在全球领先的国家。这样具体划分两个新阶段，有利于全党全民明确两个新阶段的奋斗任务和近期与远期需要完成的奋斗目标。

我国的发展实际上已提前实现了预期的目标，已总体上解决了人民温饱问题，基本达到了小康水平。现在已进入决胜全面建设小康社会，开启全面建设社会主义现代化强国新征程的新时期。为实现建成现代化强国的目标，就要贯彻新的发展理念，建设现代化经济体系。

我国经济经历了30多年的高速增长，这在世界史上是空前的。日本战后的高速增长，也只经历了20世纪从50～70年代20年的时间。我国的经济增量已位居世界第二，但也要看到，我国过去的高速增长，在长时间中是主要搞粗放型增长，高投入、高消耗、高污染；低产出、低质量、低效益。同时，老一代工人的工资低下。在当时的人口红利和资源红利下，生产成本较低，产品可远销国外。但资源消耗大，环境污染严重，是不可持续的发展方式。多年前党和国家领导人就提出调整经济结构，转变发展方式，又提出以人为本、全面协调可持续科学发展观。十八大以来，习近平同志针对新的经济发展时期，提出系列性新发展谋略和思想：以人民为中心的发展思想；用新的发展理念统领发展全局；适应、把握和引领经济发展新常态；以供给侧结构性改革为发展主线；实施创新驱动发展战略；推进新型工业化、信息化、城镇化、农业现代化同步发展；使市场经济在资源配置中起决定性作用和更好地发挥政府作用；实施"一带一路"建设、京津冀协同发展战略，等等。

十九大报告汲取和丰富了上述经济社会发展的新谋略、新思想，强调指出我国经济已由高速增长阶段转向高质量发展阶段，正处在转变发展方式、优化经济结构、转变增长动力的攻关期，提出"建立现代化经济体系"的新任务、新举措。"现代化经济体系"要求质量第一、效益优先，要求效率变革、动力变革、提高全要素生产率，应重视实体经济的发展。关于实体经济的内涵，有些学者的解读并不准确。不能将实体经济解读为创造价值的物质生产劳动部门。应当明确，实体经济是相对于虚拟经济而言的，既与是否创造价值无关，也不限于物质生产部门。它除了包括物质生产部门外，也包括商业、文化、服务业。十九大报告要求"着力加快建设实体经济"，推动互联网、大数据、人工智能和实体经济深度融合。实体经济是提供满足人们多种生活所需产品的经济部门，不能轻实体经济而重虚拟经济，如证券业等行业。为此，需要深化供给侧结构性改革。

建设现代化经济体系，需要建设创新型国家，实现创新驱动发展。创新是发展动力之源，是建设现代经济体系的战略支撑。创新包括理论创新、制度创新、体制创新、管理创新、科技创新等各个方面。但更重要的是科技创新，特别重在颠覆性技术创新。为此，需要建立一支具有国际水平的战略性科技人才队伍。

建立现代化经济体系，不能脱离开农业的现代化。要构建现代化农业产业体系、生产体系、经营体系等。

要实施区域发展战略。推进西部大开发形成新格局；通过深化改革和转变发展方式，加快东北等老工业基地的振兴，推动中部地区崛起；率先实现东部地区创新引领优化发展。

建设现代化经济体系，贯彻了习近平以人民为中心的发展思想。这是新时代中国特色社会主义思想的基本方略的组成部分。作为经济学理论工作者，还应注意到，十九大报告划分新的两个具体发展阶段时，没有再提人均 GDP 多少的问题。因为，首先，人均 GDP 数字的标准确定，根据经验，未必准确；其次，我国作为世界人口最多的最大发展中国家，人均 GDP 不能准确反映我国生产力发展状况和人民实际生活水平的提高状况，正如我国各个地区的实际政绩不能主要由 GDP 反映一样。

【作者简介】

卫兴华，中国人民大学荣誉一级教授，中国特色社会主义经济建设协同创新中心研究员。

借鉴美国经验在相关部委创建高级研究计划局

贾根良

【内容简介】英美国家学者揭秘了美国政府在科技创新上的强有力干预绝不亚于我国“两弹一星”的“举国体制”：如果没有美国国防部高级项目研究计划局（DARPA）等政府机构对创新的全盘统筹和引领作用，那么，今天的互联网、GPS、苹果智能手机、合金材料、远程手术医疗等几乎所有突破性创新都不可能产生，这些学者还指出，美国刻意隐瞒了这种真相。

为了实现党的十九大报告提出的在2035年跻身创新型国家前列的战略目标，我国创新驱动发展战略亟须建立“新型举国体制”，但目前国内对此存在许多误区。美国对科技创新的强有力政府干预打破了这些误区，它具有三个明显的特点：任务导向型、市场化项目运作制、发挥军事和航天等尖端技术对民用技术的引领作用。作为体制创新，笔者建议借鉴美国的成功经验，将能源局升格为能源部，并在科技部、工信部和能源部创建高级研究计划局，统筹协调与美国等国家在重大核心技术和前瞻性突破创新上的全面竞争。

党的十九大报告指出，“加强应用基础研究，拓展实施国家重大科技项目，突出关键共性技术、前沿引领技术、现代工程技术、颠覆性技术创新，为建设科技强国、质量强国、航天强国、网络强国、交通强国、数字中国、智慧社会提供有力支撑”，在2035年跻身创新型国家前列。要实现这一战略目标，就必须充分发挥我们国家“集中力量办大事”的制度优势，正如中共中央、国务院在2016年5月发布的《国家创新驱动发展战略纲要》中指出的，要发挥社会主义市场经济条件下的新型举国体制优势，集中力量，协同攻关，加快突破重大核心技术，开发重大战略性产品，在国家战略优先领域率先实现跨越。

与计划体制下“两弹一星”的“举国体制”不同，如何建立市场经济条件下的新型举国体制？这一问题是我国创新驱动发展战略能否取得成功的关键。就我国科技创新体制中长期存在的“老大难”问题来说，如何处理好市场配置资源与举国体制、军事与民用、基础科研与创新商业化三大关系问题，是建立我国新型举国体制的核心。但由于受到新自由主义的影响，国内对这些问题的认识存在着严重的误区。英国著名演化经济学家马祖卡托的畅销书《企业家型国家：揭穿公共与私人部门的神话》和布洛克主编的英文著作《国家创新：美国政府在技术发展中的作用》有力地破除了这些误区。

目前在国家与市场关系特别是两者在创新方面的作用上存在许多神话。例如，一种流行的看法是：公共部门是低效、迟滞的，私人部门是富有活力的，企业是创新主体。但前述两本英文著作的研究却揭示出，苹果手机背后的任何一项关键技术都是获得了政府资助的，虽然近年美国苹果公司在各类“全球最具创新精神企业排行榜”上一直名列前茅，但布洛克的书揭示，在1971～2006年间，在被《研发杂志》的年度奖选中的88项最重要的创新之中，有77项或者说其中的88%都完全依赖于联邦政府提供的研究支持。此外，生物制药产业75%的新发明出自依靠公共资金维持运行的实验室。又如，另一个流行的神话则是风险资本是创新的开拓者，但前述两本英文著作却揭示出，风险资本经常是在政府投资并承担创新的主要风险后才进入的。奥尔斯瓦尔德和布兰斯科姆的研究证实：政府对发展初期的技术企业提供的融资相当于“创业天使”的全部投资，而且大约为私人风险资本投资额的2～8倍。

经常有人告诉我们，政府在经济中的作用应该受到限制，因为它没有能力“挑选出优胜者”，无论“优胜者”是属于一些新的技术、经济部门，还是属于特定的企业。但实际上，在过去几十年内，美国政府虽然没有盯住某一家公司，但却仍然“挑选出了优胜者”“虽然大多数的政策制定过程都涉及与学者和企业专家的磋商，但是人们可以清楚地看到，主要的推动力和发展方向——从基础报告到预算方案——都是来自政府高层官员”。美国政府不仅像投资人那样行动，下注于多样化的创新项目的“投资组合”，而且还采取保护本国企业、制定政府采购法等成套的政策体系扶植本国企业的创新。例如，美国的公立学校是苹果产品忠实的客户，1994年，苹果公司占据了美国小学和高中教育电脑支出的58%。这些研究揭示的大量隐秘的事实确实令人吃惊，但更令人吃惊的是英国《金融时报》副主编兼首席经济评论员马丁·沃尔夫以“国家是创新的真正发动机”为题给《企业家型国家》写的书评，这个过去的新自由主义者写道，“创新取决于勇往直前的企业家精神，但甘冒最大风险并做出最大突破的并不是私营部门，而是……政府”。

正如著名创新经济学家佩雷斯指出的，美国这个通常被认为最能代表“自由市场体系”利益的国家，却是在创新领域进行政府干预最多的国家。但这些政府干预以前从没有被政策制定者或主流媒体公开讨论过，它都被“隐藏”起来了。那么，美国为什么“隐藏”得这么好？布洛克对此做出了很好的解释：政府对科技创新强有力的干预之所以被“隐藏”起来，其主要目的是为了防止保守势力的反对：“市场原教旨主义思想的成功，使其被遮蔽起来了”。《企业家型国家：揭穿公共与私人部门的神话》一书分析说，美国国防部高级项目研究计划局打着“国家安全”而不是“经济表现”的旗号直接从事创新活动，能源部高级项目研究局打着“能源安全”而不是利用国家力量占领科技制高点的旗号开展活动，这些做法在很大程度上都掩盖了“美国是在创新领域进行政府干预最多的国家”这种事实。

目前，一种流行的看法是中国的科技发展不尽如人意是因为政府干预太多。但很少有人认识到，我国缺少美国国防部高级项目研究计划局这样的引领高科技创新的政府管理机构。我们的国家重大科技专项特别需要像美国国防部高级项目研究计划局一样的内行专家去组织与监督，但我们有些重大专项却采取了“863 计划”，甚至自然科学基金的管理办法。美国国防部高级项目研究计划局不是一般的行政管理机构，也不是类似于美国科学基金的科研管理机构，而是独立于科技部和财政部的政府职能部门，由顶级科学家和工程师等内行构成的有预算自主权的政府机构，他们能深入扎根于他们所资助的具体科研团队中。美国这种以政府主导为特征的科技创新体制具有三个明显的特点：任务导向型、市场化项目运作制、发挥军事和航天等尖端技术对民用技术的引领作用，这是在市场经济而非计划经济、在前沿突破性技术创新而非追赶型技术创新（如“两弹一星”或日本体制）条件下的“举国体制”。

美国在创新领域的这种强有力的政府干预是通过美国国防部高级项目研究计划局等政府机构来推进的，这些政府机构具有四项主要功能：针对性资源、经纪、开放窗口和加速新技术商业化，任务导向型、市场化项目运作制和军事、航天等尖端技术对民用技术的引领作用就是通过这些功能得到体现的。所谓针对性资源是政府的资助集中在推动技术专家们去克服技术创新中的某些关键障碍，如针对超级计算机克服潜在的、限制半导体设计者们成倍增加芯片上电路数量能力的障碍。市场化项目运作制主要是通过经纪活动和对具体项目的资助进行的，经纪活动就是为科学家和工程师与需要解决他们有关想法和技术问题的人们提供联系的活动，并对各种不同相关的科研方案提供资助。政府科研管理机构最重要和最大的开放窗口是通过小企业创新研究和小企业技术转让计划进行组织，小企业创新研究计划仅为小公司提供资金，而小企业技术转让计划支持小企业和大学或政府实验室研究人员之间的合作。最后是加速新技术商业化，关键的工作是制定加速新技术商业化的标准。

在改革我国科技创新体制上，美国这种任务导向型的国家创新体制有许多经验教训值得我们借鉴，借鉴的主要作用之一就是改变科研人员的研究导向。“新型举国体制优势”这种提法最早是在“十三五”规划草案中提出的，据报道，在 2016 年 3 月份两会期间的科技界小组讨论会上，“举国体制”成了委员们提到的高频词，但许多人可能对这个概念的理解有偏差。例如，在陈凯先看来，最能诠释这四个字的就是“青蒿素”的研制过程；但在今天，科研协作变得越来越困难，因为做研究之前，大家可能最先关注的是到底谁应该排在第一位，这样一来科研合作就比较难开展。笔者认为，陈凯先的看法仍是从基础研究和目前自然科学基金运作方式看待“新型举国体制”的。如果科研合作是以任务为导向、最终目的是产业化，那么，谁应该排在第一位这个问题就不会成为障碍。为了建立社会主义市场经济条件下科技创新的新型举国体制优势，笔者建议借鉴美国的成功经验，将能源局升格为能源部，并在科技部、工信部和能源部创建高级研究计划局，统筹协调与美国等国家在重大核心技术和前瞻性突破创新上的全面竞争。

【作者简介】

贾根良，中国人民大学教授，中国特色社会主义经济建设协同创新中心研究员。研究领域为经济思想史、演化经济学、创新经济学与科技管理、发展经济学、东亚与中国经济。

关于中国特色社会主义政治经济学的一些新思考

卫兴华

【内容简介】 十九大报告提出中国特色社会主义进入了新时代，这意味着中华民族迎来了从“站起来”、“富起来”到“强起来”的伟大飞跃。《报告》中有不少创新思想和新的提法。有些方面涉及对中国特色社会主义政治经济学的新思考和新论述。

一、关于社会主要矛盾的转换问题

新中国成立后，关于我国社会主要矛盾的提法几经改变。撇开改革开放前的多次变更不讲，改革开放后，也经历了几次提法的调整和转换。主要矛盾的定位，涉及经济社会发展方向、道路问题，因此是属于中国特色社会主义理论与实践的重大问题。党的十一届三中全会放弃了阶级斗争为纲的路线，针对我国生产力落后、人民贫穷的实际国情，邓小平提出了应解决的主要矛盾问题，他说：“我们的生产力发展水平很低，远远不能满足人民和国家的需要，这就是我们目前时期的主要矛盾。”[①] 他讲的是“目前时期”的主要矛盾，这意味着在不同历史时期的主要矛盾会有所改变。后来的中央文件将其表述为“我国社会的矛盾是人民日益增长的物质文化需要同落后的社会生产之间的矛盾”。这种表述容易被理解为是整个社会主义时期的主要矛盾，没有体现矛盾的“现阶段”性。十三大报告明确提出这一矛盾是社会主义初级阶段的主要矛盾。这一主要矛盾的界定一直延续到十九大前。

十九大报告提出了我国社会主要矛盾的转换，“中国特色社会主义进入新时代，我国社会主要矛盾已经转化为人民日益增长的美好生活需要和不平衡不充分的发展之间的矛盾”。读者会提出一个不能回避的问题，需要实事求是地回答。习近平同志在 2016 年 1 月 29 日的讲话中提出：我国发展虽然取得了巨大胜利，但“人民日益增长的物质文化需要同落后的社会生产之间的矛盾这一

① 《邓小平文选》第二卷，人民出版社 1993 年版，第 182 页。

主要矛盾没有变”。同年7月1日，在庆祝中国共产党成立九十五周年大会上的讲话中又说：“人民日益增长的物质文化需要同落后的社会生产之间的矛盾这一主要矛盾没有变”。是否事隔一年，主要矛盾就快速转换了呢？我们可以实事求是地说明这一问题。十九大前，我国社会主要矛盾的原有表述虽然暂时延续了下来，但主要矛盾的内涵已经发生了变化。习近平同志主张分析问题“要坚持‘两点论’与‘重点论’的统一”。一方面，他曾强调指出：“我国用几十年的时间走完了发达国家几百年走过的发展历程”。[①]“我国正处于由中等收入国家向高收入国家迈进的阶段”[②]。我国是世界第二经济大国、最大货物出口国、第三大货物进口国和最大外汇储备国。另一方面，他又指出我国人民生活水平还赶不上发达国家，人均国内生产总值还不够高，还存在几千万贫穷人口。强调这一事实是为了激励人们为实现“两个一百年”目标而继续奋发图强。从发展规律来看，改革开放前期的社会主要矛盾的内涵，会随着发展而不断变化。初期的主要矛盾表现为生产力极为落后、日用消费品严重短缺，凭票证限量供应。经过改革开放以来的发展，卖方市场变为买方市场，人民的收入和生活水平总体上显著提高了。初级消费品出现积压、滞销，原有含义上的社会主要矛盾事实上已经发生了变化。

同时，还应看到，习近平同志和中央文件事实上已经讲到了社会主要矛盾内容的变化。2017年1月17日，习近平同志讲：中国经济面临着“产能过剩和需求结构的升级矛盾突出”。也就是低端产品的无效供给过剩而中高端产品的有效供给不足。中央提出供给侧结构性改革，正是社会主要矛盾转换的表现。社会主要矛盾的转化是逐渐由量变到质变的潜在过程。对矛盾转换的理论表述，会晚于实际的转化。提出主要矛盾的转化和对转化后的新矛盾的准确表述，要有一个酝酿和考虑成熟的过程，还有个表述时机的选择问题。十九大关于我国社会主要矛盾转化的论述，是新的理论和实践创新。对作为供给侧的生产力状况和作为需求侧的具体内涵，都在提高了的层次上进行了新的论述。“人民日益增长的美好生活的需要”，不仅指物质文化需要，还包括更好地满足人民在经济、政治、社会、生态等方面的需求。在生产和供给侧方面，要着力解决发展不平衡和不充分问题。这远远超越原来生产力极端落后时期主要解决广大贫穷人口温饱问题的情况。主要矛盾的转化，为党和国家的工作提出了新的要求。

---

① 《习近平总书记系列重要讲话读本》，人民出版社2016年版，第36～37页。

② 《习近平关于社会主义经济建设论述摘编》，中央文献出版社2017年版，第36页。

二、关于经济发展中的效率和公平问题

这个问题在中央有关文件中曾有多次提法的改变。学界也有多种不同意见。关于这个问题的理论演变过程和对不同提法的是非辨析，这里不再多讲，只想结合十九大报告讲点新思考。在我国曾流行多年的关于分配制度中效率与公平的关系是“效率优先、兼顾公平”，“初次分配注重效率，再分配注重公平”。我一直主张应是效率和公平并重，生产重效率，分配重公平。从党的十六届四中全会起不再重复这一分配原则。鉴于收入差距过分扩大的趋势，更多地强调重视公平。十七大报告提出：“初次分配和再分配都要处理好效率和公平的关系”，“再分配更加注重公平”。这一提法在认识上得到了基本统一。然而有个遗留的问题需要澄清。即讲分配制度或分配政策中的效率和公平关系是否科学？我们讲效率，是指生产效率、劳动效率，是属于生产领域的范畴，而非分配领域的范畴。因此，效率与公平的关系，实际上是生产和分配的关系，是做大蛋糕和分好蛋糕的关系。生产决定分配，生产关系决定分配关系。社会主义既要重视做大蛋糕，又要重视公平切分蛋糕。社会主义的公平分配原则是按劳分配。资本主义的公平分配原则是按要素所有权分配。

阅读十九大报告，既讲提高效率、效益，更讲公平与公正。但没有再将效率与公平放在分配领域或放在分配政策中。强调深入贯彻以人民为中心的发展思想；强调发展中的质量和效益；强调“坚持在发展中保障和改善民生，增进民生福祉是发展的根本目的”，“在发展中补齐民生短板、促进社会公平正义”；强调“必须始终把人民利益摆在至高无上的地位，让改革发展成果更多更公平惠及全体人民，朝着实现全体人民共同富裕不断迈进”。在生产领域，讲效率优先没有错，应是优先于产值和速度，但不能错位地优先于分配领域的公平。社会主义生产的目的是通过分配公平，满足人民日益增长的美好生活的需要，实现共同富裕。初次分配不顾公平，就必然会导致贫富分化现象的出现。

三、关于按劳分配与按生产要素分配问题

中国特色社会主义的分配原则是按劳分配为主体、多种分配方式并存。按劳分配作为社会主义的分配原则，只存在于完全的公有制经济中。私营、外资企业按多年来的说法，是按生产要素贡献分配。可以肯定，劳动要素和非劳动要素都是生产财富（使用价值）和价值的必要条件。但有的学者借按要素

“贡献”分配的说法，认为中央肯定了要素价值论，否定了马克思的剩余价值理论。这些学者还将按生产要素贡献分配作为整个社会主义社会的分配原则，否定按劳分配，并将其作为自己独特的理论创新和重大贡献。认真阅读十九大报告，没有再讲“按要素贡献分配”，放弃了“贡献”一词。十九大报告论述了中国特色社会主义分配原则是“坚持按劳分配原则，完善按要素分配的体制机制，促进收入分配更合理、更有序，鼓励勤劳守法致富……”有必要说明，“完善按要素分配的体制机制”，重在完善按要素所有权分配的体制机制。因为按要素分配并不是分配给要素自身，不是分配给资本、土地和其他生产资料，而是分配给要素所有者。他们是凭借要素所有权参与分配。还是应回到马克思主义的既符合实际又具有科学性的分配理论上来。生产决定分配，生产关系决定分配关系，不能离开所有制空谈分配问题。马克思指出：在资本主义经济中，利润、利息是资本所有权的实现形式；地租是土地所有权的实现形式；工资是劳动力所有者劳动力价值的实现形式。他在《资本论》第三卷中专门设一章讲“分配关系和生产关系”。马克思把自然力也作为生产要素。他一再批评劳动是财富（使用价值）的唯一源泉的观点，强调一切财富归根结底都是由劳动和自然物构成的。风力、水力、太阳能等，都对生产财富起作用，但不参与分配。因为它们没有被私人占用，不存在自然力的所有权。构建和发展中国特色社会主义政治经济学，一定要如习近平同志所说，要学好用好马克思主义政治经济学。

【作者简介】

卫兴华，中国人民大学荣誉一级教授，中国特色社会主义经济建设协同创新中心研究员。

十九大之推进马克思主义下的绿色校园文化建设研究

齐　岳

【内容简介】 习近平总书记在党的十九大报告中指出："必须推进马克思主义中国化时代化大众化，建设具有强大凝聚力和引领力的社会主义意识形态。" 此外，党的十八届五中全会确立了创新、协调、绿色、开放、共享的发展理念。在此背景下，本文提出以马克思主义为核心进行绿色校园建设，将马克思主义理论、五大发展理念引入到校园文化建设的基本框架，开展高校思想理论教育。本文论述了通过建设具有中国特色的绿色校园，进而推动马克思主义中国化以及中国特色社会主义现代化进程。

习近平总书记在党的十九大报告中强调："深化马克思主义理论研究和建设，加快构建中国特色哲学社会科学，加强中国特色新型智库建设。" 随着我国特色社会主义道路建设的发展，绿色校园建设的发展也面临新要求和新挑战，逐渐从生态环境建设向思想文化建设、学科建设、基础设施及物质建设扩展。特别是，十八届五中全会提出"创新、协调、绿色、开放、共享"的五大发展理念，绿色这一概念不仅包括节约资源和保护环境，还包括坚持可持续发展及坚持文明发展。

将绿色文化建设落实到学校建设实际中，正是在五大发展理念指导下，建立绿色校园文化思想指导基础。党的十九大报告也指出，"发展是解决我国一切问题的基础和关键，发展必须是科学发展，必须坚定不移贯彻创新、协调、绿色、开放、共享的发展理念"。这意味着在全社会强调科学发展、绿色发展和深化马克思主义理论研究的背景下，绿色校园文化部分也应承担起传播马克思主义理论的重要责任，从校园文化建设中做起，大力宣传和推广马克思主义的正确性和重要性。

一、以马克思主义为指导思想，建设绿色校园文化

在我国大力发展中国特色社会主义的背景下，我们提出以绿色校园为主体的、以马克思主义为核心的绿色校园文化建设方法。我们提出以马克思主义理论为核心指导思想，五大发展理念为重要理论依据，校园文化建设为关键实施

基础的符合我国国情、符合我国对文化建设要求的绿色校园文化建设体系。同时，马克思主义理论作为校园文化建设和五大发展理念的重要指导，校园文化建设和五大发展理念作为马克思主义理论的基本补充，五大发展理念与校园文化建设相辅相成，共同指导建设具有中国特色的绿色校园体系。

近年来，尽管绿色校园建设已取得初步成效，但这些建设始终局限于生态低碳领域，浮于表面，缺乏核心指导思想。因此，强调指导思想对建设绿色校园至关重要，而马克思主义作为我国发展特色社会主义的指导思想，加之其特有的可持续性，对于指导绿色校园建设不可替代。正如习近平总书记在党的十九大报告中所提到的“必须坚持马克思主义，牢固树立共产主义远大理想和中国特色社会主义共同理想”，马克思主义理论作为中国特色社会主义的理论基石，对发展中国特色社会主义具有至关重要的指导作用。

首先，马克思主义这一科学理论是中国共产党的精神旗帜和执政指南。马克思主义在引导和指导中国共产党的执政方向上起着重要作用，对于中国特色社会主义建设起着不可或缺的作用。其次，马克思主义理论在中国的发展为党和人民事业发展提供了科学理论指导。马克思主义理论在中国的发展形成了中国特色社会主义理论体系，这一理论体系对于中国特色社会主义事业的重要性和指导性同样不可替代。绿色校园建设作为中国特色社会主义建设的一部分，也应以马克思主义理论为指导思想，确立马克思主义在绿色校园建设中的核心地位，将马克思主义理论作为绿色校园建设特别是思想文化建设的坚实基础。

二、以五大发展理念为理论依据，建设绿色校园文化

理念是行动的先导，确定五大发展理念为绿色校园建设重要理论依据，对绿色校园建设具有积极的精神导向和实践指导作用。党的十八届五中全会确立的“创新、协调、绿色、开放、共享”五大发展理念，明确了“十三五”时期乃至更长时期我国经济社会发展的新理念。因此，我们认为五大发展理念不仅是我们党对中国特色社会主义发展道路的新认识，更应是绿色校园建设的重要理论依据。

在校园文化建设中，五大发展理念将被赋予新的内涵，绿色理念将以绿色校园思想建设的可持续性发展形式实现。绿色发展不仅仅指生态环境方面的可持续发展，在绿色校园建设中，绿色发展更意味着在校园文化中进行可持续性的思想文化建设工作，将马克思主义理论、中国特色社会主义理论体系、社会主义核心价值观深入贯彻到校园思想文化建设中来，大力开展校园社会主义思想文化建设。

在校园中进行这种可持续性的思想文化建设是非常有必要的，这是绿色校

园建设不可或缺的思想基础。习近平总书记在谈到青年思想文化建设时提到，“知识分子是工人阶级的一部分，劳动人民是国家的主人，青年是中国特色社会主义事业接班人、是国家的未来和民族的希望。我们要全面建成小康社会，进而建成富强民主文明和谐的社会主义现代化国家，实现中华民族伟大复兴，必须依靠知识，必须依靠劳动，必须依靠广大青年”。这说明，在校园中对青年人进行思想文化教育，确实是我国建设社会主义经济强国、政治强国、文化强国的必行举措。

五大发展理念同时也是马克思主义中国化道路上一面重要的旗帜。虽然马克思主义中国化取得了重大成果，但还远未结束。面对社会思想观念和价值取向日趋活跃、主流和非主流同时并存、社会思潮纷纭激荡的新形势，如何巩固马克思主义在意识形态领域的指导地位，培育和践行社会主义核心价值观，巩固全党全国各族人民团结奋斗的共同思想基础，迫切需要哲学社会科学更好发挥作用。我国哲学社会科学的一项重要任务就是继续推进马克思主义中国化、时代化、大众化，继续发展21世纪马克思主义、当代中国马克思主义。

三、以绿色校园文化建设为基础，建设绿色校园

正确的认识对实践具有指导作用，绿色校园建设的实施需要以思想文化建设为基础进行指导推进。习近平总书记在党的十九大报告中强调：“文化是一个国家、一个民族的灵魂。文化兴国运兴，文化强民族强。没有高度的文化自信，没有文化的繁荣兴盛，就没有中华民族伟大复兴。要坚持中国特色社会主义文化发展道路，激发全民族文化创新创造活力，建设社会主义文化强国。”因此，加强校园内思想文化建设以推进绿色校园建设势在必行。

校园文化建设是绿色校园建设的思想基石，校园文化建设对绿色校园建设具有重要指导作用。第一，科学的社会意识对社会存在发展具有促进作用，加强思想文化建设能够推动建设健康、绿色、积极的校园文化氛围，有利于绿色校园建设的贯彻落实和青年学生人才培养工作的开展。第二，校园文化建设是绿色校园建设不可分割的部分，进行校园文化建设也是对绿色校园建设的推进，校园文化建设和绿色校园建设二者是相互促进、相互发展的，校园文化建设是绿色校园实施的重要基础，绿色校园建设也是校园文化建设的重要保障。

在当前时代背景下，由于第三次科技革命的到来给传媒业带来了巨大的变革，信息网络技术的发展使得信息传播渠道迅速开阔起来，因此开展以马克思主义基本理论为指导思想的校园文化建设的方式也带有强烈的时代色彩，它们同信息技术、新媒体等结合起来，带来了校园文化建设方式的革新，包括平台建设、课程开发、讲座研讨等。

首先，关于平台开发，一方面，学校可以设立专门的与马克思主义教育相关的网络平台，诸如网页开发、微信公众号、微博平台等；另一方面，学校可以成立马克思主义教育的专门机构，负责马克思主义理论体系教育的宣传和推广。其次，关于课程开发，学校可以在教学体系中适当增加相关马克思主义教育课程，并设置专门的马克思主义教育课程研究小组，负责相关课程开发和教学。最后，关于讲座研讨，学校可以邀请国内外马克思主义研究方向的学者教授，定期开展相关讲座，一方面可以对马克思主义理论研究的最新成果进行研究讨论，以加深对马克思主义的认识；另一方面也对青年学生进行了有力的马克思主义理论教育。

正如习近平总书记在十九大报告中所强调的“只要我们善于聆听时代声音，勇于坚持真理、修正错误，二十一世纪中国的马克思主义一定能够展现出更强大、更有说服力的真理力量”，将以马克思主义为核心的思想文化建设方法应用在绿色校园建设中，有助于推动马克思主义和中国特色社会主义理论体系的宣传和发展，并构建具有中国特色的绿色校园，为实现中华民族伟大复兴的中国梦和两个一百年的奋斗目标做出贡献！

【作者简介】

齐岳，南开大学商学院教授、博士生导师，中国特色社会主义经济建设协同创新中心研究员。中国公司治理研究院企业社会责任研究室主任，南开大学财务管理系副主任，《南开管理评论》国际版副主编；研究方向：国家治理、马克思主义、大学教育。

生态文明理念下的天津乡村休闲旅游业规划建议

刘奇勇

【**内容简介**】十九大报告提出经济发展要基于生态文明的基础，天津的乡村休闲旅游产业应以“青山绿水”也是财富的理念，实现天津乡村生态文明产业的总体布局优化。目前，天津乡村休闲旅游产业已取得了一定发展，但在规划上仍存在诸多有待改进的方面：青山不变（乡村休闲与旅游业仍严重依赖于旅游景区景点）、绿水长流（天津乡村地区的众多水域旅游资源仍处于待开发状态）、吃完就走（乡村民宿未达到度假型高度）、替代竞争（各区县旅游项目雷同）、无增长极（缺乏引领性特色乡村旅游示范小镇）。本报告建议：(1) 构建生态文明的发展体系，建立乡镇—村干部绩效评估与考核机制，积极引进旅游投资、经营开发企业。(2) 水域旅游开发形成政府协商合作机制。(3) 积极拓展民宿周边旅游项目。(4) 统筹规划，形成区县特色旅游项目。(5) 推进农村集体建设用地改革试点，形成乡村旅游开发的制度内生动力机制。

一、现存问题

(一) 青山不改：严重依赖旅游景区景点

天津市的乡村休闲旅游产业的布局仍主要分布在著名旅游景区景点区域内。如蓟州区的乡村民宿基本分布在盘山脚下、梨木台周边、黄崖关长城等有限范围内，宝坻区的旅游乡镇沿潮白河分布为主，静海、西青的乡村旅游仍处于采摘型农业园区的初级阶段。由此可见，天津的乡村休闲与旅游业未实现全面均衡发展，缺乏区域的整合。各地的乡村旅游的开放时间与景区景点的淡旺季一致，当旅游淡季——冬季来临时，必然闲置 4 ~ 6 个月，缺乏淡季旅游产品与项目的开发，产品线不够丰富。

(二) 绿水长流：水域旅游资源未得到充分开发

天津的海河流域拥有发达的水系网络，海河观光带具有鲜明的特色，提升了天津都市现代旅游的品级，而天津乡村区域水域旅游资源主要以水库、湖泊观光型旅游产品开发为主，而河流类旅游资源并未得到有效开发。典型的是进入国家生态经济发展战略的“潮白河生态观光带”，宝坻区京津新城区域的旅游基础与专业设施已建设完备，但游船观光业务处于停滞状态，优质的“绿水”旅游资源未得到有效开发，甚至严重影响到周边乡村的吸引力，沿岸的各村庄仍以较粗放的垂钓类活动为主，产业升级转型缓慢。

（三）吃完就走：乡村民宿未达到度假型高度

目前，天津的乡村民宿存在“远方的客人来了留不下来”的问题，即使留下来的时间也仅 2 ~ 3 天左右。游客停留时间太短，消费额度就会较小，因此也就无法实现民宿转型成度假型的产品升级，仍处于农家乐的初级阶段。

（四）替代竞争：各区缺乏特色，旅游产品与项目雷同

各区未充分挖掘具有鲜明特色的旅游产品，天津各区在塑造旅游特色方面存在替代竞争的关系，旅游主题形象互相替代，未形成良性的互补关系，不利于天津全域旅游的开展。蓟州和宝坻都以农家院的乡村民宿为主打产品且风格近似，西青、北辰、静海均以农业采摘园为主，游客在选择乡村旅游项目时往往只选择某一个类型的旅游项目，由于缺乏特色而不会连续在不同区县游玩。

（五）无增长极：缺乏引领性特色乡村旅游示范小镇

天津虽出现了津南的“精武小镇”、武清的“佛罗伦萨小镇”等特色旅游小镇，但仍属于都市旅游的范畴之内，对比北京，缺少类似密云的“古北水镇”具有全年适游期的可作为区域增长极的引领性示范小镇。

二、原因分析

（一）旅游项目招商引资力度不够

部分乡镇干部仍然未转变观念，未践行生态文明的“青山绿水即财富”的理念，在招商引资上优先发展工业园区、金融产业园区，并未对具有广阔发展前景的生态经济的代表之一——乡村休闲旅游产业引起足够的重视，特别是

村干部的重视力度更是不够，更多的村干部在发展乡村旅游时存在着“等靠要”思想，严重依赖政府的投资建设，不会积极主动地寻求企业、社会资本的合作，而乡镇政府也未出台针对无作为的村干部的有力措施。

（二）水域旅游资源开发未形成政府合作机制

水域旅游资源特别是河流往往是跨行政区域的，具有明显的公共属性，涉及水域的使用权、收益权等产权，往往并不能很明确的进行利益归属的分配。如天津的潮白河流域涉及各乡村，各乡村并未就相关产业开发达成一致意见，潮白河旅游资源的开发未实施有效管理和使用权分配，未形成区域旅游的政府合作机制。

（三）乡村民宿观光娱乐项目吸引力不足

许多乡村民宿缺乏旅游吸引物。未构成整体性的旅游景观，导致多数游客仅在此做短暂逗留，基本吃完农家饭后进行简单游览便离去。餐饮产品单一不符合现代营养理念。乡村民宿饮食产品过于单一。卫生设施落后。乡村民宿内部设施如卫生间、洗浴间等还不符合现代生活方式。村落格局不统一，村落的房屋外观与墙壁未实现统一的面貌，未能形成整体景观格局，且缺乏停车场，村内喧闹嘈杂。

（四）农村集体建设用地改革试点推进力度不够

一些具有优势区位、乡村休闲与旅游资源丰富的乡村，在集体建设用地的使用权改革试点方面认识不足，没有意识到或不敢将农村集体建设用地开发为乡村旅游建设用地，不敢与民间资本合作共同开发，也就无法实现乡镇村的整体面貌改进，更不会形成古北水镇的独具特色的旅游小镇。

三、旅游发展规划建议

（一）构建生态文明的发展体系

建立乡镇—村干部绩效评估与考核机制。针对某些区域的乡村旅游经济停滞不前的问题，积极学习湖北省发展乡村旅游产业的经验：该省建立了县—

乡—镇—村—农户体系。天津市有关部门如发改委、农委、组织部等部门应在乡村地区形成政治上的生态文明理念：青山绿水即财富，建立镇—村干部绩效评估与考核机制，对不作为的镇—村干部做出相应的批评与惩处，对于积极带领引导村民发展休闲旅游经济的、政绩突出的村干部应给予表扬、晋升等奖励措施。积极引进旅游投资、经营开发企业。鉴于农户分散经营的普遍状态，旅游规划意图很难整体实现，难以实现规模效应，发改委、农委可指导乡镇，由村委会作为村民代表，参考毛家峪、郭家沟等做得较好的村庄经验，由区、镇政府牵头，与旅游投资或开发经营企业洽谈，积极招商引资，实现乡村民宿旅游由传统农户经营向现代企业经营模式的转变。

（二）水域旅游开发形成政府协商合作机制

针对天津乡村水域旅游资源开发不足的现状，可参考由重庆、湖北政府签署的三峡旅游战略合作协议，建立由市、区政府牵头，由乡镇政府落实，村集体落实的流域旅游资源协商合作机制，可引进旅游投资机构进行统一开发、管理，实现水域旅游资源的有效利用。

（三）积极拓展民宿周边旅游项目

构建旅游景观吸引物。农委等部门可指导农民充分挖掘乡土文化，结合相关自然、人工等景观，构建能吸引游客留宿的旅游吸引物，形成“一村一品”的村落面貌。构建绿色健康餐饮产品经营开发理念。农委、旅游管理部门可组织营养学专家、餐饮业专家对农户开展现场培训，使农家饭与都市人的健康饮食需求契合。卫生设施现代化、都市化。市城乡建设部门可在保留乡村民宿古朴外观的前提下，参考现代都市的卫生标准，实施乡村民宿内部设施改造工程。农委、城乡规划建设单位可指导乡村规划，形成村落整体风貌。

（四）统筹规划形成形象叠加合理

各区县政府应着力开发乡村特色的旅游资源，形成具有地域文化风韵的产品，形成天津乡村休闲旅游系统化合力。宝坻可利用水系发达的优势重点打造鱼米之乡的特色民宿，蓟州形成山水型旅游产品，西青发展现代化设施农业与观光体验农业园区，静海以发展大型生态农庄为主。

（五）推进农村集体建设用地改革试点

发改委、农委、土地管理部门可依据2017年2月发布的《关于深入推进农业供给侧结构性改革　加快培育农业农村发展新动能的若干意见》中提出的“允许通过村庄整治、宅基地整理等节约的建设用地采取入股、联营等方式，重点支持乡村休闲旅游养老等产业和农村三产融合发展”等利好政策，积极推进村集体建设用地改革试点，形成促进乡村休闲旅游产业发展的土地制度的内生动力机制。

【作者简介】

刘奇勇，天津财经大学珠江学院教师，经济学博士后，南开大学滨海开发研究院研究员

马克思主义国家理论演进与中国国家治理的现实发展*

王永兴　宋玉峰

【内容简介】中共十八届三中全会明确提出要实现“国家治理体系和治理能力现代化”，中共十九大进一步强化了这一思想，这说明马克思主义国家学说的发展到了新的阶段，国家治理现代化实践也出现了新的发展。目前，对于马克思主义国家理论演进的研究尚存局限，缺乏结合中国国家治理现实及新时代背景的论述。本文批判地吸收借鉴已有研究，基于马克思主义政治经济学的问题分析方法，梳理中国国家治理现代化发展进程及存在的问题，并结合新时代背景提出有针对性的政策建议。

一、从“国家统治”到“国家治理”：马克思主义国家学说中国化的历史演进

在发表于1842年的政论文章《评普鲁士的书报检查令》中，马克思第一次指出：“国家应该是政治理性和法的理性的实现”。以此为开端，马克思主义国家学说总体上经历了从“国家统治”到“国家治理”的发展轨迹。

马克思主义学者对于国家的认识是不断发展进步的，早期马克思曾提出“国家应该是政治理性和法的理性的实现”的观点。在《莱茵报》遭当局查封后，马克思继而在《黑格尔法哲学批判》一文中提出“政治国家没有家庭的自然基础和市民社会的人为基础就不可能存在”的观点，从中可以发现马克思已经从市民社会和国家存在的关系角度入手，认清了国家与社会分离所反映出来的历史必然性，也由此开始了从市民社会探寻国家本质的思路。

马克思是从社会的经济活动中寻找国家本质的，他指出国家是社会在一定发展阶段上的产物。列宁则继承和发展了马克思主义国家学说，并结合时代背景，重新认识了资本主义向社会主义过渡的问题，认为“国家就不可避免地应

* 本文得到教育部人文社会科学重点研究基地重大项目“中国特色社会主义经济重大理论和实践问题专题研究（16JJD790028）”、南开大学“中国特色社会主义经济建设协同创新中心”和人文社会科学青年教师研究启动项目（63172016）资助。

当是新型民主的（对无产者和一般穷人是民主的）和新型专政的（对资产阶级是专政的）国家”。

早期马克思主义国家学说学者所认识到和重点讨论的是国家的政治职能，我们可以一并将其归纳为国家统治的观点。然而事实证明，国家统治下的经济活动有时是缺乏效率的，尤其在某些信息不对称的社会部门，盲目地服从政治力量的指导而忽视了机制设置、机制运行过程中的监督等问题，使得社会运作和宏观经济增长遇到问题。

转型经济体经历了20世纪90年代的惨痛教训后，一些学者关注的焦点开始逐渐转移到对国家治理能力问题的考察上来。中共十八届三中全会把“发展和完善中国特色社会主义制度、推进国家治理体系和治理能力现代化”作为全面深化改革的总目标，充分表明我党对我国社会政治发展规律有了崭新的认识，是我党对马克思主义国家学说的一次具有历史意义的传承与发展。在中共十九大上，我党更是历史性地确定中国特色社会主义已经进入了新时代，社会主要矛盾发生了重大的变化，对于美好生活的追求要求我们必须进行均衡、充分的发展，这使得我党更坚定地推进了全面的国家治理现代化。

国家治理与国家统治、国家管理的观念截然不同，俞可平教授指出，治理与统治最基本的、甚至可以说最本质的区别就是，治理虽然需要权威，但这个权威并非一定是政府机关；而统治的权威必定是政府，而治理的主体既可以是公共机构，也可以是私人机构，还可以是公私合作机构。

然而，我们应清醒地认识到，国家治理的发展并不是与最初以“阶级统治工具”的本质来认识国家的马克思主义学者的观点背道而驰的，相反，这是一种从基础认识到实践积累下的认识的理论必然，一种从“国家统治”到“国家治理”传统的马克思主义国家学说发展的历史必然。

二、曲折与前行：中国国家治理模式的发展

概括来说，国家治理的效果体现在两个方面：一方面要求治理体系完善。俞可平教授指出，国家治理体系就是规范社会权力运行和维护公共秩序的一系列制度和程序。另一方面要求治理能力的提升。例如联合国发展研究所的报告《建设减少贫困的国家能力》中认为，国家要有基本能力去保障五个方面，即帮助获取新技术、动员资源到生产性部门、执行标准和规制、建立社会公约、资助和监管社会服务项目供给。

基于以上认识，我们以阶段性演进特征为切入点，关注新中国成立以来国家治理的现实发展。国内学者对中国国家治理模式发展阶段的划分各有不同，综合起来看可分为四个主要的发展阶段，即新中国成立初期“全能型国家治

理”模式阶段、中共八大以后的“政治导向型国家治理”模式阶段、改革开放初期“经济导向型国家治理”模式阶段、新时期“科学发展型国家治理”模式阶段。

新中国成立后，西方资本主义国家对新中国充满敌视，而苏联是第一个承认并与新中国建交的国家，并且苏联国家治理模式在当时取得了巨大的成就。因此，苏联式“全能型国家治理”模式在新中国成立起来。该模式优点在于高度集中的体制能够集中力量办大事，把有限的资源集中运用于重点领域，加速工业化进程。其缺点在于政治决定经济，市场“窒息”，人民生活资料匮乏，生活水平低下，企业和人民的积极性无法调动起来，经济缺乏活力，经济发展难以持续。随着“全能型国家治理”的短期有效性过去，弊端逐渐显现，在结合中国国情的基础上，毛泽东等党的第一代领导人开始对苏联模式进行反思，并开始探索符合中国国情的新的国家治理模式。1956 年 9 月，党的八大的召开标志着中国共产党开始自主探索社会主义国家治理模式，即前文所指的“政治导向型国家治理”模式。

1978 年，中国开始了改革开放的新时期。该时期可分为两个阶段：改革开放初期的“经济导向型国家治理”模式和新时期“科学发展型国家治理”模式。十一届三中全会初期，中国经济发展面临极大困难，党和政府进行深刻反思，果断抛弃了“阶级斗争为纲”的治理模式，提出了“经济导向型国家治理”模式。“发展才是硬道理”的思维正式进入我党的治理模式中。

随着经济导向型治理模式的不断发展，我国经济建设取得了长足发展，在社会发展和国家基本制度的建设方面也酝酿着突破。中国共产党第十六次全国代表大会将“国家治理”的术语正式纳入官方话语系统，而后，胡锦涛同志指出，要更好地坚持协调发展、全面发展、可持续发展的科学发展观。至此，科学发展为指导思想、全面统筹下的国家治理模式正式拉开序幕。

三、传承与超越：新时代中国特色社会主义思想指引下的国家治理

中共十八届三中全会提出，全面深化改革的总目标是“完善和发展中国特色社会主义制度，推进国家治理体系和治理能力现代化”。在中共十九大上，习近平总书记在报告中提出了新时代中国特色社会主义思想，再次将全面深化改革置于重要位置，这都标志着中国国家治理的发展方向坚定，并逐渐成熟。

在新时代中国特色社会主义的大背景下，随着“平衡而充分发展”的理念深入人心，治理的评价也必须包括人民生活幸福、社会进步、保护生态环境等方方面面。习近平总书记将推进国家治理现代化概括为一项宏大的工程，必

须是全面的系统的改革和改进，是各领域改革和改进的联动和集成，在国家治理体系和治理能力现代化上形成总体效应、取得总体效果。这是与新时代下国家治理理念的完善相同步的，当前中国国家治理的范围不断扩展，经济、社会、文化、生态、政治等各个方面已都有体现。这不仅是我国对于治理内涵理解的阶段性跨越，还是我国在新时代中国特色社会主义思想指引下面向“善治”而做出的实践性举动，更是符合历史发展、我党结合自身特点对于马克思主义国家学说的一次开创性的发展。

纵观中国的国家治理现代化发展历程，我们已经取得了诸多成就。相关学者的研究涉及构建合理的测评体系、提出制度创新、关注不同治理领域等问题，从国家、社会、个体各层次展开讨论，部分学者也提出了一些具有实践价值的政策建议。如冯留建（2004）等人指出，社会治理方式的法治化和科学化是推进国家治理体系和治理能力现代化的社会基础。而俞可平（2000）则认为，增强国家治理能力，最重要的是要推进民主法治建设。唐皇凤（2014）则提示，在国家治理现代化进程中，关键要做到兼具合法性和有效性的核心特点，同时注重开放性、包容性、可问责性外在表征。

在诸多学者的争鸣和论证中，中国国家治理现代化稳步推进。但需要注意的是，目前部分领域仍存在治理过程共识缺失、既得利益集团危害、精英共谋等亟待解决的问题。在认清现实发展的基础上，必须进一步做到治理标准法制化、治理手段多元化、治理体系完整化，有效推进中国国家治理现代化进程。

【作者简介】

王永兴，南开大学经济学院讲师，中国特色社会主义经济建设协同中心研究员。

宋玉峰，南开大学物理科学学院（经济双学位）本科生，“国家治理的经济理论基础研究”课题组成员。

关于设立中国工匠精神国家奖的建议

李　群　李少鹏

【内容简介】为了落实习近平总书记提出的“推动中国制造向中国创造转变、中国速度向中国质量转变、中国产品向中国品牌转变”重要指示，推动实施创新驱动发展与制造业的转型升级，要大力弘扬工匠精神，厚植工匠文化，恪尽职业操守，崇尚精益求精，培育众多“中国工匠”，打造更多享誉世界的“中国品牌”，推动中国经济发展进入质量时代。因此，我们建议，要大力培育精益求精的工匠精神，坚定地竖起推动全面深化改革的中国工匠旗帜；要建立中国工匠评价机制和奖励机制；要设立中国工匠精神国家最高奖制度；要建立保障机制。

创新是引领发展的第一动力，“大众创业，万众创新”已经成为当前最响亮的时代强音。人是生产力中最活跃的因素，也是创新创造的主体。无论是落实习近平总书记提出的“推动中国制造向中国创造转变、中国速度向中国质量转变、中国产品向中国品牌转变”重要指示，还是实施创新驱动发展与制造业的转型升级，都需要一支结构优化、素质过硬的产业工人队伍，需要大规模布局合理、技艺精湛的技能人才，更需要一大批以具有创新创造、精益求精、追求卓越精神的中国工匠为代表的高素质产业工人。

一直以来，我国制造业大而不强的原因在于高水平技术创新人才的匮乏，远不能支撑我国现代产业体系优化的需要。截至2015年底，全国技能人才总量为1.65亿人，占就业人员的20%，高技能人才总量4501万人，仅占就业人员的5.8%，而一些制造业强国则占到40%以上。更重要的原因，作为GDP全球第二的制造业大国的中国，由于具有百年历史的制造业企业数量不多，工匠精神没有能够得到有效传承。

2016年3月5日的“两会”上，国务院总理李克强在政府工作报告中提到，“鼓励企业开展个性化定制、柔性化生产，培育精益求精的工匠精神，增品种、提品质、创品牌”。“工匠精神”首次出现在政府工作报告中。2017年3月5日的政府工作报告再一次指出，“要大力弘扬工匠精神，厚植工匠文化，恪尽职业操守，崇尚精益求精，培育众多‘中国工匠’，打造更多享誉世界的‘中国品牌’，推动中国经济发展进入质量时代”。党的十九大报告进一步指出：要“建设知识型、技能型、创新型劳动者大军，弘扬劳模精神和工匠精神，营造劳动光荣的社会风尚和精益求精的敬业风气”。这说明“工匠精神”已经得到了党和国家非常高度的重视。为了中国“工匠精神”的延续与传承，我们建议设立“中国工匠精神国家最高奖”，以奖励那些为中国制造业做出精彩、非凡、卓越贡献的工匠们，以期加快培育精益求精的中国工匠精神。

一、设立中国工匠精神国家奖的重要意义

1. 是践行五大发展理念的需要

五大发展理念的提出，把握了发展速度变化、结构优化、动力转换的新特点，顺应了推动经济保持中高速增长、产业迈向中高端水平的新要求，点明了破解发展难题的新路径。在这个过程中，必须充分发挥追求完美、耐心专注、一丝不苟、不走捷径的工匠精神的引领作用，才能更好推动发展方式转变，提高发展质量和效益。

2. 是供给侧结构性改革的需要

当前，许多行业低端产能严重过剩，但中高端产能严重不足，生产与供给无法满足社会日益增长的中高端需求。由于无法在国内买到高质量的产品，大量购买力流向国外。把新西兰奶粉装在美国产的奶瓶里喂养孩子，用日本洗涤液清洗餐具，出门散步把孩子装进德国产的童车里，洗澡时帮孩子擦上来自法国的沐浴露，几乎成为年轻妈妈的标配。改变这些，就需要弘扬工匠精神，深入供给侧结构性改革，让企业对质量精心打磨，对品牌精心呵护，让职工对工作一丝不苟、精益求精、追求卓越，让国货打动人心。

3. 是加快转型升级、变制造大国为制造强国的需要

制造业是国民经济的主体，是立国之本、兴国之器、强国之基。当前，我国制造业大而不强，科技含量不高，发展日渐乏力，结构调整和转型升级的任务越来越紧迫。这就需要弘扬工匠精神，通过科技创新与技术创新推进制造业的质量升级、技术升级、产业升级，真正实现从量到质、从速度到效益、从旧动力到新动力的更迭转换，实现制造大国成为制造强国。

4. 是从物的现代化向人的现代化转变的需要

人类社会发展的历史告诉我们，人的现代化是社会现代化的核心，但是人的现代化总是滞后于物的现代化。“工欲善其事，必先利其器”，但仅有“利器”，未必能“善事”，想要“善事”，关键在于用“利器”的人。现在影响

我国社会现代化进程的关键因素，不是物，而是人。这就需要弘扬工匠精神，用精益求精、追求卓越去推进人的现代化，去培育善用“利器”的工匠人。

二、国内存在的主要问题与国外的经验做法

在国内，当前社会浮躁现象仍然存在，很多人梦想一夜暴富，很多企业追求眼前利润、“抄一把就走”。中国制造创造出一连串值得骄傲数字的背后，却是核心技术和材料高度依赖进口、劣质假冒产品泛滥的尴尬局面。另外，国内制造产品的品质有待提升。中国机床产量占到世界的38%，但高档数控机床还靠进口；中国虽然钢铁产量世界第一，但码头上大吨位起重机的钢丝绳还需进口。

产品质量之所以差，在于我国整个社会缺乏对产品质量的深度追求，而产品是人做出来的，这最终要归因于“执着专注、作风严谨、精益求精、敬业守信、推陈出新”工匠精神的缺失。

其实，我国古代就不乏工匠精神。工匠出身的鲁班，对如何提高劳动效率和工艺水平十分专注，喜欢小发明、小创造，正是因为这种专注，他的发明创造很多，包括曲尺、墨斗、刨子、钻子、凿子、铲子等。綦毋怀文是中国南北朝时著名的冶金家。他专注于冶炼技术，创造的“灌钢法”或“团钢法”等炼钢方法，是我国冶金史上一项杰出的成就和创造，在世界炼钢史上占有一定地位。

在世界制造的舞台上，“德国制造”一直占据高位。“专注”是德国工匠精神的核心内容之一。眼光长远是德国中小企业的鲜明特点。他们不会在意一时得失，更在意的是几十年，甚至上百年的不懈追求。因为专注，德国企业或者工匠往往终生打造一件精品，世代相传。不因为追求效率而投机取巧、偷工减料，损害产品或者工程质量，是德国工匠精神的一大特点。

英国航海钟发明者约翰·哈里森（John Harrison，1693～1776）费时40余年，先后造出了5台航海钟，其中以1759年完工的“哈氏4号”最为突出，航行了64天，只慢了5秒。在制作过程中，哈里森不被外界的高薪诱惑，认真细致，坚持标准，耐得住寂寞，几十年如一日，潜心制作航海钟，完美解决了航海经度定位问题。

不凑合，做到极致，是日本工匠精神的特点之一。我们印象最深的可能是电饭锅和马桶。他们不满足只是把米饭做熟，而是精益求精，还注重米饭口感和营养。

工匠精神在每个国家都有不同的说法，德国人称为“劳动精神”，美国人称为“职业精神”，日本人称为“匠人精神”，韩国人称为“达人精神”。中国

称之为“工匠精神”。中国当代正在重拾工匠精神。例如，宁允展靠手工研磨高铁转向架，研磨空间只有0.05毫米左右，也就是相当于一根细头发丝。0.1毫米的时候，国内大概有十几个人能干。到了0.05毫米，别人都干不了了，目前就只有宁允展能干。工匠精神正在重新受到党和国家的高度重视。但目前还没有出台国家层面的工匠精神奖励制度。

三、对策建议

1. 大力培育精益求精的工匠精神，坚定地竖起推动全面深化改革的中国工匠旗帜

工匠精神代表着一个时代的气质，是一个大国制造业从大到强所必须有的一种精神。各行各业要弘扬一丝不苟、精益求精、一以贯之的工匠精神，打造更多消费者满意的知名品牌，让追求卓越、崇尚质量成为全社会、全民族的价值导向和时代精神。在过去很长的一段时间里，“中国制造”被贴上了廉价、山寨、劣质的标签，在品牌竞争中，与其他国家存在一定的差距。而弥补这些差距的核心在于高品质。“工匠精神”正是打造出高品质“中国制造”的必要理念。

一个国家、一个民族，乃至一个人，要想走在时代的最前沿，就需要“新观念”作为奋力前行的向导，需要具备走向富强的精神动力。工匠精神符合党心民心，顺应时代潮流，具有强大的吸引力、凝聚力和感召力，是当代中华儿女同心同德、共创伟业的共同理想。我们要坚定地竖起推动全面深化改革的中国工匠旗帜。一个拥有工匠精神、推崇工匠精神的国家和民族，必然会少一些浮躁，多一些纯粹；少一些投机取巧，多一些脚踏实地；少一些急功近利，多一些专注持久；少一些粗制滥造，多一些优品精品。

2. 建立中国工匠评价机制和奖励机制

计划经济时代，一个八级钳工的月工资与大学副教授相等。新时期，国家应当引导全社会重视技术工人的生存状态。制定相应的激励政策，完善对技术工人的评价机制，提高优秀技术工人的生活福利，吸引更多的优秀技术人才，为实现“中国制造2025”的宏伟目标提供支撑。

3. 设立中国工匠精神国家最高奖制度

弘扬工匠精神、培养中国工匠已成为时代使命。设立中国工匠精神国家最高奖制度，是培育、重拾精益求精的工匠精神的重要途径。我们建议，国家每

两年举行一次评奖活动。设立中国工匠精神国家最高奖和一、二、三等奖（统称“国家工匠精神奖”）。颁发证书并给予获奖者一定的物质奖励。

4. 建立保障机制

建议由中共中央宣传部、国务院国资委、工信部、财政部、全国工商联等部门牵头成立中国工匠精神国家奖励评审委员会，设立专门办公室，主导日常评选工作。各方要大力支持工匠精神评奖工作。

尽快召集专家研究，早日出台工匠精神国家奖评奖条件和程序。

【作者简介】

李群，中国社会科学院数量经济与技术经济研究所综合研究室主任、研究员，中国特色社会主义经济建设协同创新中心研究员。

李少鹏，天普大学（美国）福克斯商学院博士生。

加强农产品质量安全追溯体系建设的建议

刘洪银

【内容简介】农产品质量安全监管亟须建立全程质量安全追溯体系，实践中追溯体系建设运行存在诸多短板问题：市场主体参与的积极性不高约束追溯体系的推行、农业生产的组织化程度低抬高的追溯体系建设门槛、追溯标准不统一难以实现追溯体系间有效对接和互联互通、政策法规没有及时跟进影响已建成追溯体系的正常运行。

本报告建议科学规划农产品全程追溯体系建设，科学设定建设目标、建设标准和支持第三方专业化服务，组织开展农产品追溯体系关键技术研究，建立农产品生产经营企业追溯信息失真惩戒机制，建立追溯体系建设运行支持保障机制。

农产品质量安全监管需要建立“生产有记录、来源可追溯、去向可跟踪、信息可查询、责任可追究”的质量安全追溯体系。2015 年 10 月 1 日实施的新《食品安全法》要求加快构建农产品质量安全监管追溯信息体系，同年 12 月，国务院办公厅出台了《关于加快推进重要产品追溯体系建设的意见》，农产品追溯体系建设步入快车道。但实践中，农产品质量安全追溯体系建设运行存在诸多短板约束。

一、农产品质量安全追溯体系建设运行存在短板

1. 市场主体参与的积极性不高约束追溯体系的推行

第一，消费者担忧追溯信息失真。原始数据由生产者录入，利己取向诱使生产者进行信息甄别筛选，可能只会录入有利的信息，而过滤掉不利信息，导致原始信息失真，由此出现消费者对追溯产品不关注、不认同、不信任现象。

第二，消费者不愿为可追溯产品的增值服务买单。农产品质量安全追溯体系建设无疑会增加企业成本，抬高可追溯产品的市场价格，如果产品的质量没有相应提高，消费者不愿意支付额外的追溯成本。相关调查发现，33% 的消费者不愿意为可追溯食品支付额外的成本；45.8% 的被调查对象不愿意为可追溯茶叶支付额外的价格。这样的市场评价限制了可追溯农产品的生产规模和追溯

体系的推广普及。

2. 农业生产的组织化程度低抬高了追溯体系建设门槛

在新型农业经营组织建设中，种粮大户和家庭农场仍然是农业生产经营主体。农户生产规模小、组织化程度低、生产经营分散，自然游离于农产品质量安全追溯体系建设之外。当前农民文化素质普遍不高。据调查，我国家庭农场主高中以上学历只占20%左右，初中及以下学历占80%。这样的文化水平不足以完成信息采集和数据录入工作。

3. 追溯标准不统一难以实现追溯体系间有效对接和互联互通

目前，农业农村部、商务部、地方政府、社会组织和龙头企业都各自建立了分段管理的农产品质量安全追溯体系，但各种农产品追溯体系由于技术、标准以及追溯目标不统一而无法实现分段数据的有效对接和可追溯体系的互联互通，制约生产、收购、储存、运输、销售、消费全产业链全过程追溯体系的整合，影响追溯数据的深度开发与共享。

4. 政策法规没有及时跟进影响已建成追溯体系的正常运行

第一，农产品质量安全追溯体系建成后，体系运行中产生数据录入、数据管理、人员培训、设备维护等诸多费用，生产企业无法从可追溯产品销售中获得补偿，导致大部分追溯体系建成后没有正常运行，追溯体系成了“聋子”的耳朵。追溯体系建设获得了政府资助，平台建成而不及时上传追溯信息，浪费了财政资金。

第二，市场缺位下政策法规没有及时跟进，追溯体系建设运行缺乏支持保障。市场主体缺乏参与追溯体系建设的动力，而追溯体系建设工程具有公益性，需要政策法规干预。目前，我国农产品质量安全追溯体系建设属于企业自主自愿行为，缺乏法律法规的强制性规定，除财政政策扶持外，尚未形成追溯体系建设运行的支持保障机制。

二、加强农产品质量安全追溯体系建设的建议

1. 科学规划农产品全程追溯体系建设

第一，科学设定农产品全程追溯体系建设目标。现阶段，我国难以建成全国统一的涵盖所有产品和所有生产经营主体的农产品质量安全追溯体系。建议优先将实力较强的、获得农产品认证的龙头企业和大型企业的重要农产品纳入

追溯体系建设范围，而对一般农户农产品质量安全采取产地监管与流通监管相结合的监管方式。

第二，设立追溯体系建设标准。根据建设要求，制定实施互联互通、通查通识的不同层级、不同类别的建设标准，如制定实施一批关键共性标准，统一数据采集指标、传输格式、接口规范及编码规则等。完善追溯系统鉴定标准，统一规定录入项目，追溯系统一旦录入，将难以修改。

第三，政策支持第三方提供专业化追溯服务。如支持第三方建设农产品质量安全追溯信息平台，支持第三方评估机构对追溯体系建设运营状况进行评估和认证等。政府相关采购项目同等条件下优先支持第三方专业机构，财税政策向第三方机构倾斜，如降低增值税缴纳比率等。

2. 组织开展农产品追溯体系关键技术研究

第一，财税金融政策优先支持农产品质量安全追溯体系共性技术和关键技术研究，鼓励专业机构对农产品追溯体系建设标准、生产技术、信息标识和传递等关键技术进行研究，鼓励有条件的企业建立条码自动识别、无线射频识别（RFID）、二维码识别等农产品流通追溯体系。

第二，政府财政支持农产品质量安全追溯专业技术人员培训和职业农民培训，优先对农业龙头企业、大中型农业企业专业技术人员进行培训，农业部门组织的职业农民培训中增加农产品追溯体系建设运行管理专业技能培训。

3. 建立农产品生产经营企业追溯信息失真惩戒机制

建立政府、行业协会、社会公众三层次农产品追溯信息失真惩戒机制。

第一，食药监管部门推进追溯体系与农产品质量检验检测体系、农产品质量标准体系建设对接，为相关体系建设提供信息支持，并探索建立农产品质量安全档案和质量失信、信息失真“黑名单”制度。

第二，引导农业协会建立农产品质量安全追溯信息诚信自律机制。政策支持有条件的农业专业协会建设农产品追溯信息平台，引导会员企业建设追溯体系，农业协会为会员企业提供专业化服务并对运行状况和录入信息质量把关。

第三，发挥社会公众的监督作用。政府根据农产品质量安全举报状况对可追溯农产品生产经营企业进行“黑名单”管理。

4. 建立追溯体系建设运行支持保障机制

第一，建议地方人大视情将农产品质量安全追溯体系建设纳入立法规划，通过制定法律法规依法强制要求安全风险隐患突出的农产品生产经营企业采用信息化手段建设追溯体系。

第二，建议农产品追溯体系建设运行与质量认证相结合，将追溯管理纳入评价指标。如将农产品追溯体系建设纳入现行的质量管理体系、食品安全管理体系、良好农业操作规范、“三品一标”农产品等认证，以认证管理“倒逼”农产品追溯体系建设运行。

第三，将追溯体系建设与企业品牌创建相结合。鼓励农产品生产经营企业以追溯体系建设带动产品品牌创建，政府将追溯体系建设运行状况纳入农产品名优品牌评比，提高可追溯农产品品牌创建比率。

第四，大力拓展可追溯农产品市场需求。政府采购项目在同等条件下优先支持可追溯产品，相关政策引导大型连锁超市，机关、企业、事业单位食堂等优先采购可追溯产品。

第五，建立符合经济规律的，以企业自发为主导的追溯体系推广政策。

【作者简介】

刘洪银，天津农学院人文学院教授，经济学博士，南开大学特约研究员。研究方向：人力资源经济学、农村城镇化。

以雄安新区建设为契机，推动京津冀协同发展

李　嬛

【内容简介】十九大报告在贯彻新发展理念中提出要实施区域协调发展战略。当前，京津冀协同发展与长江经济带协同发展和“一带一路”建设是新时期我国三大区域发展战略。区域协同发展的核心在于缩小地区之间差距，提高一体化程度。京津冀三地之间人口、产业结构和经济发展水平方面存在明显的能级差，长期以来京津两地未能有效发挥对周边河北省的辐射带动作用，空间形态上呈现出北京和天津“双磁力中心”吸引资源要素集聚，周边廊坊、保定、张家口、承德、沧州等市构成“环京津贫困带”的基本格局。此外，京津冀大中小城市之间发展不协调问题十分严重，人口普查数据显示快速城镇化时期京津冀地区超大城市人口膨胀、中等规模城市断层、小城市人口外流存在空心化趋势，人口过度集中和蔓延式开发导致“大城市病”困扰北京城市发展。

近年来，随着高铁和快速交通网络的建设，“多中心大都市区域”在世界发达国家和地区兴起。“美国 2050”和“欧盟 2020”将建设多中心大都市区域作为国家发展战略以提高地区竞争力。快速城镇化时期，我国京津冀、长三角和珠三角等东部沿海发达地区正在步入由“大都市”向“大都市区域”扩展的发展新阶段。城市群作为我国新型城镇化建设的主体形态，是推进区域协同发展的新的空间单元。应基于国情并充分借鉴国外相关经验，探寻新时期京津冀城市群协同发展新路径。以雄安新区建设为契机，在京津冀构建“多中心、金三角、放射状”的空间发展新格局，推动京津冀协同发展，建设以首都为核心的世界级城市群。

一、建设“反磁力中心”的空间布局思路

《京津冀协同发展规划纲要》提出，“十三五”期间在京津冀人口经济高度密集地区探索优化空间布局，打造具有国际竞争力的世界级城市群。“十三五”时期以雄安新区建设为战略着力点，打造地区新增长极，推动多中心空间格局形成，提升地区综合承载力，实现空间布局优化。关于京津冀协同发展的

空间布局思路，《京津冀协同发展规划纲要》中提出“功能互补、区域联动、轴向集聚、节点支撑”的总体思路，构建以重要城市为支点、以战略性功能区为载体、以交通干线为纽带的网络型空间格局。总的来说，这一空间发展思路符合“点→轴→网络”空间开发理念，即：首先引导要素在“点”上集聚，沿“轴”扩散，通过网络关联形成“带”。

以多中心促进京津两地人口疏解，带动区域空间结构优化。从京津冀区域协同发展角度审视雄安新区建设的战略定位与开发思路，京津冀建设“反磁力中心”的首要任务在于科学选择优先发展“轴”，以及科学选“点”。对京津、京唐秦、京保石三个产业发展和城镇聚集轴进行综合评估，其中沿京津轴线城市发达程度最高；京唐秦是沿海发展轴，沿轴城市经济较发达；京保石是内陆发展轴，优先发展这一轴线可以带动河北省内陆欠发达城市发展，对于缩小京津冀地区间差距、实现协同发展具有更加重要的意义。

以京保石作为优先发展轴，下一步是科学选“点”问题，京保石发展轴线中有保定和石家庄两个节点城市，同时也是区域中心城市。距离是影响京津冀三地之间功能承接和有效联动的关键因素，保定距离北京 152 公里，石家庄距离北京 292 公里，基于此在保定设立雄安新区，与北京、天津形成区位“金三角”，进一步辐射带动石家庄等内陆地区发展。打造京津冀“多中心、金三角、放射状”的空间发展新格局，形成反磁力效应，打破目前北京和天津“双磁力中心”虹吸局面，推动京津冀协同发展。

二、建设“反磁力中心”的方针与步骤

控制人口数量、优化人口结构，是缓解北京和天津当下“大城市病”的关键。目前，北京市提出到 2020 年将全市常住人口控制在 2300 万，市内六区常住人口降低 15% 的人口控制目标。这一目标的实现在实施过程中存在一定难度。目前北京市流动人口占全市人口总量的约 40%，政策干预只能严格控制户籍人口增长，很难控制流动人口增加。针对主城区面临的更为严峻的交通拥堵、城区功能失调和生态环境容量不足等问题，北京市以建设通州行政副中心作为缓解主城区压力的重要措施。但是通州的容量仍然十分有限，预期未来仅能完成 40 万左右的人口疏解任务。“十三五”期间要想进一步疏解北京市人口和生态压力，就需要基于京津冀城市群综合发展理念，大力推进雄安新区建设，带动区域整体协同发展。

长期以来我国新城新区建设既有成功经验，也有失败教训。总的来说，新区建设应注意完善城市功能，避免人口结构和产业结构不匹配产生的“潮汐效应”，以及生产与生活分离，出现的“空城”和“卧城”现象。特别在新城建

设初期，在项目带动和政府投资推动下，往往容易忽视人的生活需求，造成“有业无城”的问题。因此，在新城建设初期应充分考虑居民的生活需求，完善教育、医疗、文娱等公共事业配套，注重宜居软环境的建设，从根本上提升新区活力。

新区既要承接人口疏散，同时也要承接产业功能转移。近十年来，河北省以发展能源重化工业带动地方经济增长，目前产业结构低端、产能过剩问题严重，并且成为京津冀地区主要的污染源。河北省应以战略眼光把握住北京“非首都功能”疏解和天津“非核心功能”疏解的契机，承接产业转移带动结构升级，压缩高污染、高能耗重化工业，在化解过剩产能的同时实现经济效益。“十三五”期间，雄安新区可以在创新型产业和电子制造业发展方面取得突破性进展，成为京津冀地区科技交易中心和商贸物流基地。

三、畅通“磁力中心”与“反磁力中心”之间传导机制

提高“磁力中心”与“反磁力中心”之间关联度，发挥北京、天津对雄安新区乃至河北省的辐射带动作用需要有效的传导机制。交通因素和地方主义壁垒是制约地区间联动的两大重要因素。近年来随着北京、天津、保定三城之间高铁连通，交通因素对于地区间人员物资流通的影响相对减弱，但是由于行政区域限制，京津冀交通网络仍存在布局不合理的问题。据调查，京津冀地区尚存约 2300 公里的“断头路”，目前三地之间已启动高等级公路建设，“十三五”期间通过京津冀区域协调合作，将进一步推动高效、经济、全覆盖的交通网络体系构建。

区域一体化的实现需要区域内高效配置资源，地方保护主义在当下成为制约京津冀一体化实现的另一重要因素。针对这一问题，以建设公平、竞争、开放和一体化的大市场为着力点，推动北京、天津和河北三地之间协同发展。具体来说，一是在建设用地方面，通过建立统一的建设用地交易市场，在北京、天津和河北建立完善的低效用地再开发约束机制和存量建设用地退出激励机制，将三地之间的城镇建设用地增量供给与存量挖潜有效结合。二是劳动力市场方面，目前北京和天津吸引高知识、高技能劳动力大量集聚，而河北省城市却普遍存在高技能劳动力的外流现象。在雄安新区建设中，针对这一现状建议采取两项措施：一是有序推动地区农业人口市民化，增加当地劳动力供给；二是为高校毕业生和青年创业者提供更宽松的落户条件和创业优惠政策，吸引高技能人群在雄安新区创业发展。此外，以构建共享要素平台为抓手，降低地方保护主义对于北京、天津和河北三地之间商品市场和要素市场造成的壁垒，逐步消除地方保护主义的影响。

总的来说，“十三五”期间以雄安新区建设为契机，形成“多中心、金三角、放射状”的空间发展新格局，打破目前北京和天津“双磁力中心”虹吸局面，推动京津冀协同发展。建设“反磁力中心”需要多方面政策措施叠加，既要有科学的空间布局思路，也要有明确的方针与步骤，还要畅通“磁力中心”与“反磁力中心”之间的有效传导机制，推动京津冀协同发展目标实现。

【作者简介】

李嫒，中国特色社会主义经济建设协同创新中心博士后。

“一带一路”下推进我国境外经贸合作区可持续发展的思考

薄文广　胡　驿　肖月明

【内容简介】境外经贸合作区可以有效规避企业向“一带一路”国家“走出去”过程中遇到的宏观的中外关系不稳定、中观的商业环境不确定以及微观的工程项目管理和实施规则不熟悉等风险，是推进我国“一带一路”倡议的重要抓手。当前，境外经贸合作区发展面临着中外双方合作机制不健全、产业发展定位不明确、园区盈利模式不清晰、人才等配套支撑体系不完善等困境。在促进境外经贸区可持续发展上，应健全中外双方顶层设计和基层协调，奠定制度保障、积极吸引外方参与建设和运营，强化中外优势互补、完善相关的配套和支撑服务，便利园区专注发展、创新园区转型发展，提升园区自身竞争力。

2013 年 9 月 7 日和 10 月 3 日，习近平主席分别提出共建“丝绸之路经济带”和“21 世纪海上丝绸之路”的重要合作倡议。至此，中国的“一带一路”倡议正式提出，并成为世界关注的重点。

不容忽视的是，在“一带一路”倡议推进过程中，中国企业“走出去”仍然面临着诸多困难和挑战。据统计，2016 年中国对外直接投资总额同比增长 40%，但对“一带一路”沿线国家投资同比减少了 2%。目前，参与到“一带一路”沿线国家投资的国内企业以国企、央企为主，民营企业相对较少。

“一带一路”倡议作为一项中国政府主动提出的重构世界政治秩序以及世界产业分工合作的战略设想，必定会面临众多挑战。企业家自身不可控的风险，在很大程度上影响了中国企业向“一带一路”沿线国家“走出去”的节奏和步伐。

一、境外经贸合作区面临的风险

（一）宏观的中外关系不稳定风险

当前国际政治形势存在高度不稳定性，“一带一路”沿线国家主要为发展水平不如中国的发展中国家。此外，这些国家由于经济发展水平以及宗教文化冲突等问题也更容易受外部几个国际性大国的影响。在大国关系的处理上，中国的"一带一路"推进与美、俄、日、印等国的利益并不完全一致。"一带一路"建设与上述大国及沿线国家之间的利益存在着重叠、共赢、替代、竞争、互补等多重可能性，宏观的中外关系不稳定风险显然会对我国企业向"一带一路"国家"走出去"带来严重影响。

（二）中观的商业环境不确定风险

全球腐败指数（corruption perception index，CPI）是国际社会衡量一个国家腐败程度采用的普遍标准。从"透明国际"发布数据看，2016 年，"极端腐败"国家数量为 24 个，其中属于"一带一路"沿线国家的有 7 个，占比高达 28%；"严重腐败"国家数量为 97 个，其中属于"一带一路"沿线国家的有 36 个，占比高达 37%。除此之外，这些国家大多经济发展水平相对落后，司法及行政能力和效率低下，政府信用和透明度较差。中国企业面临着高度不确定的商业环境风险。

（三）微观的工程项目管理和实施规则不熟悉风险

首先，中国企业走出去可能在质量控制、员工管理、工会组织、环境保护等方面遇到新困难，如若简单采用国内行之有效的方法可能会发生"水土不服"的现象，甚至会成为投资失败的重要导火索。

其次，由于人员专业技能以及企业管理便利性等原因，中方企业不愿意雇佣太多本地人，而这又给国外相关竞争对手企业提供了中方企业进入使东道国收益较少的指责。同时，在中方企业解聘或处理外方员工时也会遇到国外工会等组织和相关法律制度的限制甚至是陷入长期诉讼流程而得不偿失。

上述各种风险对于想"走出去"的企业尤其是民营企业而言，都是陌生的，也不是企业家擅长处理的。因此，如何使自身不可控的风险最小化就成为国内企业投资"一带一路"国家的重要影响因素。

经过国家相关部委批准设立并推进的"境外经贸合作区"可以在很大程度上多用"集体"优势来化解和消除单个企业面临的上述风险。境外经贸合作区是中国实施"走出去"战略的一条重要途径，也是推进"一带一路"倡议的重要抓手。

二、当前中国境外经贸合作区面临的困境

2006 年 11 月 26 日，首个中国境外挂牌经济贸易合作区——“海尔—鲁巴经济区”在巴基斯坦正式建立，开启了我国境外经济合作区建设、海外投资的新阶段。截止到 2016 年 9 月，通过商务部、财政部考核的中国境外经贸合作区达到 20 个。

（一）中外双方合作机制不健全

许多境外经贸合作区初期都是中外两国政府合作并签订相关的协议，并达成了各项优惠政策和相关服务协议。但在项目后续的审批管理、项目实施等阶段都需要和所在地当地政府及相关部门进行沟通和协调。由于中外双方执行层合作机制不健全，容易导致优惠政策难以贯彻和具体实施，使产业园发展陷入“沼泽地”。

此外，有一些境外经贸合作区的建设和运营未签署政府间合作协议的现象仍然存在。由于没有相关的法律文件，投资主体难以在东道国获得应有的法律地位，很多优惠政策难以落实，政策的稳定性很差，合作区发展存在更多挑战。

（二）产业发展定位不明确

由于缺乏长远的战略布局规划，部分合作区在产业定位方面陷入困局。原因在于境外经贸合作区中方经营者的认识和判断等在项目的实际操作中出现偏差。此外，建设初期为较快吸引企业入区，会在一定程度上忽略建设初期制定的主导产业规划，在招商过程中容易发展成为一个混杂的产业园区，在某种程度上会忽视东道国的经济发展需要，与东道国发展需要出现不匹配，降低了园区对东道国及其他国家企业的吸引力，使得这些合作区成为一座“孤岛”，不利于园区融入当地社会，也进而影响到园区在东道国长远发展。

（三）园区盈利模式不清晰

传统上我国国内开发区的运营和发展大多采用金融支持下的土地开发和招商引资协同且渐进式开发的资金大循环模式，但是这些经验难以直接复制和应用到国外。目前，境外经贸合作区在建设中的土地开发和基础设施配套等硬件

建设需要大量资金投入，比如，埃及苏伊士经贸合作区，前三年的年均利润为41.8万美元，而总投资高达8000万美元，投资利润率仅为0.52%。而在收入上只能以出租开发土地、厂房，物业管理收入、公用设施开发收入为主，回收渠道较窄，回收周期长。没有成熟和清晰的盈利模式成为制约境外经贸合作区快速发展的主要问题。

（四）人才等配套支撑体系不完善

“一带一路”沿线国家多为欠发达地区，对于中国走出去的企业，必须要培养一支综合管理人才队伍。目前，我国能胜任海外投资和经营管理的综合性人才十分短缺。此外，这些境外经贸合作区均分布在欠发达地区，对于一些高端人才吸引力不足，难以通过市场化手段引进国际化外部人才。

除此之外，在具体投资管理方面，国家的外汇部门对资金汇出有严格的管理规定，相关人才特别是国企高端人才的出入境时间等规定都非常严格，人才和相关配套政策的滞后很大程度上影响了境外经贸合作区的发展。

三、促进我国境外经贸合作区可持续发展的对策建议

（一）健全中外双方顶层设计和基层协调，奠定制度保障

在顶层设计上，应该建立针对境外合作区的政府间的磋商机构，形成政府间的协调长效机制。应以中国商务部为牵头部门并与国外相关商务部门建立合作协同机制，并把经贸合作区建设与对项目所在国的对外援助等统筹考虑。其次，应积极鼓励经贸合作区与东道国相关部门一同建立“一站式”行政服务窗口，为合作区企业提供注册、咨询、审批等各种便利化手续、提高效率。

另外，需构建与完善与经贸合作区所在地基层部门的协调机制。可以由相应驻东道国使馆在合作区内设立服务站，一方面可以加强对当地商业情况的指导，另一方面也可以协助合作区企业与当地政府磋商。

（二）积极吸引外方参与建设和运营，强化中外优势互补

加大吸引外方在园区的投资比例，与当地企业或政府合作更易于发挥中外双方各自的优势，获得当地政府支持和有效规避风险，中资企业应让出部

门股权以吸引或激励东道国相关企业参与其中，形成合作共赢、风险共担的发展格局。

中方企业也应积极加快本地化建设的步伐。加大普通员工的当地招聘以及当地高端人才的培养，同时加强中国本土跨国经营人才的培养。强化与当地资本和政府的合作，加强技术交流，把境外经贸区的发展和当地的发展紧密地联系起来。

（三）完善相关的配套和支撑服务，便利园区专注发展

首先，加强国家对境外经贸合作区的财政补贴和支持。在坚持合作区市场化运行的前提下，国家应进一步加大对境外经贸合作区的支持。

其次，要完善境外经贸合作区的融资渠道。第一，国家或地方政府建立扶持基金，利用政府资源和信用融资为境外合作区提供资金扶持；第二，鼓励国内银行、政策性银行等金融机构在合作区开设分支机构，为入驻企业提供本地化金融服务；第三，加强东道国对合作区的投资，提升外方参与合作区建设和运营的力度，更好地推动园区本地化发展。

最后，充分利用驻外使馆的平台优势，建立东道国的信息及时反馈机制，并建立相应的风险规避机制和预警机制，制定境外经贸合作区突发事件应急预案，以应对合作区建设和运营过程中的风险。

（四）创新园区转型发展，提升园区自身竞争力

当前我国产业合作园区以中低端产业为主，今后，我国国外经贸合作区的建设可以适当地发展价值链高端产业。首先，在区位选择上应鼓励在欧美等发达国家建立技术寻觅和技术创新型产业园区。其次，在现有境外经贸合作区中，应不断提升高附加值产业的比重，促进上下游配套产业集群发展。最后，在现有基础上结合长远发展战略规划对园区企业实行优胜劣汰的机制，并结合东道国经济社会发展实际，进行产业精准定位，打造和东道国相关企业及所在地政府的共赢。

应适时逐步转向专业化集群发展。对于境外经贸合作区早期而言，产业种类单一化既便利园区配套设施建设，同时也有利于园区的运营管理。但长期来看，应逐渐增强专项专业集群发展，形成上下游联动，相关产业链得到充分整合，有效地提升合作园区的竞争力。在此基础上，可逐步扩大园区规模，吸引临近产业入驻，打造成为地区性乃至国际上的大型综合性产业园区。

【作者简介】

薄文广，南开大学经济研究所副教授，中国特色社会主义经济建设协同创新中心研究员，主要研究方向：区域经济和产业经济。

胡骅，南开大学经济学院研究生，主要研究方向：区域经济。

肖月明，南开大学经济学院研究生，主要研究方向：区域经济。

加强干部培养　提升执政能力

李飞跃

【内容简介】本研究利用1956～2015年的31个地区的省级地方官员的面板数据，实证检验了地方官员通才程度与晋升的关系。结果显示在控制经济绩效、社会关系以及其他个体及地区影响因素之后，通才度对晋升有显著影响。本文的结论表明：（1）中央对地方官员的考察是长期的、全面的，不是根据一时一地的绩效做出判断；（2）干部培养在提升地方官员执政能力和领导水平上发挥了重要作用。

目前，经济学界对干部的研究局限于需求面，把政府看作企业、把官员看作企业高管来分析。例如官员晋升的“绩效论”认为，中央对地方干部的晋升考核以经济绩效为重要依据，辖区内经济增长较快的干部更可能得到晋升，地方的干部因此获得发展经济的激励。但把政府——特别是规模庞大的中国政府——看作企业来理解，有不切实际的地方。企业在劳动力市场上主要处于需求方，因为微观企业再大，其企业内部劳动力市场相对于外部劳动力市场而言规模还是非常小，很难控制劳动力的供给；而中国官员绝大多数受到政府的组织和管理，政府在官员的需求面和供给面都处于垄断地位，都发挥着决定性作用。换句话说，政府不仅在“用人”也在“培养人”。官员的职位变动既涉及“如何用人”也涉及“如何培养人”。仅从需求面入手、从“用人”的角度分析官员的职位变动，不能取得完整的认识。

实际上，即使在企业中除了激励之外，晋升还有一种重要功能是把员工放到适合他的岗位上去，即甄别能力匹配岗位（sorting）。最好的研究人员通常不是最好的管理人员，若只关注晋升的激励功能，提拔最好的研究人员管理团队，将导致管理和研发的双重损失。因此，当晋升的这两种角色相冲突时企业往往选择其他的途径进行激励，而把晋升用于匹配。与微观企业相比，中国政府部门更杂，层级更多，岗位的异质性更强，匹配显得更重要，在这种情况下政府不会只追求激励，简单地根据绩效来晋升官员（见图1）。

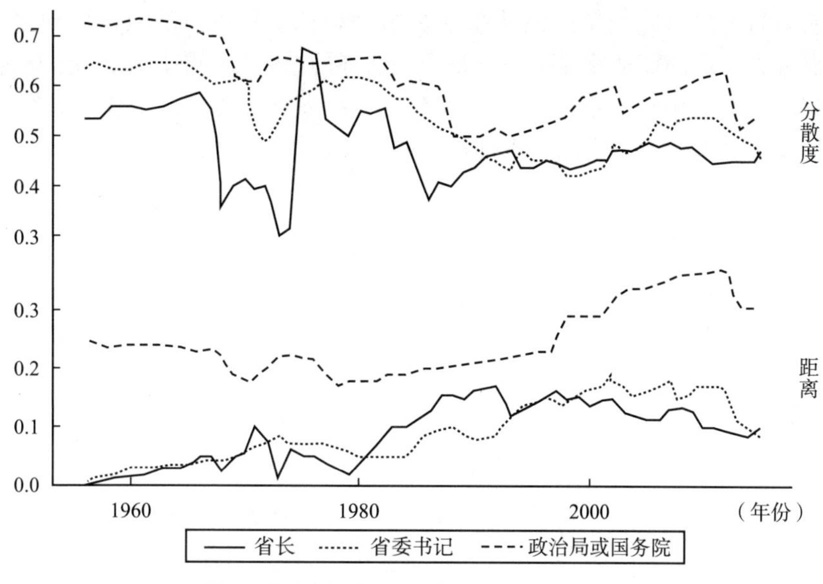

图 1　官员级别与通才度（1956 ~ 2015 年）

我们的研究以岗位异质性为出发点，岗位具有异质性，与之相匹配的能力也是不尽相同的。人们能够在工作中积累经验提高技能，专门从事一种类型工作的人比在多个类型工作上转来转去的人更能积累专业技能，生产效率更高。因此专才更容易在特定组织内被提拔或者得到更高报酬。不过，若劳动力需求转向一般技能，通才就更有优势，特别是涉及的岗位面临很大的不能预知的风险，或者需要在不同领域之间进行协调时。基层部门治理的对象比较具体，任务比较单一，专业技能发挥作用的空间比较大。随着干部层级提高，干部决策所涉及的范围越广，越需要具备统领全局、协调组织不同部门的能力，因此与只有单部门工作经验、专业能力比较强的“专才”相比，具有多部门工作经验和较强综合能力的“通才”更能胜任高级别的领导岗位。图 1 显示出省长、省委书记及更高级别官员（任职于政治局或国务院）在 1956 ~ 2015 年间的通才程度逐次提高，不论是工作经历的分散程度还是相关职位的差异程度都能够证明。图 2 在省级地方官员的样本中对比了晋升者与非晋升者的通才程度，同样看到晋升者的通才程度较高，特别是对省委书记来说。

通才度是整个职业路径的特征。通才度对晋升有显著影响，意味着政府需对官员进行长期的全面的考察，而非仅凭一时一地一岗位的绩效做决定。某一岗位的绩效主要体现官员在这个岗位的专业能力，其综合能力如何只有在考察多个岗位的整体绩效后才能判断。同样，一时一地的绩效当然与官员的能力相关，但诸多因素的干扰往往导致绩效这个信号失真，不足为信，对官员整个职业路径的长期考察才容易过滤各种噪音识别出官员的真实能力。因此本文结论是，官员晋升的研究视角应该从短期扩展到长期、从单一部门扩展到多个部门。此外，官员的职业路径不完全是个人选择的结果，特别是跨系统的、在异质性岗位之间的调动，不能通过个人努力直接获得，需要政府提供历练的机会。因此本文的结论也突出了干部培养的重要作用（见图2）。

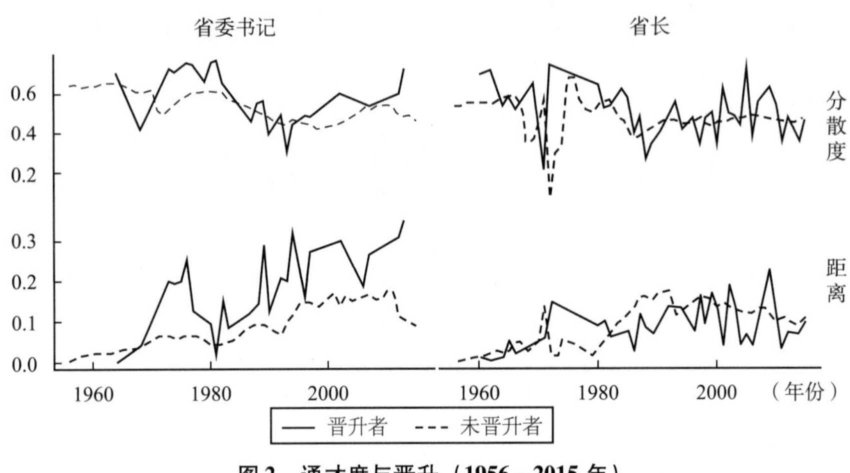

图2　通才度与晋升（1956～2015年）

十九大报告指出，党的干部是党和国家事业的中坚力量。在中国特色社会主义新时代，建设一支高素质专业化的干部队伍，提高党的执政能力和领导水平是决胜全面建成小康社会，夺取新时代中国特色社会主义伟大胜利、实现中华民族伟大复兴的重要前提和有力保障。好的干部不是自然而然产生的。只有完善干部培养制度，坚持严管和厚爱结合、激励和约束并重，完善干部考核评价机制，才能建设出适应新时代中国特色社会主义发展要求的干部队伍。

【作者简介】

李飞跃，南开大学经济学院国际经济与贸易系副教授，2000年、2003年和2009年分别获得浙江大学法学学士、南开大学经济学硕士和北京大学经济学博士学位，研究领域为国际经济学、发展经济学、政治经济学。

防范化解债务风险，维护新时代国家安全

张 兵 魏 玮

【内容简介】通过与美国、日本等发达国家以及巴西、印度、俄罗斯和南非等新兴经济体和发展中国家进行国际比较发现，我国非金融部门的债务率及债务率缺口明显过高。我国债务率过高主要是非金融部门公司债务率大幅攀升造成的。应通过加快国企改革等措施降低非金融部门公司债务率，同时遏制家庭债务率过快增长势头、稳定政府债务率，从而切实防范化解债务风险，有效维护新时代国家经济安全。

党的十九大报告对于贯彻新发展理念、建设现代化经济体系做出了重要部署，其中强调“健全金融监管体系，守住不发生系统性金融风险的底线”。同时，十九大报告中所提出的新时代坚持和发展中国特色社会主义的基本方略也强调要“坚持总体国家安全观”。当前，中国的债务杠杆问题特别是地方债务问题突出，对国家的经济安全构成了威胁，已引起各方的广泛关注。我们基于新时代国家安全中的经济安全角度，对比我国与其他具有代表性国家的债务率以及债务率缺口，分析我国债务率过高的原因，并提出维护我国经济安全、防范金融风险、保障新时代国家安全的相关政策建议。

一、我国债务率的国际比较

（一）私营非金融部门债务率

我们首先基于国际清算银行（BIS）公布的各国私营非金融部门（private non-financial sector）的债务率及债务率缺口（债务率缺口是运用 HP 滤波法测算的潜在私营非金融部门债务率与实际债务率之间的差额）数据，选择代表性国家进行国际比较。我们选择的代表性国家包括美国、日本、巴西、印度、俄罗斯和南非。其中，美国是目前全球经济实力最强的国家，日本是亚洲的发达国家，巴西、印度、俄罗斯和南非则与中国同为“金砖国家”。我们选取这些

国家作为代表，将其各自的私营非金融部门债务率及债务率缺口与中国的数据进行对比，可以较好地判断中国的债务率水平和特点。

通过图 1 对比可以发现，自 1996 年第一季度以来，中国的私营非金融部门债务率远远高于其他四个“金砖国家”。巴西和南非的债务率在近 20 年间均呈现稳定趋势，南非的债务率稳定在 70% 左右、巴西的债务率则稳定在 60% 左右。印度和俄罗斯的债务率虽然在近 20 年间呈现上升趋势，但是上升速度较为缓慢，并且印度自 2009 年第一季度以来债务率趋于稳定，俄罗斯的债务率自 2015 年第一季度开始呈现下降趋势。相较之下，中国的债务率在近 20 年间呈现上升趋势，不仅在“金砖国家”行列债务率显著偏高，而且从 2012 年开始上升趋势更为明显，至今仍未呈现降低的趋势。

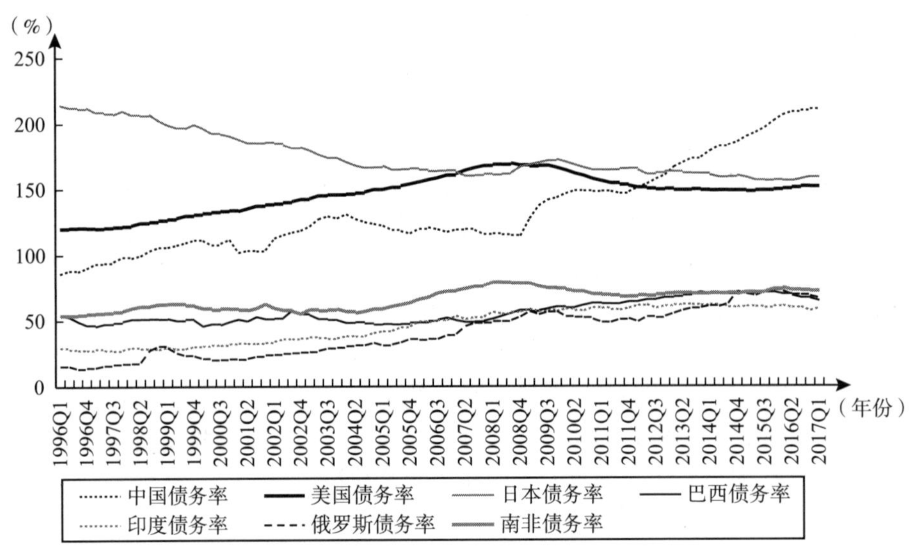

图 1　各国私营非金融部门债务率比较

资料来源：https：//www. bis. org/statistics。

通过进一步与美国和日本的私营非金融部门债务率对比可以发现，中国的债务率于 2012 年第二季度超过美国，于 2013 年第一季度超过日本。更为严重的是，日本债务率自 1996 年开始呈现下降趋势，近几年稳定在 160% 左右，美国则是自 2008 年金融危机之后，债务率持续下降，近几年稳定在 150% 左右。而我国的私营非金融部门债务率不仅上升趋势开始加剧，而且于 2015 年第四季度突破了 200% 的水平，仅一年后，中国债务率于 2016 年第四季度又超过了 210%，并且这一增长趋势仍未得到有效遏制。

由于不同国家的发展情况不尽相同，债务率的长期趋势也有所不同。我们接下来通过对比中国与代表性国家的私营非金融部门债务率缺口，分析中国债务率水平偏离其长期趋势的程度是否也较为严重。

通过图2对比可以发现，日本的债务率缺口水平在2010年前都处于负值，远远低于其他国家。1996年第一季度～2009年第一季度，中国的债务率缺口都较为正常。在1996年第一季度～2005年第一季度期间，中国债务率缺口水平与其他四个“金砖国家”以及美国的债务率缺口都十分近似；在2005年第一季度至2009年第一季度期间，中国债务率缺口甚至远远低于以上五个国家的债务率缺口，呈现负值，这意味着在此期间中国债务率水平低于债务率的长期趋势。但是自2009年第二季度以来，中国的债务率缺口持续高于其他四个“金砖国家”以及美国、日本的债务率缺口，且差距不断增大。虽然自2016年第一季度以来，我国的债务率缺口开始出现下降趋势，但是截至2017年第一季度，我国的债务率缺口水平仍远远高出我们所选代表性国家的债务率缺口。我国不仅债务率水平偏高，而且我国债务率偏离其长期趋势的程度也十分严重。

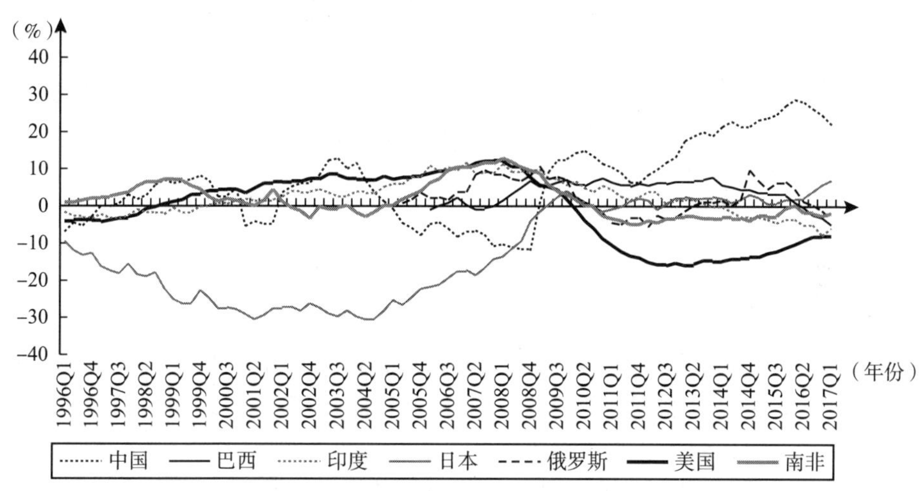

图2 各国私营非金融部门债务率缺口比较

资料来源：https：//www. bis. org/statistics。

（二）政府债务率

国际清算银行公布的债务率缺口统计（credit－to－GDP gap statistics）中，债务率指的是私营非金融部门债务率，而一国非金融部门债务率不仅包括私营非金融部门债务率，还包括政府债务率。为了更为全面地分析我国的总体债务率水平，我们进一步比较中国与代表性国家的政府债务率。

通过图3比较可以看出，我国的政府债务率与选择的代表性国家（除俄罗斯外）相比相对较低，在近二十年间，我国的政府债务率均稳定在50%以下。

但是近二十年间我国政府债务率还是呈现出缓慢增长的趋势，从1996年的21.5%上升至2017年第一季度的46.9%。虽然我国的政府债务率与其他国家相比尚且存在一定的上升空间，但是我们仍应重视政府债务率特别是地方政府“隐性”债务的上升趋势，以防政府债务率超过合理区间。

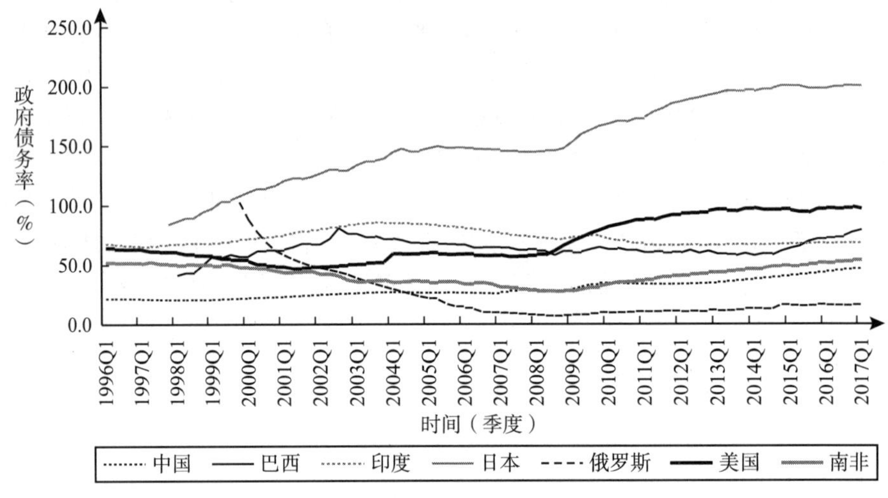

图3　各国政府债务率比较

资料来源：https：//www. bis. org/statistics。

二、我国债务率过高的原因分析

国际清算银行公布的债务率缺口统计（credit - to - GDP gap statistics）所统计的债务率是私营非金融部门债务率，包括家庭债务率和非金融部门公司债务率。从图4可以看出，我国债务率过高主要是非金融部门公司债务率过高造成的，并且在近10年间，非金融部门公司债务率整体呈现大幅上升趋势。政府债务率在近10年中变化不明显，在非金融部门债务率中占比也较为稳定。家庭债务率在非金融部门债务率中占比最小，但是在近10年间增长迅速，当前已经与政府债务率水平十分接近。

从图5可以看出，除了2008年金融危机前后中国的非金融部门公司债务率略低于日本，在2006年第一季度至2017年第一季度期间，中国的非金融部门公司债务率均远远高于所选代表国家。自1996年第一季度以来，其他四个“金砖国家”的非金融部门公司债务率均稳定在30%～60%区间内，美国的非金融部门公司债务率则是稳定在60%～80%区间，日本的非金融部门公司债务率虽然较高，但在1996～2006年这10年间其非金融部门公司债务率持续下降，从140%降至100%左右，并且在2006年至2016年的十年间一直稳定在

100%这一水平。中国的非金融部门公司债务率是所选择的代表国家中上升趋势最为显著的国家，从2008年第四季度的96.3%持续上升至2017年第一季度的165.3%，虽然自2016年第二季度开始，这一上升趋势稍稍得到缓解，但也并未表现出明显的下降趋势。

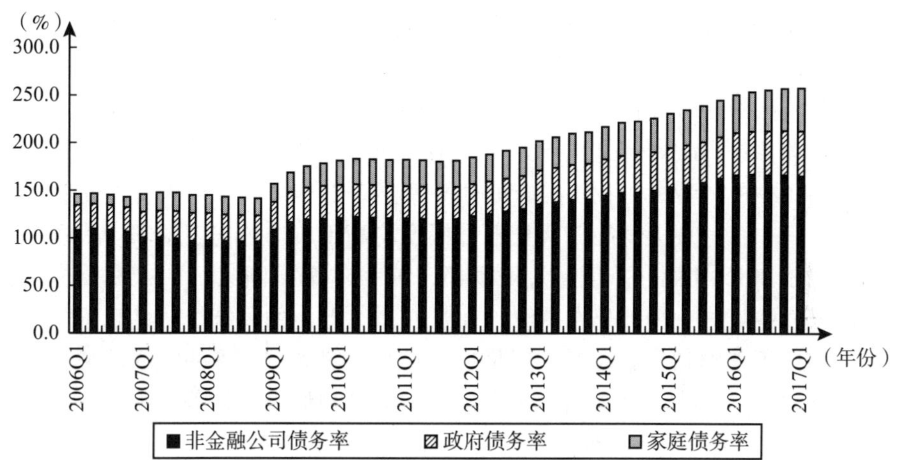

图4 中国各种债务率占比的变化

资料来源：https：//www. bis. org/statistics。

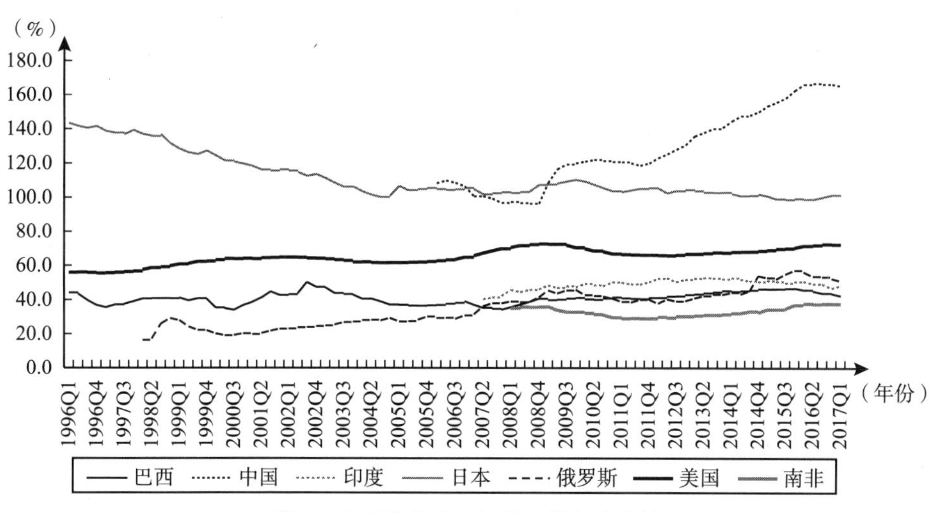

图5 各国非金融部门公司债务率比较

资料来源：https：//www. bis. org/statistics。

我国的非金融部门公司债务率过高与我国的经济发展模式有一定关系。长期以来我国的经济增长动力表现为消费、投资、出口“三驾马车”，特别是经济发展过度依赖投资，致使企业信用杠杆不断扩张，从而导致我国的非金融部门公司债务率居高不下，而我国国有企业负债率过高又是我国非金融部门公司债务率过高的主要原因。由于国有企业的特殊性，使得一些发展陷入困境的国企仍能不断通过信贷维持运营，形成“僵尸企业”，这不仅加大了我国的非金融部门公司债务率，同时浪费了社会资源，还加大了全国呆坏账的比例，对我国的经济安全造成巨大威胁。除此之外，政府为了扶持国有企业的发展，也增加了政府债务，所以国有企业的无效运营严重加剧了我国的总体债务风险。此外，由于我国的融资渠道尚不完善，直接融资发展尚不成熟，导致企业严重依赖于发行债券进行融资，这也导致了我国的非金融部门公司债务率不断提高。

从图 6 中可以看出，我国的家庭债务率显著低于美国和日本，但是我国的家庭债务率一直呈现上升趋势，且上升幅度均高于所选的代表国家。我国的家庭债务率于 2015 年第一季度超过俄罗斯，成为“金砖国家”中家庭债务率最高的国家，并且这一趋势仍在持续，而且有增大差距的可能。虽然我国的家庭债务率相比于美国和日本较低，但是近十年来，美国和日本的家庭债务率都呈现出缓慢的下降趋势，而我国的家庭债务率上升趋势十分显著，十年间我国家庭债务率从 10% 左右上升到 45% 的水平，存在着潜在隐患。

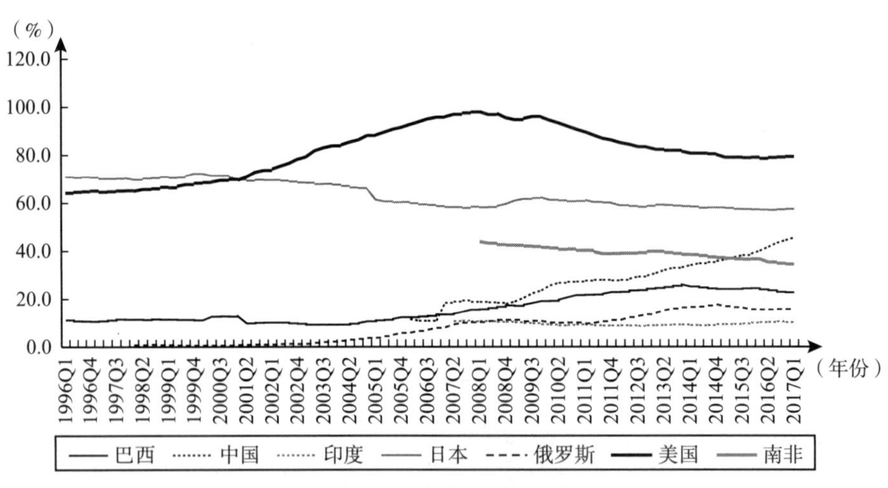

图 6　各国家庭债务率比较

资料来源：https：//www. bis. org/statistics。

我国家庭债务率快速攀升与我国房地产价格息息相关。近年来，我国经济“新常态”增速放缓，习近平总书记提出了“供给侧结构性改革”，其中“三去一降一补”中“去库存”主要就是为了化解房地产库存，激活房地产市场，扩大内需，从而拉动经济增长。但是，房地产行业存在的各种投机行为导致的房价虚高使得家庭的房贷水平迅速提高，从而提高了家庭债务率。此外，二孩政策的放开也扩大了居民的住房需求，这同样会加剧中国的家庭债务率。虽然相较于发达国家美国和日本，我国的家庭债务率还有一定的上升空间，但是家庭债务率的快速增长应当引起高度重视。

三、防范化解我国债务风险的对策

我国的非金融部门公司债务率明显超出了其合理水平，而国有企业负债率过高又是我国非金融部门公司债务率过高的主要原因。为解决这一问题，我国政府应加快国企改革，加大对国企呆坏账的处理力度，用好市场化法治化债转股工具，发展私募股权投资基金（PE）等多元化投资主体，切实帮助企业降低债务杠杆率，努力推动“僵尸企业”市场出清。正如十九大报告中所指出的，应“深化国有企业改革，发展混合所有制经济，培育具有全球竞争力的世界一流企业。”此外，我国政府还应该完善资本市场，逐渐放开直接融资渠道，进而降低企业债券融资的比重，如十九大报告所述，应“深化金融体制改革，增强金融服务实体经济能力，提高直接融资比重，促进多层次资本市场健康发展。”需要注意的是，当前投资对我国高质量的经济发展仍十分重要，十九大报告指出，要“深化投融资体制改革，发挥投资对优化供给结构的关键性作用”，即在解决我国的非金融部门公司债务率过高的问题时，也应兼顾投资对于稳定我国经济中高速增长的重要性，不能急于求成，应在保持经济平稳增长的前提下，通过有效措施降低非金融部门公司债务率。除此之外，在完善融资渠道时，还应注意防范金融风险，在放开直接融资渠道前应做到“健全货币政策和宏观审慎政策双支柱调控框架，深化利率和汇率市场化改革。健全金融监管体系，守住不发生系统性金融风险的底线”。

为了遏制家庭债务率过快上涨的趋势，政府应进一步完善我国的住房制度，坚持“房子是用来住的、不是用来炒的”定位，严厉打击房地产投机行为，加快建立多主体供给、多渠道保障、租购并举的住房制度，切实稳定房价，这将有利于控制我国家庭债务率过快上升趋势，对于防范化解我国债务风险具有重要意义。

总之，当前我国应着力降低非金融部门公司债务率、遏制家庭债务率过快增长势头、稳定政府债务率，从而切实防范化解债务风险，有效维护新时代国家经济安全。

【作者简介】

张兵，南开大学经济学院，教授、博士生导师。

魏玮，南开大学经济学院研究生。

全面实施预算绩效管理的路径思考

马蔡琛

【内容简介】 追求效率是人类生活的永恒主题。近年来，财政支出绩效评价与管理在中国取得了长足的进步，渐呈方兴未艾之势。党的十九大报告指出，要“建立权责清晰、财力协调、区域均衡的中央和地方财政关系。建立全面规范透明、标准科学、约束有力的预算制度，全面实施绩效管理”，从而为全面实施预算绩效管理指明了进一步深化改革的方向。展望未来，构建中的中国财政支出绩效评价体系，还需要处理好以下几个方面的关系：在路径选择上，实现从“干中学”到“顶层设计”的思路转变；在类型分布上，实现从“统一评价”到“分类评价”的模式转变；在评价关注重点上，实现从“结果导向”之理想状态到“兼顾产出和结果、更侧重于产出”之现实状态的重心转变。

追求效率是人类生活的永恒主题。自公共财政诞生以来，公共资源的使用效率始终是一个常话常新的命题。尽管对于财政支出的绩效是否适合采用考核评价的方式，在现代预算发展史上，也曾存在过某些分歧；但随着现代信息处理技术在财政预算管理中的良好应用，政府会计和财务报告系统的改进，财政支出绩效是可以数量化测度的，已日益成为广泛的共识。

近年来，财政支出绩效评价与管理在中国取得了长足的进步，渐呈方兴未艾之势。党的十九大报告指出，要“建立权责清晰、财力协调、区域均衡的中央和地方财政关系。建立全面规范透明、标准科学、约束有力的预算制度，全面实施绩效管理”，从而为全面实施预算绩效管理指明了进一步深化改革的方向。展望未来，构建中的中国财政支出绩效评价体系，还需要处理好以下几个方面的关系：

（一）在路径选择上，实现从“干中学”到“顶层设计”的思路转变

任何颇具创新性色彩的新生事物，在其发展的早期阶段，采用边摸索边总结的“干中学”模式，都是非常正确的路径选择。中国财政支出绩效评价的演进逻辑，也同样体现了这种普遍性的发展规律。不论是“评价”“考评”“评估”“监测”等“做什么”层面的技术方向性差异，还是“目标导向”

"结果导向""绩效导向"等"为什么做"层面的总体取向差异，都显示出"干中学"阶段的百花齐放色彩。不过，随着财政预算绩效评价在制度化、法治化、规范化层面的日趋深入，就需要及时转向顶层设计的层面。这不仅体现在制度法规和操作规程上的总体指引，更为迫切和紧要的是，探索构建具有中国特色的预算绩效评价的逻辑模型。这种逻辑模型的功能在于，针对千差万别的评价客体，提炼抽象出不同评价对象的活动过程、产出、最初结果、中间结果和未来结果等逻辑关系的"结果链"，从而实现财政支出绩效评价从抽象（概念界定层面）到具体（评价实践）再返回抽象（规律性的归纳）的跃升过程。

（二）在类型分布上，实现从"统一评价"到"分类评价"的模式转变

财政支出项目具有资金规模差异悬殊、项目数量繁多、支出类型千差万别的特点。各级绩效评价管理部门限于经费、人员和经验等方面的局限，难免会产生因忙不过来而疲于应对的感觉。这种海量评价客体导致的工作压力，即使引入第三方评价，也未必能够得到根本性改观。导致这种局面的主要原因在于，在我国财政绩效管理改革的早期阶段，对于评价客体的类型划分，或者基于教科文卫等支出功能分类，或者基于购买服务、采购商品、在建工程等经济性质分类，进而循着从共性指标到个性指标的评价思路，试图构建一种全覆盖的统一的操作规程，而忽视了按照评价对象资金规模的大小，区分不同资金量级的绩效评价方法。在现实中，对于高达数十亿元的项目和仅有几百万元的项目，采用基本雷同的绩效评价方式和规程，这种明显有悖常识的做法却屡见不鲜。这种"眉毛胡子一把抓"的做法，自然是不足取的。对此，可以借鉴我国增值税管理中，区分一般纳税人和小规模纳税人而采用不同管理方式的经验，适当区分中小型项目的简洁性绩效评价和大型项目的综合性绩效评价。可以考虑的思路是，按照"双重二八率"的划分方式，将 80% 以上的财政支出项目，归入简洁性绩效评价的类型；对于简洁性绩效评价的指标设计，可以考虑在综合性评价的指标数量基础上，仅保留 20% 的关键核心指标，并大大简化其评价操作规程。至于不同类型的具体划分标准，从信息经济学的角度来看，应该交由具有信息优势的一方来决定，并报经财政绩效评价管理部门审核。这样既可以有效降低绩效评价的成本，又可以集中精力聚焦于重点财政支出项目的绩效追踪与管理。

（三）在评价关注重点上，实现从“结果导向”之理想状态到“兼顾产出和结果、更侧重于产出”之现实状态的重心转变

就常识而言，公共支出项目的产出比投入更为重要，而结果（或最终效果）又比具体产出更重要，这是毋庸置疑的。但是，从关注产出走向关注结果（或效果、有效性）的过程，尽管有助于更好地判断公共服务供给的最终效果，但是对于具体的项目管理者而言，却往往有失公允。预算过程并非是一个线性的过程，而是一个充满复杂性的过程。产出和结果之间的关系，其实是不能采用简单的两分法的。20 世纪中叶，各国绩效预算改革的早期尝试及其失败，也恰恰忽视了这种现实条件的约束，而迷失于过度理想化的美好愿景。一般地讲，管理者的受托责任需要基于产出而不是结果，因为后者不能为管理者所能直接控制，也更难界定和量化。从“多因之果”的角度分析，成果一般并非由某一项目单独带来，而受诸多因素的影响。也就是说，产出的形成在相当程度上可以由项目管理者所控制，通过其努力基本上可以实现，而结果则更多地受项目所不能控制的外部因素的影响。因此，让公共支出项目的管理者对结果负责，至少从道理上说是不够公平的。从这个意义上讲，仍旧不能过早地过度强调绩效结果导向，而抛弃传统的投入—产出评价方式。在现实的财政支出绩效管理中，绩效评价的重点应该体现为兼顾产出和结果，并适度加强产出指标的权重，这应该是有一定理论和现实依据的。

我们有理由相信，中国的财政支出绩效评价事业，如果能够基于当今世界财政预算绩效管理的改革潮流、中国传统理财经验的斟酌取舍和中国现实国情的沧桑正道这样的多元维度来加以谋划，那么距离最终达到成功的山巅，或许已然并不遥远。

【作者简介】

马蔡琛，南开大学经济学院教授、博士生导师。

提升我国保险业治理能力的若干建议

郝　臣

【内容简介】我国保险业在快速发展过程中还存在着一些制约因素，这其中既有宏观层面的顶层设计与经营模式的不匹配，也有中观层面的混业经营给保险业治理带来的挑战，以及微观层面的治理理念转变不到位、治理目标异化等。本文指出，解决这些问题的关键是制度建设，为全面提升保险业治理能力要做好顶层设计、建立全环节的治理链条、形成治理合力、搭建全面分类监管框架、补齐治理短板的同时提升利益相关者认同度。

一、提升我国保险业治理能力的迫切性

我国保险业从1979年恢复，到2000年全国保费收入位列全球第16位，到2016年全国保费收入达到4661亿美元，一跃成为世界第三大保险市场，与第二大保险市场日本的4713亿美元相差无几。实际上，中国早在2015年就成了世界第三大保险市场。

体制和机制的设计与完善是一个行业保持高速、健康和可持续发展的根本原因所在。我国保险业的快速发展，得益于多年来保险业治理改革所做出的诸多有意义的探索，这一系列举措使曾一度发展停滞的我国保险业在保费收入方面跻身世界保险市场前列。

《中共中央关于全面深化改革若干重大问题的决定》先后17次提到“保险”二字。保险业服务国家经济治理，是经济转型升级的重要动力；服务国家社会治理，是改善民生保障的有力支撑；服务政府治理，是转变政府职能的有效抓手。因此，保险业在完善国家治理体系以及推进治理能力现代化的进程中具有重要意义。当然，保险业只有自身治理好了，才能更好地参与到国家治理中。

目前，我国保险业治理体系已经基本上建立起来，四大治理主体（政府、监管机构、行业协会和保险机构）和四大治理机制（顶层设计、保险监管、自律引导和公司治理）已经形成，在我国保险业发展过程中特别是在发展的初期发挥了重要的作用。而保险业的快速发展和我国由保险大国向保险强国转型

的现实背景也对保险业的治理能力提出了更高的要求。

二、我国保险业治理面临的问题或挑战

1. 治理环境严峻

保险业治理环境的严峻性主要体现为三方面，一是保险深度和密度与国际水平存在差距，二是保险业在金融体系中分量不足，三是保险业自身内部发展不平衡的问题。从保险深度和密度来看，2016 年全球保险深度为 6.1%，我国为 4.1%；2016 年全球人均保费支出为 621 美元，我国为 337 美元。从我国金融业结构方面来看，与银行和证券两大行业对比不难发现，我国保险业在现有金融体系中的分量不足。从保险业自身的结构来看，目前存在着原保险与再保险发展不平衡、产险与寿险发展不平衡和保险公司与保险中介发展不平衡等问题。

2. 治理模式与经营不匹配

混业经营是金融业发展的必然趋势。我国《保险法》明确禁止混业经营，但实践中全牌照控股集团已经出现。我国保险公司混业经营主要体现在保险公司开始向非保险的业务进行延伸，同时非保险公司机构也不同程度地参与到保险市场中来。但我国保险业监管模式还停留在分业监管阶段，简单概括就是“混业经营 + 分业监管”的模式。目前的治理模式没有与经营现状实现有效匹配，不利于实现全覆盖和穿透式的监管，容易形成监管真空、监管重复、监管套利和监管低效等问题，无法适应保险业混业发展的需求。

3. 治理理念的转变不到位

我国保险监管机构由于历史原因承担了监管和行业发展的双重角色。伴随我国保险业的发展，我国的保险市场已经具备了一定的机能，需要逐渐让市场回归市场、监管回归监管，各司其职，监管方面需要一个纯粹且高水的监管。这就需要监管机构从“家长模式”中走出来，摒弃“父爱主义”，实现监管机构角色定位从双重角色到单一角色的转变。这其中的本质问题就是监管到底“姓什么”的问题，中国银行保险监督管理委员会必然姓“监”。中国银行保险监督管理委员会姓“监”实际上强调的是我们应当厘清监管与发展之间的关系，即保险监管机构应该出演“裁判员”的角色，而不是“教练员”。

4. 治理目标异化问题

保险的本质决定了其最重要的功能是保障功能，其他功能都是从属的功能。在保险业发展中，部分保险公司为投保人提供了与银行理财产品非常相似的产品，获得资金后为了追求收益，举牌实业公司而成为广为诟病的“门口野蛮人”。保险业是风险管理的行业，保险公司有从“风险管理者”异化为“风险制造者”的倾向。尽管这一资金获取和使用过程让资金融通功能得到了凸显和发挥，但却使保险的保障功能大打折扣。这关系到保险业是否姓“保”的问题。保险业姓“保”着重强调的是保险不同于金融，或者说强调的是保险的保障功能。

三、优化我国保险业治理的对策建议

1. 做好顶层设计的顶层设计

保险业治理的顶层设计实际上与整个金融业的顶层设计息息相关，而金融业顶层设计的核心是监管模式的选择。从国际金融监管经验来说，混业监管大体上形成了德国、日本、美国、英国、澳大利亚、荷兰等模式。总体来看，澳大利亚等国家实施的双峰模式监管目标明确，职责边界清晰，避免了监管真空和监管重复问题的存在，是未来混业经营大背景下监管的发展方向。

2. 建立全环节的治理链条

行业的健康发展需要形成从准入到退出的全环节的治理链条，而我国保险行业只进不出，尚未建立退出机制，实践中也没有出现保险公司因破产而倒闭的现象。保险公司退出机制是保险公司外部治理机制的重要内容。因此需要进一步推进保险市场退出机制改革，健全保险公司退出机制，实现保险公司优胜劣汰，形成保险公司真正完整的治理链条，促使我国保险业健康发展。

3. 形成基于治理主体的治理合力

治理实践中往往强调各治理主体的治理机制作用的发挥。为了最大化治理能力，监管机构、行业协会、事务所等不同治理主体之间要紧密配合以实现协同。目前混业经营大背景下，保险监管机构与银行、证券监管机构等之间协同的重要性凸显。此外还要强调治理主体之间互动，即沟通是双向的，而不是简单的治理与被治理关系。各主体协同和互动的目标是形成治理合力。

4. 搭建全面分类监管框架

我国的保险监管在市场行为和偿付能力方面，分类监管框架已经建立起来。在公司治理监管方面，我国的保险监管机构面对的监管对象种类繁多，而且数量、规模越来越大。这些监管对象的业务类型、资本性质和组织形式等使得其治理具有一定的特殊性，所以要树立公司治理分类监管的思路，建立分类监管的框架，制定相关的治理指引，以更好地引导治理实践。

5. 补齐保险业治理短板

根据木桶原理，我国保险业治理如果有明显的短板，必将影响整个大治理系统作用的发挥和治理目标的实现。判断是否存在治理短板的基本标准是治理的强制合规，这是底线。合规的前提是强制合规，而关键是自主合规。因此，在我国保险业治理强制合规已经达到较高水平的情况下，提高保险业治理自主合规将是大方向，这是对于治理短板的更高判断标准。

6. 提升利益相关者认同度

声誉不佳、形象不好是我国保险业发展过程中面临的较为突出的问题，主要表现在消费者、从业人员和社会的不认同。针对上述现象，首先要提高各类型保险从业人员的素质与待遇，吸引更多高素质的专业型和经验型人才加入；其次，保险公司在经营过程中要遵守合法合规的底线，不能为片面追求眼前利益而违法违规，在合同履行过程中不得以各种理由推脱赔付。

【作者简介】

郝臣，南开大学副教授，中国特色社会主义经济建设协同创新中心研究员。

促进科技成果转移转化的建议

刘洪银

【内容简介】制造业转型升级离不开科技研发和成果转化。但科技成果转移转化存在科技服务人才结构性短缺。金融体制不利于科技成果转移转化。科技中介服务能级与技术转移转化不对等。市场化转移转化机制尚未形成。国际科技资源整合不足等短板约束。本报告建议：加强科技成果转移转化组织机构、服务平台以及示范性社会组织和枢纽性社会组织建设；构建制造业供应链融资体系和社会化融资体系；减少技术入股审批环节，提高成果完成人和中介服务者收益分享比率；建设复合型科技服务人才队伍，开展技术发明家和科技企业家培育工程；建立跨国和跨区域的技术转移服务机构；面向技术服务和产业化机构推行信用贷款财政补贴制度，建立技术转移转化专项资金预算等。

一、科技成果转移转化的短板约束

1. 科技服务人才出现结构性短缺

除研发人才外，研发成果转移转化人才、科技金融服务人才等也出现短缺，尤其缺乏高端技术经纪人和复合型科技服务人才。人才政策习惯于高端人才调整，而科技服务人才等中端人才政策处于空白。科技成果转移转化需要培育专业化和国际化的管理人才队伍，需要政府制定紧缺型中端人才队伍建设规划和相关政策，大力引进和培育中高端科技服务人才。

2. 金融体制不利于科技成果转移转化

现行金融体制不能满足科技成果转化的需要。第一，财政资金支持有限。财政对科技中小企业支持仅限于研发初期的种子基金，缺乏科技开发和产业化阶段的支持。第二，科技与金融没有充分结合，科技金融服务没有精准对接科技活动需求。金融界对科技成果转化项目市场评估和项目论证能力较差，约束放贷积极性的释放，金融机构出现科技开发惜贷趋向，科技成果产业化项目贷款难。第三，社会融资体系不完善。由于企业征信体系建设滞后，中小企业社会融资困难。科技成果产业化企业和科技创业企业难以获得社会融资支持。

3. 科技中介服务能级与技术转移转化需求不对等

第一，科技中介服务机构建设滞后。专业化科技中介服务机构数量少，服务功能单一。缺乏科技成果价值评估、市场评估、投融资咨询、企业信用评价等服务机构。第二，科技中介服务能级与技术转移转化需求不对等。缺乏科技市场中介组织和平台，科技成果供求信息不对称，成果市场供求出现错位。缺乏科技成果与产业化中间开发组织。科技成果从实验室到产业化需要经过小试、中试、熟化等必要环节，科技成果才便于转化应用。中间衔接组织缺失降低了成果转化率和转化效率。

4. 市场化科技成果转移转化机制尚未形成

第一，政府缺位。一方面，科技政策制定笼统，政策实施方案细则没有及时跟进，政策落地困难。另一方面，科技成果转移转化政策没有形成合力。科技、国资、财税、人事等部门尚未形成政策合力，成果转化政策落实困难。第二，政府越位。当前政府是科技成果转化的主导力量，行政审批干预科技成果挖掘、加工、交易、转化等，且审批严格、环节烦琐，市场化科技成果运行机制尚未确立。第三，激励机制不完善。科技人员、科技成果转化人员从成果转移转化中获得的收益较少，不足以激发转移转化的动力。事业单位严格的财务管理制度下，科研人员难以从科学研究和项目开发中获取创造价值收益。

5. 国际国内科技资源整合不足

从科技研发看，非一线城市国际科技资源利用不足。2016 年初，外资机构在华设立的独自研发机构中，上海已经达到 396 家，占全国的 1/4；而天津不足百家，仅为全国的约 1/15。从技术转移看，许多省市尚未打开国际大门。北京等地技术转移合作遍及全球 41 个国家和地区，其他非一线城市跨境技术转移与合作尚处于起步阶段。从成果转化看，国外科技成果国内转化通道没有打开。

二、促进科技成果转移转化的建议

1. 加强科技成果转移转化组织机构、服务平台以及示范性社会组织和枢纽性社会组织建设

第一，加强科技成果转移转化组织建设。财政支持专业化评估机构、信用评价机构、中试机构和各类中介机构等服务组织建设，相关协会引导中介机构

按照紧缺程度建立科技成果供求目录，沟通科技成果供给和市场需求，引导开展科技成果转化成熟度评价研究。第二，加强科技成果转移转化服务平台建设。构建以市场需求为导向、研发机构为源头、技术转移转化服务为纽带、产学研用相结合的新型科技成果转化体系，打造科技成果转化应用中心、科技成果转化体制机制创新中心、国际先进技术承接扩散地和国际科技成果交易中心四个服务平台，提高科技成果转移转化服务能力和水平。第三，财政支持示范性社会组织和枢纽性社会组织建设。2015 年 7 月，中关村国家自主创新示范区制定了社会组织发展支持资金管理办法，财政资助示范性社会组织和枢纽性社会组织（如中关村社会组织联合会、中关村产业技术联盟联合会）建设。各省市成立了许多协会和商会，但缺乏统筹协调管理协会商会和创新创业主体的枢纽性社会组织，各自为政的社会组织难以形成服务合力。建议各省市支持建设一批示范性社会组织和枢纽性社会组织，引导枢纽性社会组织发挥桥梁纽带作用，为各种社会组织提供公共服务，推动社会组织协同创新发展。

2. 完善中小企业征信体系，构建制造业供应链融资体系和社会融资体系

第一，政府应联合银行系统为中小企业建立信用信息征集机制和评价体系，加大中小企业信息数据的透明度。进一步借鉴天津鑫茂科技园信用共同体建设经验，为科技型中小企业搭建快速便捷、高效低廉的绿色融资渠道。财政部门根据参与信用共同体建设的商业银行支持的科技型中小企业数量、信用贷款余额数、打包贷款企业数等指标进行奖补。第二，政府牵头构建制造业供应链融资体系，实现贸易融资向供应链融资升级。制造业产业链长，资金稳定。初创制造企业资金短缺严重，制造业融资应从终端产品贸易融资向全产业供应链融资体系转变。第三，构建社会融资体系，国外融资结构中专业投资机构的资金仅占 3%，大部分资金来源于社会融资。在建立和完善征信制度基础上构建社会融资体系是解决科技研发、成果转移转化和产业化等融资问题的关键。

3. 减少技术入股审批环节，提高成果完成人和中介服务者收益分享比率，完善科技成果转移转化激励机制

第一，减少技术入股审批环节，进一步降低科技成果转化审批监管门槛。逐步建立市场导向的科技成果转移转化机制。第二，建议职务科技成果完成人和参加人在科技成果作价投资、折算股份或一次性转让时获得 80% 以上的股份或收益。第三，政策规定技术转移中介机构或个人可以从转化收益中提取不超过 10% 的中介费用，或者一定比例（如 10% 以下）参股受让的技术成果。

4. 建设复合型科技服务人才队伍，开展技术发明家和科技企业家培育工程，补齐中端人才结构性短缺的短板

第一，人社部门有重点地组织建立一支专业素质高、业务能力强的技术经纪人和复合型科技服务人才队伍。吸收价值评估、信用评价、技术经纪、法律咨询、金融投资、财务等方面的专家，建立科技服务人才数据库。开办科技服务人才实务培训班，培养懂金融、会评估、知技术、善经纪的复合型科技服务人才。第二，开展技术发明家和科技企业家培育工程。在技术发明家和科技企业家崭露头角时期，政府应加一把火，利用财政资助其创业和成长。

5. 建立跨国和跨区域的技术转移服务机构，加强科技成果转移转化国际国内交流合作

第一，建立跨区域的技术转移服务机构，充分利用现有技术经纪服务网络等资源，京津冀地区应加强与长三角、珠三角及国外技术经纪组织的交流合作。第二，持续引进战略性新兴产业国际高端研发机构和高端技术转移经纪机构，政策鼓励大型研发机构“走出去”，在国外建立分支机构，就地转移转化成果。

6. 面向技术服务和产业化机构推行信用贷款财政补贴制度，建立技术转移转化专项资金预算，完善科技成果转移转化财政支持政策

第一，面向科技成果转移转化和产业化机构推行科技企业信用贷款财政补贴制度。第二，完善技术合同认定制度，落实现有的财税优惠政策，提高技术合同减免税额及其兑现。制定技术转移转化服务机构和科技成果产业化企业财税优惠政策。第三，以立法形式设立市、区两级财政技术转移转化专项资金预算，促进闲置成果的处置。

【作者简介】

刘洪银，天津农学院人文学院教授，经济学博士，南开大学特约研究员。研究方向：人力资源经济学，农村城镇化。

“人与自然和谐共生”的经济学内涵及其发展准则[*]

钟茂初

【内容简介】本文提出，“人与自然和谐共生”的经济学内涵是，人类经济活动过程中不对自然生态系统产生外部性影响。以此为基础的发展准则是，经济活动应当在生态承载力范围内进行，发展过程中必须遵循土地开发面积比例、生态功能区红线、资源环境可损耗额度、全球生态系统安全贡献、生态公平等约束。针对现实发展，提出了若干政策主张。

中共十九大将“人与自然和谐共生”纳入新时代坚持和发展中国特色社会主义的基本方略。如何准确地认识“人与自然和谐共生”的内涵，如何将之转化为经济社会发展所需遵循的准则，如何在经济社会发展政策和制度构建中落实这一理念？本文对此展开分析。

一、“人与自然和谐共生”的学理内涵

从经济学学理角度来看，传统经济社会中，人类经济活动系统与自然生态系统是分立的“主体”，由于人类经济活动的根本目标是生产者的利润最大化以及消费者的效用最大化，经济活动主体必然会以对自然生态系统产生负外部性的方式来实现。其机理是，为了追求利润最大化、竞争优势、技术进步、应对经济危机等目标，成本外部化是其重要手段，而生态环境成本的外部化是其主要路径，最终承接者必然是自然生态系统。当各主体的外部性影响加总超过了自然生态系统的生态承载力时，就会导致自然生态系统生态功能的劣化。即，由于人类经济活动对自然生态系统形成外部性生态影响，形成人与自然“不和谐的关系”。换言之，“人与自然和谐共生”的内涵是：人类经济活动系统与自然生态系统是相互依存、相互制约的利益“主体”，自然生态系统能够

* 本文为国家社科基金重大项目“城市生态文明建设机制、评价方法与政策工具研究”（13&ZD158）的研究成果之一。

稳定提供生态功能，是人类经济活动系统永续实现其利益的源泉。所以，人类经济活动必须以自然生态系统的承载力为约束，一切针对自然生态系统的外部性行为和公有地悲剧行为，都必须通过制度构建予以有效消除。

要解决人类经济活动系统与自然生态系统的“不和谐关系”，其实质就是解决传统经济活动过程中所形成的针对自然生态系统的外部性生态影响。从解决外部性的经济学视角来看，其解决路径包括：一是明晰产权。如对于重要的生态功能区，其产权为全民所有，其管理权属于中央政府，区域范围内严格禁止开发。这就严格限制了关联区域的经济主体对其形成外部性生态影响和公有地悲剧行为。二是形成价格和成本补偿机制。如针对碳排放、污染排放，通过排放额度初始配置和排放权交易，形成实际价格，一方面使得有限的排放额度得到优化配置，另一方面也遏制了各经济主体不承担责任、不支付成本的“外部性”动机。三是外部成本内部化。如将生态环境影响纳入政绩考核，经济活动所造成的生态环境代价也就成了行为决策者的内在成本。由此可有效遏制不顾生态环境影响追求经济增长的“外部性”动机。四是有效遏制“搭便车”。如以“共同而有区别的责任”原则，确立各行为主体承担生态维护和生态环境治理的责任，并辅之以激励和处罚机制，使得有关生态环境领域的“搭便车”行为得到遏制。

二、“绿水青山就是金山银山”的学理内涵

“绿水青山就是金山银山”理念，转化为学术语言，其内涵就是：“绿水青山”代表生态环境所构成的自然资本，“金山银山”代表人类经济活动所形成的“人造资本”，社会总财富是由“自然资本”财富和“人造资本”财富加总而构成的，代际财富传承过程中社会总财富不减少是“可持续发展”的基本准则。在传统的财富认识中，往往只把经济活动的“人造资本”作为财富，而认为“自然资本”必须通过经济活动转化为“人造资本”才成其为社会财富的一部分。“绿水青山就是金山银山”理念的提出，实质上就是对传统财富认识的改变，认为“自然资本”就是社会财富的重要组成部分，并且“人造资本”增加的过程中不能损害“自然资本”的可持续性。亦即，“人造资本”不可完全替代“自然资本”（人造财富的增加难以替代自然资源及生态环境的损耗），要真正保持财富均衡就必须使自然资源和生态环境构成的“自然资本”不减少。

“绿水青山就是金山银山”这一财富认识观念，是合理处理经济社会发展与生态环境保护之间关系的基本准则，也是把尊重自然、顺应自然、保护自然作为行为准则的逻辑基础。那么，从学理角度来看，“人与自然和谐共生”与

"绿水青山就是金山银山"两者之间是什么关系呢？笔者分析认为，两种表述是站在不同视角的认识，本质内涵是一致的。"人与自然和谐共生"，是站在人类与自然生态系统是利益相关者角度的认识，关注人类经济活动受自然生态系统的约束及可能承受的反作用；而"绿水青山就是金山银山"，则是将自然生态系统内化为人类利益构成要素角度的认识，把维护生态系统责任纳入自身价值取向之中。

三、"人与自然和谐共生"理念下应当遵循的发展准则

如何判断"人与自然和谐共生"的理念是否得到经济主体的践行？其关键点在于，人类经济活动过程中不对自然生态系统产生外部性影响，亦即，经济活动在生态承载力范围内进行。基于这一内涵，可以归纳出发展过程中必须遵循的若干约束，这也是落实"人与自然和谐共生"发展理念的准则和评判标准。

1. 最小安全面积

"人与自然和谐共生"，体现为"人类经济活动开发利用的土地面积"与"维护自然生态系统功能的保护土地面积"之间的关系。"最小安全面积"的意涵是，用于生态保护的土地面积占国土面积的比例，不得低于25%～30%，才能整体上有效地维护生态系统及其生态功能完好性，才能保证整体上的生态安全。建议：国家省市县乡村各层级的发展过程中，均应将"最小安全面积"作为基本目标。

2. 生态功能区红线

"生物多样性"作为地球生态系统的稳定性和生态功能完好性的重要表征指标，应通过重要生态功能区的严格保护和禁止开发来维护。亦即，各重要生态功能区（湿地、森林、生物多样性资源丰富区域等），只有严格禁止任何形式的经济开发活动，才能有效维护以生物多样性为主要表征的生态系统稳定性，才能维护人类生存传承环境的稳定性。建议：建立法律制度保障生态红线区域永久禁止开发。

3. 资源消耗与环境损耗的承载力约束

"人与自然和谐共生"，还体现为"人类经济活动可消耗资源可损耗环境的额度"与"维护自然生态系统资源再生能力和环境自净化能力"之间的关系。建议：各级政府在制定中长期规划和年度规划时，应根据自然系统的承载

力和自净化能力，确定各经济活动区域内的自然资源可消耗额度、污染物及废弃物排放额度，在额度指标硬约束下，来规划确定其可承载的经济规模和增长指标。

4. 生态承载力的人口经济规模约束

各区域应根据当地自然地理条件及累积的发展水平，评判其人口经济规模是否超过了生态承载容量，并根据是否超载、超载严重程度来决定其未来发展取向。建议：京津冀区域及周边城市，成都、重庆、郑州等中心城市及其周边城市，均为生态承载力较低且已经严重超载的区域，不宜继续扩大规模；生态承载力相对有发展潜力的城市群是福州、宁波（结合舟山）、杭州（结合绍兴及嘉兴）、厦门、珠海（结合澳门及中山）、海口等，可根据生态承载力确立“东南沿海新发展战略”。

5. 全球生态系统安全的贡献

基于全球生态系统稳定和完好性的目标，各层级经济主体应合理分担全球生态责任。建议：基于我国对巴黎协定的自主贡献目标，人均 GDP 已经达到或即将 14000 美元发展水平门槛的省区、城市，应提前达到碳峰值而进入绝对量减排阶段。

6. 生态环境公平与生态贫困治理

由于人类经济活动形成的群体间的经济差距和不公平，往往会转化为生态环境利益分享的不公平、承受生态环境影响的不公平以及承担维护治理生态环境责任的不公平。如果生态不公平，不能得到有效治理，则最终将转化为对自然生态系统的强化损耗。所以，生态保护与贫困治理，必须有机结合。建议：“退耕还林”等举措，生态环境保护效益是首要的，当地脱贫，主要依靠长期的生态补偿制度与生态协作制度，不应是阶段性政策，应纳入中央政府及生态受益区域的经常性预算之中。

【作者简介】

钟茂初，南开大学经济研究所教授、中国特色社会主义经济建设协同创新中心研究员，民革中央委员，天津市政协常委。

建议尽快设立并实施全国统一的城市贫困线

陈宗胜　于　涛

【内容简介】 随着贫困治理的推进，我国城镇的贫困率和贫困规模在总体上都得到很大改进。然而，中国城镇贫困问题并没有全部解决。精准扶贫的主要工作集中在农村地区，但是城镇贫困也绝对不容忽视，扶贫政策应最先落实，需要把城镇扶贫工作进一步夯实。

一、我国城市贫困率和贫困规模均实现大幅下降

党的十九大报告指出，2020 年我国将实现全面小康社会，为此全力实施“精准扶贫”是未来三年“三大攻坚战”中的重要任务。精准扶贫的主要工作集中在农村地区，但是城市贫困也绝对不容忽视，并且应当是扶贫政策最先落实的方面，更需要把城镇扶贫工作进一步夯实。

当前，中国城市贫困问题已经得到极大缓解，我国城市贫困率和贫困规模均实现大幅下降。为了制定这条统一的城市贫困线，需要考虑经济制度差异、经济发展水平、历史可比性、可测性等原则，综合使用按基期加物价指数法、基本食物和营养水平测定法、世界银行确定的贫困标准等。基于这条阶梯式全国统一城市贫困线，可以发现，改革开放以来，中国城市贫困率和城市贫困人口规模呈现持续下降趋势，可大致分为三个阶段。第一阶段是 1981 ~ 1985 年的大幅度下降阶段：改革开放之初，中国城市中接近 30% 的高度贫困率，得益于改革开放政策释放出经济活力，使人民生活迅速有所改善，到 1985 年贫困率大幅下降至 10.11%。第二阶段是 1986 ~ 1997 年的震荡波动阶段：受改革开放和城市化进程的合力作用，这期间城市贫困率位于 10% ~ 15% 之间。第三阶段是 1998 年至今的贫困率与贫困规模持续双下降阶段：城市贫困率稳定地从 1998 年的 7.91% 下降到 2013 年的 1.79%，城市绝对贫困率已经很低；城市贫困人口规模也进入第二个大规模下降时期，虽然同期城市人口增长 75.71%，贫困人口规模却从 4876 万下降到 1305 万，其中户籍贫困人口为 734

万，流动贫困人口为571万，总下降73.24%①。

二、我国城市贫困领域仍存在一些值得注意的问题

总体上我国城镇的贫困率和贫困规模都得到很大改进。然而中国城镇贫困问题并没有全部解决。从城镇贫困人口的户籍结构、家户特征和区域结构分析，仍存在问题。

1. 中国城镇流动人口的贫困问题

从贫困规模看，在城市贫困人口中，1985年以来的流动人口占比一直围绕50%比率波动。在城市常住人口中，接近一半的贫困人口以流动人口的形式存在。这表明，流动人口贫困一直是城市贫困的重要问题。处理城镇流动人口贫困问题有很大的复杂性和困难性。他们既不属于城镇居民也不符合农村贫困标准，部分流动人口贫困问题成为“真空地带”。在今后经济发展与城镇化推进中，流动人口尤其是其中的外来务工人群的贫困问题，需要引起高度关注。由于流动人口大部分都有在城市长期居住的意愿，已经导致家庭化迁移逐步成为流动人口迁移的主要模式。这一趋势可能促使流动人口的贫困从个体扩展到整个家庭，并稳固地形成特殊的贫困群体。

2. 不同家户特征人群的城市贫困问题

中国城市贫困历来都呈现显著的家户特征。城市贫困人口与非贫困人口在政治地位、教育程度、职业等方面存在显著差距。此外，进一步研究还发现诸多问题。在有户籍的人口中儿童贫困率高于青壮年，而老年人的最低，即老年人保障程度最高；但在流动人口内部老年人的贫困率高于儿童，而青壮年的最低，即老年人的保障程度最低；如果整体比较流动人口和户籍人口，则前者各个年龄段的贫困率都高于后者，这就从家户特征的角度说明了户籍人口的保障程度高于流动人口的，说明流动人口贫困问题的特殊性。另外从民族特点看，一些少数民族相对于汉、回两个主要民族有较高的贫困发生率；从身体特征看来，残疾及重残疾人相对于无残疾人群体，都有较高的贫困发生率。特别是流动贫困家庭中的儿童贫困问题，影响可能更为显著，因为儿童贫困包括留守儿童贫困等问题容易引发代际贫困传递问题，其一旦形成会使脱贫工作难度成倍增加。

---

① 陈宗胜、于涛：《中国城市贫困线、贫困率及存在的问题》，载《经济社会体制比较》2017年第6期。

3. 不同区域的中国城市贫困问题

中国是一个地域广阔的大国，各个区域的城市贫困呈现出不同的历史特征和变化趋势。其一，东部地区城市贫困率已经逐步下降到很低的水平，部分省区比如山东等地按现行标准已经从整体上解决了城市贫困问题。其二，中部地区城市贫困问题依然严峻，1995 年以来中部地区一直是中国城市贫困率最高的区域，即便到 2013 年中部地区城市贫困率依然比西部地区高出 56%，证明中部地区的确是中国城市贫困治理的“凹地”。其三，西部地区城市贫困率已经实现大幅度下降，已经接近全国平均水平，是三大区域中改善最大的。其四，东北地区城市贫困状况也由升转降，贫困率由 1988 年的 1.92% 升高到 2002 年的 4.26%，然后又在 2013 年下降到 1.9%，即经过 30 年的改革开放发展，东北地区城市贫困又回到其最初水平。但是，从横向看，各省区城市贫困差异依然十分显著。东部一些地区从 1995 年起已经基本解决城市绝对贫困问题，而山西和安徽到 2013 年城市贫困率依然高达 4% 以上，两地城市贫困差异在 20 年中依然存在，且不可谓不显著。这都是今后中国城镇贫困治理中的“硬骨头”。

三、建议尽快设立和实施全国统一的城市贫困线

针对现存的问题，本文提出如下有关制度改进与经济发展的政策建议：

（1）国家应当明确公开地设立全国统一的城市贫困线，为社会保障提供标准和依据。本文探讨的阶梯式城镇贫困线可以提供参考，如果以此为准则全国统一要求统一实施，有可能在近几年完全解决绝对贫困问题。可以考虑将城镇绝对贫困线标准提高到 5 美元/人·天（6311 元/人·年），那么现在还会有 3000 多万城市贫困人口［基于 CHIP（2013），其中，户籍贫困人口为 1897 万，流动贫困人口为 1406 万］，到 2020 年前努力消除，则全面小康社会会更为扎实。届时农村贫困也按现行标准解决之后，可探索建立城乡一体的全国绝对贫困线，也可根据各地生活条件进行适当调整。如此则我国的社会保障网会更加完善。

（2）改革现行社会保障体制中关于贫困对象的范围及条件。消除对户籍条件的要求和设置，将城市常住流动人口纳入城市扶贫体系，关注流动人口尤其是外来务工人员贫困问题。建立全国范围内依据居住地申请城市低保的制度，探索以居民为基础的社会保障体系；减少大中城市落户限制，降低中小城市落户门槛，进一步推动流动人口减贫。

（3）进一步推进城镇中的精准扶贫，首先在确定扶贫对象方面进行改革。

要坚定维护特定群体权利，实行定向扶贫，加大对特殊人群的扶贫和支持力度。在整体上重视流动人口扶贫的前提下，对流动贫困人群中老人、儿童、残疾人、少数民族等特定群体中的贫困人口，要作为扶贫工作的重点对象。

（4）注重中部地区、东北地区等区域贫困问题，着重解决绝对贫困问题。区域贫困的解决主要是通过经济增长与发展。一方面，应加大对贫困地区的扶持力度，培育持续发展能力。另一方面，减少城市落户限制，支持流动人口在城市落户、居住、生活和工作。

总之，通过改革和完善我国城镇现行社会保障制度，以及通过对贫困地区的扶持性发展政策和转移支付政策，争取按中国的标准尽快解决城镇绝对贫困问题，以实现高质量的全面小康社会。同时借鉴国际经验，我国也应当及时考虑将中国城市相对贫困及多维贫困问题提上议程，以逐步建立与国际接轨的更加完善和健全的社会保障制度。

【作者简介】

陈宗胜，南开大学教授、中国特色社会主义经济协同创新研究中心资深研究员、中国财富经济研究院院长。

于涛，南开大学经济学院经济学博士研究生。

转变生产方式，推进绿色农业发展

宋高燕　周立群

【内容简介】我国绿色农业发展面临着农业面源污染、耕地质量退化严重、农业物联网应用呈现碎片化、农产品产业链条短产品附加值低等问题。笔者根据中央农村工作会议提出质量兴农、绿色兴农战略提出四条建议：(1) 推行绿色生产方式，重视生态环境保护；(2) 加强土地保护力度，科学推进轮作休耕制度；(3) 优化农业单产业物联网应用，建立全产业物联网；(4) 提高产业附加值做长产业链，推进一二三产业融合。

一、我国农业发展的问题与制约

1. 集约型农业生产方式加重了农业面源污染

我国集约型农业生产方式是以高投入、高强度利用、高产出为主要特征，致使农业有高产出的同时也加重了农业面源污染，其主要来源于农田施肥、农药重金属、畜禽养殖、大量使用非降解农膜和生活垃圾等。目前，我国化肥、农药的总使用量仍居世界首位，通过搜集整理《中国统计年鉴》中化肥用量和耕地面积等相关数据绘制图 1。从图 1 可看出，虽然化肥施用量增长趋势放缓，但总量仍呈现增加态势。

没有被植物有效吸收的元素，如氮、磷、钾等，在雨水或雪水的冲刷下，随地径表流进附近水体易造成水体污染、富营养化和水生态系统失衡。此外，长期过量使用化肥还会降低土壤微生物的数量和活性，破坏土壤结构。农药的过量使用不仅会导致农产品农残检测超标，产生食品安全问题，农药中未被农作物吸收的部分还会严重污染耕地。畜禽养殖和农作物种植主体的分离，畜禽粪污肥料化利用受阻，导致规模化养殖产生的大量畜禽粪得不到有效利用，客观上加重了由畜禽粪污造成的农业面源污染。

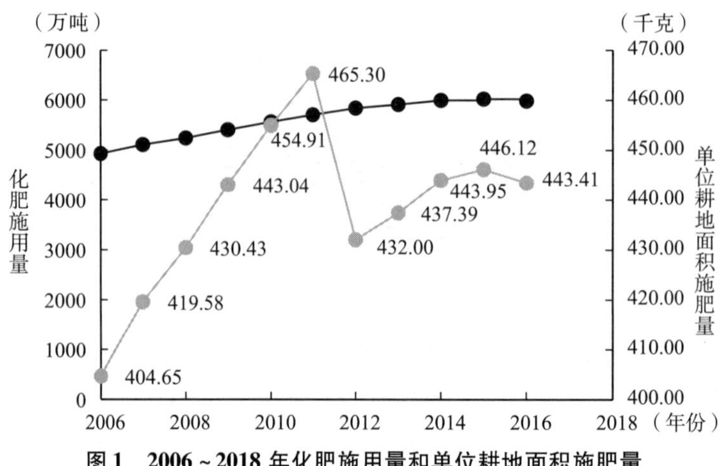

图 1　2006～2018 年化肥施用量和单位耕地面积施肥量

2. 高强度土地利用使耕地质量退化严重

耕地长期高强度利用致使耕地地力严重透支，耕地生产力、环境调控能力下降，耕地质量退化。在现有农业生产模式中生产力水平提高缓慢，要保证生产潜力就需要不断加大施肥量，施肥量不断增多致使农作物的边际产出量递减，每千克化肥施肥增产的粮食产量从 20 世纪 50 年代的 500 千克下降到 21 世纪初的 80 千克。长期大量施用化肥导致耕地养分单一、肥力下降，严重影响了农作物数量和品质。传统观点认为，施用有机肥具有保土培肥作用，但大量施用有机肥也会造成养分和盐分累积。耕地中固结了不能被农作物吸收的化学物质和积累了各种盐分都会导致耕地养分失调。集约式农业生产方式和农药、化肥残留物强烈干扰了耕地生态系统，对生态环境、资源环境构成了严重的威胁。

3. 农业物联网发展起步晚，应用呈现碎片化

农业物联网可实现对农业生产的全面感知、智能决策分析和预警，对农业生产提供精准化种植。由于我国农业物联网发展起步较晚，存在关键技术成熟度低、标准规范缺失、专业人才缺乏等问题，导致整个农业物联网应用不成系统性，碎片化迹象明显。

山东潍坊某家有机农业公司通过开发一个叫“有机汇”App，方便市民从手机上下单买菜，收到订单后公司工人们会在大棚里采摘新鲜有机蔬菜，之后这些有机菜在加工车间经过挑选、包装好，然后由物流送到市民家中，从下单到市民收到货整个过程不超过 24 小时。该有机农业公司利用互联网技术方便市民从 App 终端下单，是现代信息技术在农业销售这一环节的运用。但就国内情况目前来看，由于在农作物种植、生产阶段对计算机、互联网技术要求较

高，导致物联网在农业种植、生产和加工阶段应用较少，应用呈现碎片化、异构化。

4. 农产品产业链条短，产品附加值低

目前，我国农业产业价值链主要集中于农产品加工这一环节，加工创造的价值在农产品最终实现价值中占比重较小，分担市场风险能力低，农产品深加工能力有待进一步挖掘。创建加工农产品的品牌意识低，使得加工产品市场认可度低，虽然有些地区出现了传统农民和农企相互合作的模式，但就全国的占比来看仍在少数。

对于地处生态环境独特、自然资源丰富、绿色植被覆盖率较高的绿色农业景区，农村旅游业发展面临着特殊的地理位置不易规模化发展、基础设施落后、交通不便等因素。对于地处城市郊区的绿色农业旅游景点，虽然交通便利，但旅游产品及服务具有较高的同质性。距离城市核心区域较近也使得景区受到工业化污染的可能性较高。农业旅游业缺乏统一规划导致有些地区农村旅游景点盲目开发，伴随着生态环境破坏、资源环境污染等一系列生态问题。

二、发展绿色农业的政策建议

1. 推行绿色生产方式，重视生态环境保护

对于已经受到污染的农业环境，采用人工湿地、河岸缓冲草皮带等生态技术措施进行治理，同时控制、改造污染源头。最根本的方法是要推进农业供给侧结构性改革，推广绿色生产方式，大力推动绿色农业发展，实现农业农村可持续发展。引进无公害农产品生产流程，由过去的依靠传统化学农业向依靠科技投入的绿色农业转变。以市场为导向，加强绿色农业规模化生产，鼓励农户入股龙头企业参与企业分红，促进个体农户生产要素向龙头企业生产基地集中汇集，增强龙头企业生产基地对周边的辐射力、带动力，逐步创建具有地区特色的产品品牌，提高绿色农业规模效益。

绿色农业的发展既要靠政策的引导，也离不开技术的支撑，垃圾是放错地方的资源，合理利用农业面源污染物，着力突破沼气发电上网难、天然气进入城镇管网难等技术难题，支持农村沼气工程建设。统筹养殖、种植，支持规模养殖标准化改造，实现农业资源节约循环利用、农业废弃物处理利用。强化金融服务式创新，推广政府资本与社会资本合作模式，鼓励社会资本进入涉及民生建设项目，如农业资源化利用、农业废弃物处理利用等。推动农村水、电、路、气等基础设施建设提档升级，对农村居民环境展开全面治理。

2. 加强土地保护力度，科学推进轮作休耕制度

轮作休耕制度在一些发达国家已经实施了很长一段时间，并且也产生了良好的效果，如欧盟、美国等都是通过实施休耕项目，减轻了单一农作物种植带来的资源消耗问题，改善了乡村自然生态环境。

加强政策宣传推广，改变农民传统观念，让农民认识到休耕的目的是恢复地力，提高土地质量，保护农村自然生态环境。将轮作休耕制度与耕地可持续发展相结合，加强休耕期监管工作，建立耕地轮作休耕的差别补偿体系。对于地下水超采、重金属污染、生态退化严重的区域，实行永久休耕或长期休耕；对于地下水超采、重金属污染、生态退化一般的区域，采取修复型轮作休耕方式；对于生态资源良好的优质耕地采取市场调节性和保护性休耕。

3. 优化农业单产业物联网应用，建立全产业物联网

目前，农业物联网的应用主要集中在农产品仓储及农产品物流配送等环节，农业生产环境的多样性和生产流程的复杂性，决定了必须统筹考虑农业各环节特点的具体应用来建立农业物联网体系结构。从供给侧角度，政府应重视农业物联网发展，强化农业物联网发展的顶层设计，推进“互联网 + 现代农业”发展，同时提供专项资本、吸引社会资本支持物联网在农业全产业领域的应用。从需求角度，激发农村新活力培育新型农业经营主体，建立专业大户、龙头企业、多家农业合作社联合的新型农业区域经济合作组织，农业产业化、规模化经营必定会内生出对农业物联网技术的需求。

制订农业物联网研究领域高层次创新人才培养计划，培养该研究领域的专门人才，攻克技术难题实现农业生产、流通、加工、消费全产业链的信息深度整合和挖掘，逐步实现物联网在农业全产业应用。

4. 提高产业附加值做长产业链，推进一、二、三产业融合

成立农民合作社，给农民提供技术支撑体系，定期给农民进行生产、管理等方面的培训，及时掌握生产技术和农产品市场动态，优化农产品种植结构。通过引进农产品深加工技术、强化农产品品牌营销等模式向前延伸产业链，提高农业产业附加值。创新经营模式，促进小农户和现代农业发展有机衔接，形成从种子到餐桌的全产业链模式的绿色化，创新体制机制，鼓励农村一、二、三产业融合。

促进农业一、二、三产业深度融合，引导传统农业向绿色农业、休闲观光农业转型，构建社会化服务的现代农业产业。对绿色农业旅游业进行整体统筹规划，制定合理有效的旅游发展总体策略基础之上，创新休闲观光农业产品与服务，突出不同地区农业旅游产品的自身特色，增加旅游地区的附加值，提高

竞争力、吸引力。农业一、二、三产业融合还可以内生出农业规模化、专业化、标准化生产，通过农业专业化生产催生出新型经营主体，不断提高农业创新力、资源利用率和全要素生产率。

【作者简介】

宋高燕，南开大学经济学院博士后，河北大学讲师。

周立群，南开大学滨海开发研究院教授、中国特色社会主义经济建设协同创新中心研究员。

建议在精准扶贫工作中加大“易地搬迁”力度

陈宗胜　张小鹿

【内容简介】在我国大力度实施“精准扶贫”工作的过程中，易地扶贫搬迁工程，是从根本上解决“一方水土养不起一方人”地区贫困人口长期发展问题的重要途径。但当前易地扶贫搬迁工作中存在一些问题，主要表现为：（1）搬迁模式单一，不能因地制宜，导致搬迁实施过程中矛盾较多、阻力较大；（2）大规模搬迁缺乏有效论证和评估，不能融入当地长期性、整体性发展规划，导致成本巨大的易地扶贫搬迁项目长期来看社会收益不经济；（3）普遍存在“一搬了之”现象，不能确保脱贫效果的稳定可持续，表现为搬迁户的脱贫质量低，返贫率高；（4）普遍存在重物质脱贫，轻思想脱贫的做法，表现为一些贫困劳动力住房问题解决后继续提出其他要求，“等靠要”思想严重。

按照国家发改委（2016）批准的“十三五”规划，河北省承德市滦平县有 152 个行政村计划实施易地扶贫搬迁，涉及 18714 人，其中贫困人口 7656 人，集中安置点 20 个，安置搬迁人口 17709，集中安置率 94%。滦平县在易地扶贫搬迁方面的做法有效避免了上述问题的产生，较好地实现了脱贫和发展的统一，值得总结和借鉴。滦平县在实施易地扶贫搬迁过程中，实践了小城镇化的创新模式，实现了生产要素的优化重组，注重激发贫困群体的内生脱贫动力，在政府主导下注重动员社会有关各方面共同参与，达到了“搬得出、稳得住、有就业、能致富”。

（1）因地制宜，创造多种易地扶贫搬迁模式，较快实现较大规模贫困人口集中脱贫安置。按照《全国“十三五”易地扶贫搬迁规划》和《河北省“十三五”易地扶贫搬迁规划》中的部署，滦平县在实施易地扶贫搬迁工作过程中，总结出三种易地扶贫搬迁典型模式：即整村易地再建新乡镇扶贫搬迁模式（邢家沟门安置点）、联村并建小城镇扶贫搬迁模式（安纯沟门安置点）、集中融入小城镇扶贫搬迁模式（两间房安置点）。各种模式都通过易地搬迁安置，因地施策，在政策允许范围内求变通，减少了搬迁阻力，提高了群众满意度，达到了使贫困人口减贫脱贫的目的，脱贫效果稳定、可持续，社会和生态效益明显。

（2）创新小城镇化脱贫模式，为通过易地扶贫搬迁城镇化实现脱贫减贫，提供了进一步发展空间和新的做法。滦平县易地扶贫搬迁契机，通过整体规划，基本上按照变分散为集中、靠近交通干线、转移至地方性行政中心附近、现有成熟小区扩建等目标，实现人口和基础设施空间上的集聚，降低基础设施分散投资的成本，提高公共设施和服务的使用效率；人口集聚、空间城镇化，又为城市化提供了空间及物质载体，是较为有效的小城镇化模式。这种小规模城镇化模式，不同于“趋向大城市”的城镇化，有效解决了迁移群体面临的生活、交流上的社会排斥，缓解了流入城市住房紧张、交通拥挤、就业竞争、环境恶化等问题；也使流出地区面临的土地撂荒、空巢老人、留守儿童及空心村镇等经济社会问题得以解决；“谁来种地”这一基础性、根本性的粮食安全问题也有了部分解答。

（3）通过易地扶贫搬迁，实现贫困村落生产要素优化重组及转变，实现稳定可持续脱贫。农村贫困的一个表现是：生产规模小限制了分工和技术的应用，要素组合表现为劳动力同土地及初级生产资料的结合。滦平县借助易地扶贫搬迁，引入适宜的生产性或服务型企业，为要素优化重组和减贫脱贫提供了条件。表现在：一是贫困劳动力通过土地流转同农业相分离，参与到非农业生产活动中，实现贫困人群与现代资本要素的结合；二是未脱离农业部门的劳动力，从原有低效益的粮食种植转移至有较高经济效益和生态效益的经济作物种植，实现了劳动力与技术的结合；三是村民的土地、房屋等在搬迁后实现资本化；四是催生当地第三产业，使农民具备了就近兼做服务业的可能，实现了收入多元化；五是在各级政府主导下实现了贫困人口参与金融活动：贫困农户向开发企业让渡优惠贷款权，并转化为企业股权，使贫困人口与金融相结合，是一种“金融扶贫”的具体应用，前述农民土地、房屋的资本化都是金融活动，村民得到的租金收入、承包费、收益分红、“股金”收益等均为资产性收入，可看成是易地搬迁引致金融活动在农村的扩散和传播。

（4）围绕易地搬迁开拓多项扶贫举措，激发贫困人口的内生动力，实现持续扶贫脱贫。“十三五”期间开展易地扶贫搬迁的直接作用，是对符合条件的农村贫困人口实施以住房保障为表现的社会救助。从国际上社会救助的经验来看，现金救助占比较小，项目救助占比趋高，旨在降低救助对象的福利依赖，激发救助对象的自我发展能力。这与扶贫工作目标一致。滦平县的各种模式中都注重在安置点上开发与当地经济社会条件、劳动者技能相匹配的产业；同时对有劳动能力和就业意愿的贫困群体提供技能培训和就业信息、渠道，为搬迁群体提供各种就业机会，从而使搬迁人口的内在脱贫动力与新环境呈现的脱贫条件对接，为主观脱贫提供了客观条件。

（5）通过易地扶贫搬迁整合多方参与，在政府主导下将扶贫搬迁嵌入当地发展规划，实现整体扶贫开发和整体脱贫。贫困是一个涉及多方的经济社会现象。缓解贫困是地方经济发展的任务之一，贫困的缓解也能够促进地区经济发展。扶贫脱贫必须融入地区经济发展，吸引社会各方共同参与并积极互动。滦平县易地扶贫搬迁是在政府主导下成功吸引有关多方参与的结果，是一项系统性社会工程。易地扶贫搬迁项目的组织者主要是当地县、乡政府及专设的扶贫部门；直接参与主体是符合条件的贫困人口及同步搬迁人口；搬迁实施中做出贡献的主体包括安置区的规划、建设者，银行、保险等资金提供者等；搬迁后续发展的参与者包括各产业项目的开发主体及社会资本协作方。政府的主导作用的核心是协调、扶持、支持贫困人口自主实现减贫脱贫，搬迁前后生产方式及要素组合发生变化时产生的摩擦往往需要政府进行积极协调。

（6）易地扶贫搬迁的思考与建议。总的来说，滦平县易地扶贫搬迁工程有特色、有成效，应总结，可借鉴。基于此，特建议重视易地扶贫搬迁在精准扶贫中的作用，开展过程中要注意做到：

一是注重因地制宜，以最小化搬迁纠纷，最大化群众满意度来设计搬迁方案，实施安置计划，形成各具特点的易地搬迁扶贫方案；二是必须将易地扶贫搬迁与当地经济长远发展即城镇化发展的趋势相结合，要有利于贫困人口建立与原世代居住地方的联系，有利于搬迁居民记得住情感“乡愁”，要考虑到搬迁成本的规模及可行性；三是切实解决搬迁人口迁移后的就业及生产发展问题，这是易地扶贫搬迁能否实现脱贫稳定可持续的内在要求；四是结合当地实际考虑配套产业的招商引资，根据当地贫困劳动力的实际来进行产业选择和布局，处理好农业与其他产业、农用地与开发建设用地、农民向产业工人转变的关系，处理好生态环境与产业发展的关系；五是注重实现贫困户内生发展自生力，实现脱贫稳定可持续的目标；六是发挥各级政府包括村集体的主导性作用，使其吸引社会有关方共同参与易地搬迁项目，这是各种搬迁模式取得成效的关键，当然要防止政府包办代干，伤害了贫困群体的内生脱贫积极性等。

诚然，滦平县尝试的各种模式还是初步的，有些方面也存在一些值得探讨的问题，比如实施成本及可持续性方面需要深入研究和分析，更有待于时间的检验。因此，各地都要实事求是地结合各地区情况及资源环境约束来借鉴和参考。

【作者简介】

陈宗胜，南开大学教授、中国特色社会主义经济协同创新研究中心资深研究员、中国财富经济研究院院长。

张小鹿，南开大学经济学院经济学博士研究生。

澄清对社会主要矛盾转化问题解读的偏误

卫兴华

【内容简介】党的十九大报告提出：中国特色社会主义进入新时代。我国社会主要矛盾已转化为人民日益增长的美好生活需要和不平衡不充分发展之间的矛盾。对于这个重要理论问题，报刊上发表的解读文章已很多，但是存在解读上的差异。有的解读存在偏误。

一、中国特色社会主义进入新时代与社会主要矛盾的转化是什么关系

社会主要矛盾是随着我国特色社会主义进入新时代而发生了转化，还是由于我国社会主要矛盾发生了转化、决定了我国的发展进入了新时代？有些学者持后一种观点。例如有学者论述中国特色社会主义进入新时代的判断依据时，认为进入新时代是基于社会主要矛盾的转化。持这种解读的学者不是个别的。笔者认为，这样解读不符合十九大报告的原意。并不是先有社会主要矛盾的转化，决定了我国特色社会主义进入新时代。而是先有改革开放40年来生产力的快速发展和人民生活水平总体上大幅度提高，特别是十八大以来的新的发展成就，中国特色社会主义进入了新时代。十八大报告提出：经过改革开放以来的发展，“我国经济实力、科技实力、国防实力、综合国力、进入世界前列”。又讲：“经过长期努力，中国特色社会主义进入了新时代，这是我国发展新的历史方位”。发展进入新时代，还依据：我国稳定解决了十几亿人的温饱问题，总体上实现小康，不久将全面建成小康社会，人民美好生活需要日益广泛。我国社会生产能力在很多方面进入世界前列。正是在这种新的发展背景下，十九大报告提出：“中国特色社会主义进入新时代，我国社会主要矛盾已经转化为人民日益增长的美好生活需要和不平衡不充分的发展之间的矛盾”。社会主要矛盾的转化，是中国特色社会主义进入新时代的表现和必然结果。习近平同志在2017年的7·26讲话中就指出：“经过改革开放近40年的发展，我国社会生产力水平明显提高；人民生活显著改善，对美好生活的向往更加强烈，人民群众的需要呈现多样化多层次多方面的特点。”这实际上是先期点出了十九大

报告中将提出的社会主要矛盾转化问题。人民对美好生活的向往和需要，是以我国社会生产力水平明显提高，人民生活显著改善为前提的。

二、社会主要矛盾转化后矛盾双方的具体内涵怎样准确理解

新的社会主要矛盾是“人民日益增长的美好生活需要和不平衡不充分的发展之间的矛盾”。应当明确，转化后的社会主要矛盾与转化前的社会主要矛盾的内涵是一种相互联系、一脉相承的关系，是矛盾内涵的提升与拓展，而不是相互否定与排斥的关系。社会主义的主要矛盾是对资本主义矛盾的否定与排斥，社会主义初级阶段的主要矛盾是对以阶级斗争为纲的主要矛盾的否定与排斥。而社会主义初级阶段主要矛盾的转化是生产力与生活水平提高的结果，两者具有抽象的一致性和共同点，即供给不能满足需求的矛盾。原来是绝对落后的生产不能满足低水平的生活需求；现在是发展了的生产和社会供给不能充分满足提高和扩展了的生活需求，即对美好生活的需求。目前，对新的社会主要矛盾需求侧的解读一般说来不存在难解的问题。美好生活需求既包括质量更高、更安全、更多样化、更方便的物质文化需要，还包括在民主、法治、公平、正义、安全、环境等方面的要求。解读的分歧与偏误主要是在供给侧方面。供给侧的内涵是“不平衡不充分的发展”。这是社会主要矛盾的主要方面。究竟该怎样正确解读？现在多数学者较普遍的解读是：我国存在诸如城乡发展不平衡、地区发展不平衡、收入高低不平衡等。兹举几例：在某报发表的《深刻把握我国社会主要矛盾转化的新特点》一文中讲：发展不平衡是指“东西部、南北部、各个行业之间、各个部门之间、人和人之间的发展不平衡现象比较突出”。在一家中央大报发表的《正确认识我国社会主要矛盾的变化》一文中讲：“作为我国社会主要矛盾变化的不平衡不充分，不仅表现在落后地区、农村发展不充分，落后地区与发达地区、农村与城市发展的不平衡；而且表现在东部发达地区，包括一些大城市依然有发展不平衡不充分的现象。”还有一篇具有导向性意义的题为《正确把握我国社会主要矛盾的变化》一文中讲：“发展不平衡，主要指各区域与各方面发展不平衡，制约了全国发展水平的提高。发展不充分，主要指一些地方、一些领域、一些方面还有发展不足的问题。……从社会生产力看，我国依然有大量传统、落后甚至原始的生产力，而且生产力水平和布局很不均衡。从收入分配看，收入差距仍然较大……这些发展不平衡不充分的问题相互掣肘，带来很多社会矛盾和问题，是现阶段各种社会矛盾的主要根源”。

我认为，以上这种解读不符合十九大报告的有关论述原意，也与习近平同

志的其他有关论述的本意相悖。同时，从根本上说，这种解读与新提出的社会主要矛盾的内涵不相吻合。

提出社会主要矛盾的转化，是供给侧和需求侧矛盾的转化。无论转化前和转化后的主要矛盾，都是从社会总体上来讲的。转化前的社会主要矛盾的需求侧是“日益增长的物质文化需要”，供给侧是“落后的社会生产”。尽管不同地区、不同行业、不同收入、城市与乡村的物质文化需要会有所差别，落后的社会生产在不同地区、不同行业也会有发展快慢的差别，但不能用这种发展不平衡去解读转化前社会主要矛盾的内涵。“落后的社会生产”是直接对应“人民日益增长的物质文化需要”的。解决矛盾的战略方针就是大力发展生产力，发展商品经济，消除落后与贫困，走向共同富裕。同理，作为转化后的主要矛盾即“人民日益增长的美好生活需要和不平衡不充分的发展之间的矛盾”，也是从社会总体上来讲的。“不平衡不充分的发展”是直接对应“人民日益增长的美好生活需要”的。也就是说，人民日益增长的美好生活需要还不能得到完全的充分的满足，还存在生产与社会供给侧同生活需求侧之间的不平衡。这既表现出我国经济社会发展的巨大进步，同时又表现出我国的发展还存在不足。

经过 40 年来生产力的快速发展，我国已经消除了生产力绝对落后、人民生活绝对贫困的“短缺经济”状态，已由卖方市场转向买方市场。我国既存在低端产品积压滞销，又存在高端产品供给不足的情况。并不是说我国生产不出高端产品，而是指数量与品种还不能充分满足人民的需求。这突出地表现在我国不少居民到境外购买高端消费品和奢侈品。有媒体报道：2016 年，中国游客蝉联境外消费冠军。游客消费达 2010 亿美元，连续 15 年保持两位数的增长。2015 年，中国人民买走全球 46% 的奢侈品。这使我国大量购买力外流，减少了国内消费对经济发展的拉动作用。这种现象，正是我国的生产和社会供给不能充分满足人民日益增长的美好生活需要、发展和供给不充分、供求不平衡的突出表现。这与城乡发展不平衡、区域发展不平衡等没有什么内在联系。

人民日益增长的美好生活需要，从物质生活品来说，包括诸如质量更高、更安全的各类米面、肉蛋和奶制食品，以及绿色优质蔬菜瓜果等，这主要由农业生产供应。目前的供给还不充分和不平衡。有些高级水果和其他食品及高端用品还需靠进口满足需要。这与区域发展不平衡、城乡发展不平衡等并不存在内在联系。

人民日益增长的美好生活需要，还包括在经济、政治、社会、安全、生态等方面的需要。对这类需要的满足，也存在供给不充分和供求不平衡问题，同样不能用地区不平衡、城乡不平衡、收入不平衡甚至生产力落后等来说明。落后的山区反而环境污染少，山更青，水更净。内蒙古的蓝天白云、遍地野花，远比京沪和发达地区更优美。

三、回归以十九大新思想解读社会主要矛盾的转化

提出社会主要矛盾的转化，既要讲清新的主要矛盾两方的具体内涵，又要提出解决主要矛盾的方略。这在十九大报告和习近平同志的其他讲话中已有说明。十九大报告中讲：“我国社会生产力水平总体上显著提高，社会生产能力在很多方面进入世界前列，更加突出的问题是发展不平衡不充分，这已经成为满足人民日益增长的美好生活需要的主要制约因素。”显然，这里所讲的发展不平衡不充分，是以我国进入新时代、生产力已获得显著提高为论断前提的。不是以中西部地区落后于东部地区、农村落后于城市等发展不平衡以及还存在落后的生产力为前提的。地区之间、城乡之间等发展不平衡，过去存在、现在存在，将来也不可能完全消除。它与我国进入新时代和社会主要矛盾转化没有什么联系。

习近平同志在参加十九大贵州省代表团讨论时指出：“我国社会主要矛盾变化是关系全局的历史变化”，这“对党和国家工作提出了许多新要求，我们要深入贯彻新发展理念，着力解决好不平衡不充分问题，更好满足人民多方面日益增长的需要”。[①] 应注意：首先，社会主要矛盾的变化，既是历史性变化，又是关系全局的变化。而地区、城乡等发展不平衡与这种变化无关。其次，解决主要矛盾中不平衡不充分发展的方略，是通过贯彻新发展理念，其中，首先是创新发展，也包含绿色发展等来解决。十九大报告中还提出：“着力解决好发展不平衡不充分问题，大力提升发展质量和效益。”十九大报告还专设一节“贯彻新发展理念，建设现代化经济体系”，这是新时代转变发展方式和针对新的社会矛盾的战略任务。其中主要有：我国经济已由高速增长阶段转向高质量发展阶段；建设现代化经济体系是跨越关口的发展战略目标；必须坚持质量第一、效益优先；以供给侧结构性改革为主线；创新是引领发展的第一动力。

如果把新社会主要矛盾中的“不平衡不充分发展”，定位为城乡、区域等发展不平衡，那么，解决矛盾的途径，就远离十九大报告和精神。城乡、地区等的发展不平衡，只能尽力缩小，而难以完全消除，从而难以成为解决社会主要矛盾的途径。即使假定区域、城乡等的发展不平衡问题解决了，也不能保证人民日益增长的美好生活需要得到充分的满足、消除供求的不平衡。

最后，有必要说明：消除或缩小我国存在的城乡间、地区间等的现实差别，走共同富裕道路，需要致力于城乡、区域等协调发展战略，促进城乡、地区间的平衡发展。这也是必要的发展任务。但这是另外的课题，与社会主要矛

① 详见2017年10月19日，习近平总书记在参加党的十九大贵州省代表团讨论时的讲话。

盾的内涵及其解决的方略并不是一回事。

宪法中所规定的社会主义经济制度，就可以缓解和缩小贫富过大的差距。习近平同志强调做大、做优、做强国有经济是缓解贫富差距扩大、走向共同富裕的重要支柱。

【作者简介】

卫兴华，中国人民大学荣誉一级教授，博士生导师。曾任第三届国务院学位委员会经济学科评议组成员、全国哲学社会科学经济学科规划小组成员、中国《资本论》研究会副会长、全国综合大学《资本论》研究会会长、中央马克思主义理论研究与建设工程课题组主要成员。现任北京市中国特色社会主义理论体系研究中心学术顾问、中国《资本论》研究会顾问。

中国自由贸易试验区的中国特色

佟家栋

【内容简介】党的十九大报告明确提出："赋予自由贸易试验区更大改革自主权，探索建设自由贸易港。"这一论断，为中国自由贸易试验区的发展指明了发展的方向，形成了中国建设开放经济平台和窗口的中国特色。

一、传统自由贸易港的模式

传统的自由贸易港是指设在国家与地区境内、海关管理关卡之外的，允许境外货物、资金自由进出的港口区。传统意义上看，由于港口主要是设计开展国际贸易的海港，因此，通常的自由贸易港主要是指海港。伴随交通运输方式的多样化，现代港口不仅是指海港，还包括空港、陆港。因而只要是一个国家或独立经济体在境内关外划定了一个特定的允许商品、资本和服务自由进出的区域或"飞地"就是自由贸易港区。

国际上通行的自由贸易港区一般都会对进出港区的全部或大部分货物免征关税，并且准许在自由港内，开展货物自由储存、展览、拆散、改装、重新包装、整理、加工和制造等业务活动，甚至提供相应的金融服务、信息服务和法律等服务。伴随经济的全球化，现代自由贸易港所涵盖的功能越来越广，各国依据不同的地理或区域优势，日趋展现出多样性。目前，排名世界集装箱港口中转量第一位、第二位的新加坡港、中国香港，均实施自由港政策，吸引了大量集装箱前去中转，奠定了其世界集装箱中心枢纽的地位。

二、中国自由贸易港区的发展

中国带有自由贸易区性质的"飞地"是1990年国务院批准建立的第一个保税区。目前，中国已建有上海外高桥、天津港、深圳福田、沙头角、盐田港、大连、广州、张家港、海口、厦门象屿、福州、宁波、青岛、汕头、珠海等15个保税区，主管部门是海关总署。保税区最初的功能定位是仓储、转口和加工，实际上是以物流为主。

2013年在上海建立的自由贸易试验区在相当程度上既注重作为深化经济改革的试验，又关注对外开放窗口的建设，进而为中国开放新体系的建设提供经验，测试压力，为建立完善的市场经济提供“实验室”。因此，如果说保税区是在中国的主要港口建立的对外开放的“飞地”，以对外开放的窗口建设为目标，那么，中国自由贸易试验区的建设更多的是以兼顾深化改革和对外开放目标的试验。

因此，严格地讲，我们尚未建立起保税区类型的自由贸易试验区的机制。其中的原因很简单，就是在自由贸易试验区内，我们还不能完全避免在自由贸易试验区内所实施的政策，特别是旨在对外开放的政策措施，不会波及自由贸易试验区之外的国内市场，因而不会对国内商品市场、资本市场乃至金融市场造成负面影响。

客观地说，中国自由贸易试验区4年多的发展已经在市场经济改革、转变政府职能、正确处理政府与企业之间的关系方面取得了明显的进展。在减少政府干预、简化行政管理、提高审批效率等方面不仅提出了负面清单，更体现出了明显的执行力。然而，在测试对外开放压力方面，无论是对外贸易，还是投资与金融方面，政策出台时间拉得过长，行政审批比较缓慢，即使出台的政策也不够配套，政策落地还比较困难。因而在现实执行层面，难以贯彻执行并取得明显的实际效果。

2017年3月，习近平总书记在出席两会上海代表团的会议上明确，希望中国（上海）自由贸易试验区探索建立自由贸易港。党的第十九次全国代表大会的报告明确提出：“赋予自由贸易试验区更大改革开放自主权，探索建设自由贸易港”，指明了下一步中国自由贸易试验区发展的方向。根据这一精神，我们认为，要在现有的已经取得突出进展的中国自由贸易试验区的基础上发展中国自由贸易试验区，需要将自由贸易试验区明确分成两个相互联系的部分，一是深化改革试验区，一是自由贸易港区。在自由贸易港区，大胆试验“飞地”形式的自由贸易港的各项功能，在深化改革试验区，继续完成现阶段自由贸易试验区尚未完成的完善市场经济体系的任务。

三、中国自由贸易试验区的来年改革明确的功能区

根据党的十九大对中国自由贸易试验区发展的设计，中国自由贸易试验区要建立两个明确的功能区，以便分别贯彻不同的试验任务。

在深化改革试验区，政府尝试解决好“看得见的手”和“看不见的手”之间的关系，强化政府干预经济的负面清单，充分发挥政府对宏观经济的调控作用，同时充分发挥市场主体在资源配置中的决定性作用，使市场主体——企

业能够充分发挥作用，享受国际化、法制化、市场化了的营商环境。进而形成成熟经验，复制推广到全国，至少为周边地区提供示范模式，推动中国经济体制向完善市场经济体系的方向转型升级。

在自由贸易港区，严格实施“境内关外”的贸易自由、资本流动自由和金融自由化的政策，建立一个货物自由进出入、自由储存（除规定的非法商品）、自由加工制造、自由转口，以及自由提供区内通信、跨境电商、金融等服务，同时鼓励发展总部经济、物流中心、全球经济服务等现代经济业务。尝试在自由贸易试验区引进国际公认的国际贸易和投资的新规则，测试相关压力和运行模式，总结经验，为中国下一步对外开放、与国际经济新秩序接轨提供可复制、可推广的模式。

在现实中，中国的自由贸易试验区已经有 11 个之多。由于它们在实施自由贸易试验区政策措施的时间不同，所处地理位置不同，原有的经济机制改革和对外开放的经验和特点不同，在自由贸易试验区中自由贸易港区的设计上应该多样化。比如，一些启动比较早，地理环境适合做自由贸易海港的，应该建立以海港为依托的自由贸易港，而内陆地区的自由贸易试验区，适合建立以陆港或空港为依托的自由贸易港。在自由贸易港的功能上，可以是贸易与投资的结合、可以是投资与金融的结合，也可以就是物流和转口贸易中心或集散地。总之，中国自由贸易试验区中自由贸易港区的建设应该是多样性、多层次性的多模式探索。

四、中国自由贸易试验区的发展路径

中国自由贸易试验区作为中国对外开放新体系建设的试验田，试图在划出特定地区试验的基础上，向全国复制推广。因此，在总体上，未来的开放经济新体系，应该是在中国自由贸易试验区的深化改革试验区，大胆尝试旨在完善开放市场经济的体制机制，以便在取得成功的经验后复制推广到国内，在完善的市场经济形成后，将中国自由贸易试验区中自由贸易港大胆尝试的对外开放政策体系复制推广到国内，使中国在建立开放的市场经济体系的过程中，实现渐进性的市场经济和渐进性的对外开放同时推进。

【作者简介】

佟家栋，南开大学原副校长、中国特色社会主义经济建设协同创新中心首席专家、南开大学研究生院院长、南开大学允公集团董事长、世界经济学会副会长、欧盟研究会常务理事、欧洲学会常务理事、南开大学应用经济学科学位分委员会主任。

“一带一路”倡议的理论超越

佟家栋

【内容简介】党的十九大上，习近平总书记明确指出，“要以‘一带一路’建设为重点，坚持引进来和走出去并重，遵循共商共建共享原则，加强创新能力开放合作，形成陆海内外联动、东西双向互济的开放格局”。它为中国今后相当长的一段时间中国对外开放总体战略的实施勾画了蓝图。其中充满了新时代的深刻思想内涵。我们理解，“一带一路”倡议是经济全球化理念下的新地缘政治经济思想，它超越了传统的地缘政治经济学。

一、前人的研究成果

地缘政治即地理政治学（geopolitics，根据《辞海》第六版的定义），是关于国际政治现象制约于各种地理要素和人文要素共同作用结果的理论[①]。地缘经济是在地缘政治的影响和支配下，国家与区域之间围绕商品市场、资源供应、资金技术流向等形成的竞争、合作与结盟关系。

德国地理学家弗里德里希·拉采尔（F. Ratzal，1844～1904）是地缘政治理论的奠基人。其理论核心是用达尔文的优胜劣汰的生物竞争理论来解释社会关系和社会现象。1901 年他在《国家空间增长的规律》一文中，将一个民族看作是一个生命有机体，认为一个寻求领土扩张的国家，就好像是一个正在生长的生物有机体寻找生长空间一样。拉采尔罗列了国家扩张的 7 个规律，其中两个是：国家的空间随着文化的发展而增长；国家的成长通过合并及吞并小国来实现（杰弗里·帕克，1992；丁力，2010）。地缘成为一个国家存在和生长的关键载体。

这种地缘政治的理念，也伴随西方对海洋控制权的追求，将理论的研究，延伸到对海洋的控制上。海权论的代表人物美国海军战略家艾尔弗雷德·塞耶·马汉（A. T. Mahan，1840～1914）则强调控制海洋对国家和战争的重要性。1890 年，马汉在其代表作《海权对历史的影响》中指出，制海权是国家繁荣昌盛

---

① 夏征农等，2009，第 444 页。

的重要标志和基本；谁能控制海洋，谁就能成为世界强国；而控制海洋的关键，是对世界主要海峡和海上通道的控制（Mahan，1890；杰弗里·帕克，1992；丁力，2010）。学者们将一国，特别是强国追求自身强大的立脚点，不仅局限在陆地上，更多地聚焦到海上的控制权，或“霸权”上。

陆权论（即“大陆腹地说”）代表人物英国地理学家哈尔福特·麦金德（H. Mackinder，1861～1947）认为，区位和自然环境是决定世界权力结构的重要因素（R. J. 约翰斯顿，2004）。1904年他在《历史的地理枢纽》一文中，基于陆上霸权的中心思想，将世界划分为枢纽地区（即“心脏地带”）、内新月形地区、新月形地区。其中，位于欧亚大陆中部和北部的俄国、东欧及中亚地区被称为“心脏地带”。

我们认为，地缘政治经济学强调以地理空间为平台，通过对特定区域的控制，追求政治经济利益的最大化，实现或保持一国（或国家集团）在全球范围内的优势地位。这种优势以海路权和陆权（心脏地带）的统治或控制为关键点。欧洲学者哈尔福特·麦金德（H. Mackinder，1861～1947）的观点是，东欧是陆路的核心地带，谁统治了东欧、中亚，谁就统治了世界，因此东欧在历史上是兵家必争之地；在太平洋地区，东南亚作为重要物资运输的通道是海权的必争之地。

从历史的考察中，我们也看到，第二次世界大战结束时，在路权方面，苏联占据绝对优势，在海权方面，美国具有压倒性优势。冷战结束后，欧洲通过经济一体化，力图通过经济手段，实现政治上的一个欧洲（Single Europe）。苏联解体后，美国成为海上的唯一超级大国。

二、“一带一路”倡议提出的背景

2013年9月和10月，习近平总书记在访问哈萨克斯坦和印度尼西亚时，先后倡议，提出了建立“丝绸之路经济带”和“二十一世纪海上丝绸之路”。引起全世界的广泛关注，更引起相关国家和地区的积极响应。应该说，该倡议的形成是有特殊的历史背景的。

首先，“一带一路”倡议是应对美国为首的国家在亚太地区，建立跨太平洋合作伙伴关系的积极回应。一方面，金融危机后，美国在金融危机，乃至经济衰退中受到沉重打击，经济恢复乏力，处于长期低速增长中。另一方面，它希望在国际经济秩序重建中，掌握主动权，引领21世纪国际经济秩序的重建和国际规则的重制。2015年10月5日，美国主导下12个亚太国家草签了建立跨太平洋合作伙伴关系的协议，等待各国国会通过后执行。在该协议中，提出了更加严格和高规格的国际贸易和投资准入标准，并将中国排除在外。在美国与欧洲的合作中，美国提出，建立跨大西洋的贸易和投资伙伴关系，同样具有排斥中国的目的。客观上要求中国加以应对。

其次，中国经济在经历了抗衡和抵消金融危机对中国经济的不利影响后，也进入了“三期叠加”的调整期，产能的过剩、产品的库存和产业升级的压力同时摆在中国经济面前。为此，需要借助多方力量，特别是国际贸易和投资的“走出去、引进来”加以具体推动。客观上，要求中国寻找新的需求，推动中国不仅着眼内部调整，也需要外部寻找出口。

最后，“一带一路”倡议提出后，国际形势发生了很大变化，引起了人们对中国“智慧”的关注。以美国为首的12国草签跨太平洋伙伴关系协议后，2016年11月9日，唐纳德·特朗普当选美国第45任总统，上任伊始，首先签署文件，退出跨太平洋伙伴关系协定（TPP），尽管其他11个国家仍然希望继续维持经过多方共同努力达成的协议，但是美国的退出，标志着以美国为首的在亚太地区遏制中国的企图停滞下来。加之特朗普“美国优先”的利己主义态度，人们普遍担心，经济全球化能否可持续，贸易自由、投资便利和金融自由化的环境能否保持?

总之，无论国内国外、无论是理想或现实，中国作为崛起的大国，都成为世界关注的焦点。“一带一路”倡议显得更加重要，同样，人们也更期望，“一带一路”不是一个权宜之计，而是一种长期的倡议。

三、“一带一路”倡议的思想内涵

习近平总书记提出的“丝绸之路经济带”和“21世纪海上丝绸之路”意在“形成陆海内外联动、东西双向互济的开放格局”，通过丝绸之路经济带，从陆路方向实现经济带国家之间的贸易、投资联系，实现各国之间的相互经济合作。保持和发展沿线国家之间的经济全球化态势，避免贸易保护主义，避免逆全球化在沿线国家的出现。

从沿线国家的需求看，一些中亚、东欧国家在实现了政治独立之后，多数国家选择了市场经济，加入了欧洲联盟，取得了经济的发展。然而有两大因素，迫使它们寻求新的发展支持。一是这些国家所加入的欧洲联盟是一个以市场经济为导向的机制，欧盟给这些新成员国以广阔的内部市场，但是，这些国家发现，在他们尚未建立起工业化、缺少发展的基础设施之前，它们难以享受这些市场。二是欧盟在金融危机中，同样受到较大冲击，金融危机后十年，其经济始终处于脆弱的恢复期。它们对“一带一路”倡议中所提出的一系列合作共赢的主张充满期待。

中国对“一带一路”合作的需要是，良好的国际经济贸易环境，替代被排斥的TPP成员可能减少的贸易市场，进而实现产能的转移。

这种潜在的经济合作机遇被“一带一路”倡议焕发出来。

但是，从西方传统的地缘政治角度看，我们力图大力开展合作的地区也是地缘政治理论指出的“心脏地带”。中国提出的“16+1模式”包括阿尔巴尼亚共和国、爱沙尼亚共和国、保加利亚共和国、波斯尼亚、黑塞哥维那、波兰、黑山共和国、捷克共和国、克罗地亚共和国、拉脱维亚共和国、立陶宛共和国、罗马尼亚、马其顿共和国、塞尔维亚共和国、斯洛伐克共和国、斯洛维尼亚共和国、匈牙利等16个国家。应该看到，与这些国家的合作，对中国而言同样具有战略意义。我们通过合作，帮助这些国家、地区建立道路、桥梁等基础设施，通过直接投资建立经济技术开发区或工业区，换取我们缺少的自然资源和能源。在中国看来，这种合作是必然的，既然要从地理上将陆路连接成为一个经济带，必然要抓住该经济带的关键环节，而东欧、中亚则是“一带一路”在地缘方面的关键环节或地区。

从海上丝绸之路看，东南亚地区是中国建立海上丝绸之路的关键口岸和地区。据专家们统计，中国的主要海航线有36条，其中经过马六甲海峡的有21条航线，占中国主要海路航线的2/3左右。因而，要建设海上丝绸之路，东南亚地区显得非常重要。这一点也与传统地缘政治理论所强调的“海权”的关键港口和航线理论观点相印证。

然而，中国的“一带一路”倡议超越了传统地缘政治。中国所倡导的“一带一路”强调沿线国家之间的经济合作，强调国家之间的政策沟通，以便推动沿线各国之间的贸易自由、投资便利和金融自由化，因而更强调地缘经济。主要原因有两个：一是国际形势已经发生了很大变化。19世纪末以来，在地缘政治理论指导下，解决政治问题的最高形式是战争，而两次世界大战给人类造成了毁灭性的打击，人类社会深刻地认识到，靠战争取得对世界的控制权必然是两败俱伤。因此，各个大国，特别选择经济的方式，实现对特定目标市场的控制，以期获取最大限度的经济利益。二是欧盟在过去65年的时间里做出了很好的榜样。1951年法国、西德（当时的德意志联邦共和国）、意大利、比利时、荷兰、卢森堡六国建立了欧洲煤钢共同体，1958年建立了欧洲经济共同体和欧洲原子能共同体。成员国经济一体化水平不断升级的同时，在成员国的数量上也不断扩大，从6个增加到28个。尽管英国在谈判“脱欧”，仍然没有改变欧盟从地缘经济的角度，推进欧洲一体化的决心，欧盟的政治家们始终认为，建立“统一欧洲”（single europe）才是欧洲一体化的根本追求。从本质上，欧盟依据地缘政治经济理论，即通过地缘上的经济控制手段，实现统一欧洲的政治目标。欧盟的成功给世界经济中的一体化进程提供了和平的模式。

习近平总书记提出的“一带一路”倡议超越了现代地缘政治经济学。主要体现在以下几个方面。首先，“一带一路”倡议不是以地缘连接为手段，以经济政治控制为目标。“一带一路”倡议强调“共商、共建”。参加“一带一路”的各个国家一律平等，从本国利益出发，共商合作模式，共建合作机制。因此，能够看到，“一带一路”倡议的贯彻执行是以务实的态度，从沿线各国经济发展的具体需要出发，实行多种形式，多个模式的经济、贸易、投资合作，乃至金融信贷合作。其次，“一带一路”合作强调不建立合作的统一机制或机制性建设。在一定程度上，给各参加合作的成员以较大的自由度。地缘只是各国经济合作的基本线索或平台。

“一带一路”倡议超越了传统地缘政治经济学以控制者获取最大限度利益为目的的生存法则，强调所有参加国“共享”“一带一路”所创造的经济环境给各国带来的经济利益。因此，“共商、共建、共享”成为“一带一路”倡议的核心思想，即是强调以经济全球化为目标的新地缘政治经济。它强调，通过“一带一路”倡议的落实，创造一个陆地和海洋，乃至全球的贸易自由、投资便利、金融自由化的国际经济环境。而这种环境的建设要以“共商、共建”的原则开启，形成各国商量着办的国际经济治理模式。以“共享”作为“一带一路”实现的目标。

中国扮演的角色首先是一个桥梁。据专家统计，在所有的65个“一带一路”沿线国家中，有80%的国家比中国经济相对落后，20%左右的国家经济发展水平比中国先进。因此，中国所扮演的是带动相对落后的发展中国家实现经济发展，完成工业化的任务，同时与发达国家或先进国家合作，实现中国产业升级换代，实现工业现代化的任务。

中国在“一带一路”倡议中客观存在着自身利益的追求。第一，这种追求是，中国需要有一个良好的经济发展环境。中国过去改革开放四十年的经验证明，对外开放是中国经济发展的重要推动力，一个全球化的国际贸易、投资和自由化的经济环境是中国延续其发展态势的关键。相反，逆全球化，以邻为壑，搞贸易保护、投资保护乃至金融保护都不符合中国的发展利益。从这个意义上讲，中国“一带一路”倡议本身所要营造的经济全球化环境包含着中国的根本利益。第二，中国作为一个崛起的大国，不希望国际经济的新秩序、新的治理模式是一个排他性的、遏制中国经济继续发展的规则，而是要“共商、共建”，有助于所有国家经济的发展。第三，中国强调，当今世界的金融危机，经济衰退都不是一个国家受到的冲击，在经济全球化背景下，人类已经是一个“命运共同体”，共商、共建，避免经济负面冲击，营造良好的经济环境，共享经济全球化带来的经济发展和经济增长福利是引导各国参与“一带一路”倡议的根本利益所在。因此，中国期望，一个既符合中国利益，更符合世界各国长远利益和经济发展利益的“一带一路”倡议是超越传统地缘政治经济学的新地缘政治经济学的理论。

四、结　　论

我们的结论是：中国的“一带一路”倡议是中国在全球化调整期或转型期的理论探索和实践尝试，是超越传统地缘政治经济学理论的经济全球化地缘政治经济理论，强调全球治理。中国的“一带一路”倡议是超越大国主导、强调各国一律平等，共商、共建、共享的理论设计。最大的特点是超越一国或国家集团控制的假设。中国的“一带一路”倡议是，试图超越传统大国势力范围，实现各民族和谐、共荣的“利益共同体”理论。“一带一路”倡议是，带动发展中国家经济发展，推动各国经济增长，实现世界经济重振的大胆探索。

【作者简介】

佟家栋，南开大学原副校长、中国特色社会主义经济建设协同创新中心首席专家、南开大学研究生院院长、南开大学允公集团董事长、世界经济学会副会长、欧盟研究会常务理事、欧洲学会常务理事、南开大学应用经济学科学位分委员会主任。

中国自由贸易试验区的改革深化与自由贸易港的建立

佟家栋

【内容简介】党的十九大报告明确提出，“赋予自由贸易试验区更大改革自主权，探索建设自由贸易港”的目标，为中国自由贸易试验区下一步的发展指明了方向。自 2013 年 9 月中国（上海）自由贸易试验区建立以来，自由贸易试验区的数量已经从 1 家增加到 4 家，然后增加到 11 家。在此过程中，自由贸易试验区按照党中央、国务院的指示，展开旨在完善市场机制的改革和试验，以期营造国际化、法制化和市场化的营商环境，推动自贸试验区贸易自由、投资便利和金融自由化，目标是带动中国经济的整体发展和自贸区周边地区的发展。中国自由贸易试验区运行的 5 年，在许多方面取得了令人瞩目的成就。但是，经济体制改革不够深入、政策体系还不配套，以及自贸试验区的前途问题，仍然是摆在各自贸区面前的关键任务。我们认为，十九大报告给中国自由贸易试验区的发展指明了方向，需要具体落实，明确操作路径。

一、中国自由贸易试验区的建设初衷

中国自由贸易试验区是在改革开放 35 年后，面对国内外经济形势的变化提出来的。

首先，中国加入世界贸易组织以后，借助国际贸易比较自由的环境，深度融入经济全球化，不断依靠对外开放实现了自身的高速经济增长。然而，2008 年发生了波及全球的金融危机和经济衰退。危机后，全球经济陷入长达 10 年的脆弱的经济增长，不确定性始终伴随着经济的恢复过程。

其次，从国内看，金融危机中国也未能幸免，在推出 4 万亿元支出，成功抵御了外部冲击后，我们也面临着产能过剩、产品积压库存、产业结构需要转型升级的问题。在新形势下，建立开放经济新体系成为中国改革开放再上新台阶的关键，自由贸易试验区的建立是我们深化经济改革，寻求对外开放新窗口、新平台的战略性举措。

2013 年 9 月中国（上海）自由贸易试验区正式建立，希望完成三项重要任务。第一，尝试建立一个完善的市场经济环境。改革开放 35 年，尽管在经济领域开展了微观和宏观领域的多项重大改革，在从计划经济向市场经济转变的过程中取得了重要的进展。但是，市场经济体系尚未真正建立起来，市场扭曲还大量存在，政府和市场、政府和企业的关系还没有完全清晰化，不同所有制企业之间的公平竞争还难以实现。因此，开辟出一块“飞地”，建立自由贸易试验区，建立一个完善的市场经济能够顺利运行的试验区，取得经验后，在全国复制推广，成为当时自由贸易试验区建立的首要任务。第二，强调所要建立的市场经济模式是一个开放条件下，而不是封闭条件下的市场经济，就是要逐步建立起内外市场打通，能够在贸易自由、投资便利和金融自由化环境中，中国企业能够优胜劣汰，实现市场经济正常运行的目标，充分发挥市场经济在资源配置中的决定性作用。因此，尝试营造贸易自由、投资便利、金融自由化的政策体系完善市场经济基本模式成为中国自由贸易试验区的第二项任务。总之，一个开放的完善市场经济是中国改革开放 35 年后需要扎实实现的目标。第三，中国自由贸易试验区建立的目标是，带动周边经济短期内的复苏，并为经济的可持续发展奠定良好的制度基础。中央希望，通过自由贸易试验区的建设，推动中国经济的复苏、产业的转型和升级，从而探寻中国经济长远的可持续发展之路。

二、中国自由贸易试验区已经取得的成就

自 2013 年 9 月成立了中国（上海）自由贸易试验区，并取得了一定的经验之后，党中央、国务院于 2014 年 12 月 12 日批准建立中国（广东）、中国（天津）、中国（福建）自由贸易试验区，并于 2016 年 4 月初，三家自由贸易试验区正式挂牌运行。中国（上海）自由贸易试验区也相应扩容。四家自由贸易试验区在复制中国（上海）自由贸易试验区经验的基础上，大胆创新和尝试，在政府职能转变方面，简政放权，减少甚至取消一些行政审批，将政府的主要职能由事先审批转向事中和事后管理；在管理程序上，缩短相关管理部门之间以及与注册企业之间的空间距离，集中办公，简化手续；创新审验方式，便利市场主体尽快实现进驻自贸区；在推动贸易自由、投资便利和金融自由化方面出台了多方面的政策措施，朝建立规范的自由贸易试验区管理条例迈进，以期建立法制化、国际化、市场化的营商环境。

在贸易自由方面，不仅做到在海关特殊监管区内的商品免税，还创新制定了一系列缴交进口关税的便利，推出平行贸易措施，缩短海关审验时间，减少通关时间和成本，为企业获取更大利润的创造条件。

在投资便利化方面，在明确准入前国民待遇的基础上，实施企业投资产业和产品的负面清单，并在出台的三版负面清单中，将负面清单所涉及的商品目

录缩短，从190项（2013年版），缩短到149项（2014年版），再进一步缩短到9项条（2015年版）；政府对投资项目的管理，由事前审批转变为事中和事后管理，吸引了投资主体积极进入自由贸易试验区。

在金融方面，创新提出允许企业在自由贸易试验区的经营中开立贸易账户，为企业对外融资建立平台，鼓励企业走出去，引进来。在人民币总体上还不能自由兑换的前提下，大胆探索便利贸易和投资的方式和专门通道。

中国自由贸易试验区，从开始建立至今，取得了突出的成就。中国（上海）自由贸易试验区在没有土地优惠、没有税收减免的条件下，吸引了4.8万家企业进驻，超过挂牌前20年的总和。2017年3月，习近平总书记在出席人大上海代表团分组会时强调，要中国（上海）自由贸易试验区大胆试验，建立自由贸易港。中国（广东）自由贸易试验区在对外开放、经济和贸易发展方面成绩显著，已经将自己的目标对准粤港澳大湾区建设。中国（天津）自由贸易试验区在基本完成两轮改革任务后，正在探索自身2.0版的建设，中国（福建）自由贸易试验区建设也取得了明显成效。来自中国（天津）自由贸易试验区2016年的统计表明，中国（天津）自由贸易试验区通过大胆创新改革，贸易自由化效率迅速提高，节约通关成本约20%～30%；投资便利化方面，负面清单明显缩短；2016年全年自贸试验区新登记市场主体14105户，同比增长118.6%，注册资本3890.6亿元人民币，同比增长221.8%，两者增幅远超全市水平（全市为8.6%和68.5%）。其中，内资企业12375户，同比增长158.6%，注册资本2491.4亿元，同比增长219.3%；外商投资企业657户，同比增长192%，注册资本1398.1亿元，同比增长197.8%；个体工商户1073户，同比减少25.7%，申报资金1.1亿元，同比增长57.1%。2016年1～2月，新登记市场主体1578家，增长21.8%；注册资本706.7亿元人民币，增长117.5%。区内跨境收支额达到280.2亿美元，占全市总额的19.1%。区内跨境人民币收支额达到721.6亿元，占全市总额的27.8%；跨境人民币资金池业务达到171亿元；跨境外汇集中管理业务达到1685万美元。持牌金融机构120家，其中，银行业机构102家，证券业机构2家，保险业机构16家。自贸试验区挂牌当日即实现了30家金融机构入驻，在新设三个自贸试验区中位列第一。区内各类租赁机构达到1754家，同比增长75.8%，合同资产超过5000亿元，租赁企业数量和业务规模位居全国前茅；推出了自贸试验区服务京津冀协同发展八项举措。制定了《天津自贸试验区服务京津冀协同发展工作方案》，重点实施“1331”工程。在京冀地区设立了10个“无水港”，实施京津冀区域通关一体化改革，整体通关物流成本节省30%。实行京津冀跨区域检验检疫一体化模式，[1] 通关时间平均每批货物节省 0.5 天，每标箱节省物流成本 120 元，口岸快速放行率达到 88%，通关效率提升 75%。中国（福建）自由贸易试验区自挂牌到 2017 年 8 月底，自贸区累计新增企业 63057 户、注册资本 12824.62 亿元，分别是挂牌前的 4.08 倍和 5.77 倍。其中，新增台资企业 1800 家（占 2.8%），合同台资 55.71 亿美元。[2]

2017 年 4 月成立的 7 家自由贸易试验区也因地制宜，设计出在复制原有四家自由贸易试验区经验的基础上，在陆路贸易、加工贸易中积极加入全球价值链。据河南商务厅统计，挂牌半年中国（河南）自由贸易试验区新增入驻企业 13234 家，其中，内资企业 13171 家，注册资本 16852 亿元人民币，外商投资企业 63 家（占 0.4%），注册资本 9.05 亿美元。

应该说，中国自由贸易试验区在过去四年多的时间里取得了很大成绩。但是，也给人们留下一些值得思考的问题。

三、值得思考的问题

首先，我们看到，几乎所有的自由贸易试验区，对内资和内资企业的吸引力超过对外资和外资企业的吸引力。多方面的统计表明，各自由贸易试验区对内资的吸引力远大于外资，外资的最高占比也低于 35%，内资则占据绝对优势地位。如，中国（河南）自由贸易试验区外资企业家数和外资投资金额仅占同期进入自由贸易试验区企业和资金总数的 0.4%。由此，我们似乎可以得出结论，中国自由贸易试验区的政策环境，有力地吸引了内资企业的大规模流入。表明自由贸易试验区旨在深化市场经济改革的制度创新优势得以体现。能够看到，相对于内地的市场经济环境，乃至各方面的政策措施看，自由贸易试验区的市场经济环境有明显优势，对内具有强大的吸盘效应。这是导致内资企业短期内汇聚自由贸易试验区有关片区的主要原因。旨在完善市场经济环境已经取得的成绩还没有达到这样的水平，以致能够吸引外资企业进入自由贸易试验区从事经营活动。因而，从自由贸易试验区建设的初衷看，还没有达到形成对外开放的、国际化、法制化、市场化营商环境的程度。

其次，自由贸易试验区政策设计和出台的程序可能对试验区形成配套的政策需要构成障碍。在自由贸易试验区的市场经济体系建设，特别是在贸易自由、投资便利和金融自由化方面，地方政府表现比较积极，但是由于自由

① 佟家栋：《中国自由贸易试验区神话改革与自由贸易港建设的探讨》，载于《国际贸易》2018 年第 4 期。

② 见新浪网“中国（四川省）自由贸易试验区门户网，中国（河南省）自由贸易试验区门户网站。

贸易试验区内部结构是分成两个部分，即海关特殊监管区和非海关特殊监管区，从风险可控的原则出发，中央有关部门在审批各自由贸易试验区提出的政策措施时难免心有余悸，延缓了审批时间，导致政府出台的政策措施不配套、不系统。

最后，自由贸易试验区的前途不明确。中国自由贸易试验区未来的前途是什么，在各个自贸区《总体方案》中不够明确，只强调要试验三到五年，至于以后如何，没有非常明确的说法。中国共产党第十九次代表大会的报告中，习近平总书记非常明确提出了“赋予自由贸易试验区更大改革自主权，探索建设自由贸易港”。在此指出了两个方面的内涵：一是在市场经济改革方面还要深化，完善市场经济体系或环境的任务尚未完成，需要加大力气加以推进；二是探索作为国际通行标准的自由贸易港的建设，从而为中国自由贸易试验区下一步的发展指明了方向。

四、市场经济改革深化与建立自由贸易港的理论意义

1985 年，世界银行发展报告在探讨发展中国家如何实现贸易自由化时，曾经探索两条路径：一是先经济市场化，后贸易自由化。即是在国内统一市场完成之后，再展开贸易自由化或开放贸易、资本乃至金融市场的路径；二是先贸易自由化，后经济市场化，即用贸易自由化，对外开放倒逼国内市场的统一和市场机制的建设。两种路径各有利弊。处于减少对外开放可能冲击国内产业的考虑。世界银行曾经建议，要先经济市场化，后贸易自由化。在中国经济改革和发展的实践中，采取了用对外开放倒逼市场经济改革的路径。因而，20 世纪 90 年代，面对中国经济改革取得的成绩，世界银行总结到，在经济市场化的同时，推动贸易自由化也是一个非常重要的成功案例。就我们的自由贸易试验区建设而言，作为一个发展中的大国，市场经济改革的深化，意味着要注重先经济市场化，后贸易自由化的顺序，以便减少来自外部的冲击，尽可能减少来自外部的风险。即是说，旨在通过深入的市场经济改革，使国内形成比较统一、完善，运行机制完整配套的环境建立起来，政府与市场的关系很好地得到调整后，作为市场主题的企业能够享受公平的竞争环境，政府适度调节和裁判市场失灵顺畅实现之后，才开放市场，引进外部竞争。在探索建立自由贸易港的问题上，要注重以开放为导向，配套建立市场经济体制，即在很大程度上，强调先贸易自由化，后经济市场化的顺序。总之，在中国自由贸易试验区的建设中，强调二者的有机结合，强调改革和开放的双向启动，殊途同归，在大胆试验中找到中国经济深化改革和开放的最佳路径。

五、中国自由贸易试验区下一步的操作性建议

在中国现有的自由贸易试验区选取几个相对比较成熟的自由贸易试验区，采取深化改革和探索建立自由贸易港的试验。

基本操作方案是，将自由贸易试验区的海关特殊监管区与非海关特殊监管区明确划分，形成“境内关外”的独立区即“飞地”，在那里建立自由贸易港；在非海关特殊监管区形成境内关内区域，大胆进行完善市场经济，深化政府与市场之间关系的改革。在自由贸易试验区内构成深化经济改革试验区和自由贸易港区两个相互连接的区域。

在深化经济改革试验区，强调政府职能转变，强调市场在资源配置中的主导作用，强调建立完善的市场经济法律法规体系，探索生产要素自由流动，按照市场经济原则实现收入分配的环境营造；探索政府由事先审批到事中和事后监管的规范；探索“看不见的手”的主导作用和“看得见的手”调控和事中、事后的监管作用。总之，其基本任务是针对建立完善的市场经济体系大胆开展多方面的改革试验，为市场经济模式在全国的复制推广提供范例和经验。

在自由贸易港区，参照国际通行规则，建立贸易自由、投资便利和金融自由化的自由贸易港区。明确“境内关外”特征，实现“真正一线放开，二线严格管住”的目标，实现贸易商品和服务的完全自由；建立与国际通行规则相一致的负面清单；提供与贸易和投资便利相一致的金融服务和金融业务。不仅如此，还要在引进国际贸易和投资新规则，进行大胆试验，测试压力，为中国内部市场与国际市场接轨提供经验。

这两个区域的关系是，深化改革试验区是自由贸易港区的第一阶段，或自由贸易港的第一阶段，而自由贸易港区是自由贸易试验区的归宿。深化改革试验区将成为国内逐步向完善的市场经济过渡的标杆或经验模式，国内经济要逐步复制深化改革试验区的成功经验，逐步形成完善的、开放的市场经济体系的建设。

六、结　　论

我们的结论是：改革开放并取得举世瞩目成就的中国，需要通过自由贸易试验区的平台或窗口，深化经济的改革，提升对外开放的层次，建立开放经济的新体系；中国自由贸易试验区致力于建立完善的市场经济模式，发挥市场经济在资源配置中的主导地位，解决好政府和企业的关系。同时，实现贸易自

由、投资便利，金融自由化；党的十九大提出，赋予自由贸易试验区更大的改革自由权，探索建立自由贸易港是非常具有战略眼光的决策。为此，我们需要继续努力，在深化改革中，建立在自由贸易试验区下的深化改革试验区，在自由贸易试验区下的自由贸易港区，使非海关管辖区和海关管辖区分工协作，协同配合，引领中国经济完成开放市场经济体系的建设。

【作者简介】

佟家栋，南开大学原副校长、中国特色社会主义经济建设协同创新中心首席专家、南开大学研究生院院长、世界经济学会副会长、欧盟研究会副会长、欧洲学会副会长、南开大学应用经济学科学位分委员会主任。

天津协同联动雄安新区发展的对策建议

薄文广

【内容简介】国家自上而下战略考量的雄安新区是京津冀协同发展日益深入的重要支点。天津在积极服务好国家战略的雄安新区基础上，应协同和利用好雄安新区，把支持雄安新区发展与完善自身陆海空通道建设、优化天津区域布局、深化先进制造研发基地定位、强化先行先试政策创新等紧密结合起来，变挑战为机遇，助力天津经济可持续发展。

作为国家自上而下发展战略的结果，国家对雄安新区的定位是继20世纪80年代的深圳和90年代的浦东之后第三个具有全国意义的新区，是国家的千年大计。无论是作为首都的北京还是作为直辖市的天津，支持基础几乎为一张白纸的雄安新区是京津两地地方政府义不容辞的责任和义务，两市主要领导人在多个场合均表示，“需要两市支持雄安什么就支持什么”，而国家也将会出台一些重量级甚至是独享型的举措来扶持雄安新区的发展。

因此，在疏解北京非首都职能的过程中，雄安新区的设立在某种程度上降低甚至扭转了之前天津与河北省相比较为有利的位置，在一定程度上对天津吸引外部优质要素起到了不利的分流作用。这样的担心不无道理，在某种程度上雄安新区的设立对天津的发展来说无疑是个巨大挑战。

但如果从更长远视角和更大区域范围来看，享受国家诸多政策扶持的雄安新区的设立势必有利于河北省增强在京津冀协同发展中的长期弱势地位，达到京津冀协同发展“1 +1 +1 >3”的效果。此外，雄安新区的批复也使国家的注意力重新聚焦到北方地区，从而有助于缓解当前南北方之间日益分化的经济发展差距，而无论是京津冀协同发展还是整个北方地区的经济复苏和振兴，天津作为整个北方地区中除了北京之外经济规模最大的城市，无疑将得到更多的发展机会。因此，天津应在服务雄安新区的基础上，积极对接和协同联动雄安新区，利好其品牌优势，把支持雄安新区发展与自身优势的利用和放大、区域布局调整、先行先试的政策创新等紧密结合在一起，变挑战为机遇，助力天津经济的可持续发展。

一、加快交通对接雄安，完善陆海空三大通道建设

天津的陆上通道，特别是高铁建设，无论是通达性还是便利性都滞后于天津的经济地位。因此，天津应积极利用和紧抓与雄安新区进行交通对接的有利契机，把其与当前西青、津南以及滨海新区南部区域的综合开发进行统筹考虑，尽快出台津雄城际的规划和加快建设。另外，在地铁上轨道交通建设上，天津的地铁建设属于典型的“起了个大早，赶了个晚集”，天津地铁通车里程不但落后于北上广深等一线城市，甚至被成都、武汉和南京等城市迅速超越，天津应做好相关部门的利益协调以及房屋拆迁等配套工作，加快地铁向周边区域延伸。

在航空通道建设上，虽然天津机场旅客吞吐量近些年来增速较快，但位于北京大兴和河北廊坊交界的北京新机场投入使用将会对天津机场带来巨大挑战，依托北京新机场设立的临空经济区也将成为京津冀地区发展的新动力源。一方面，北京新机场建成对于天津市极具潜力的航空维修、部件研发制造、航材供应、航空培训、航空租赁等是难得的发展机遇，有助于延伸和做大天津航空产业链。另一方面，在现有隶属关系上，天津机场属首都机场集团公司管理，天津在掌控机场的运营管理等方面自主能力有限。当前天津机场正处于快速增长期，已具备了独立发展的能力和水平。因此，可以考虑天津机场独立运营路径，并积极探索区域机场相互支撑和竞争发展的新格局，以放大自身在区域中的影响力和作用。

此外，在港口发展上，作为天津战略核心资源的天津港发展如何与新机场海空枢纽和雄安新区对接、海空线路网通道建设、航空产业服务体系的放大也将是我市发展的新契机。一方面，天津应充分发挥天津海港和自贸区的核心优势，实现国际航运核心区与北京航空枢纽港的“海空对接”。另一方面，鉴于河北省沿海港口和天津港之间特别是在大宗产品上存在着严重的竞争，考虑到河北省不会轻易放弃作为主要经济支柱产业的钢铁业，故天津是否可以考虑采用“国有钢铁企业被河北钢铁并购或收购，而天津港口并购河北相关港口”的互换并购方式来实现津冀双赢，也是需要天津市有关领导和部门高度重视和思考的问题。

二、实施东开西拓，优化区域布局

京津冀协同发展和非首都功能的疏解正在改变天津之前“东重西轻”“南

强北弱”的区域发展布局。京津主轴与津雄线的连接、区域资源流动及产业对接将重绘天津的经济版图，通州副中心的东向战略和雄安新区规划建设使得武清、西青和北辰等西部地区迎来了新的发展机遇。但这些区域还远未发挥其发展优势和发展潜力，天津市应进一步加大对这些区域的重视和支持力度，优化和调整天津的区域布局优化，由东重西轻调整为东开西拓。

在西向开发上，特别要加快提升天津南站的地位和作用。作为京沪高铁唯一的市内停靠站和地铁始发站，天津南站目前只是一个单纯人员进出的交通通道，最大优势“双铁”对相关产业和经济的促进作用远未发挥。应把天津南站切实提升到天津市层面，把南站打造为天津西部区域增长极，对接雄安新区的桥头堡。与此同时，积极争取将津雄城际以及京沪高铁二线的天津站点放在或途经南站区域，打造天津西向的高铁枢纽。

此外，在当前“小京津冀的通武廊”三地合作渐入佳境的基础上，天津应加快北辰和武清等区域的开发建设。极具经济增长潜力的天津北部新区，虽然已提出五年，但目前更多是作为概念或是规划层面，路网建设甚至还没有启动，对区域经济带动作用十分有限。在市级财力有限的情况下，天津市对这些区域的支持应该偏向于简政放权的软支持，扩大这些区域地方政府的一些自主性事权。例如，北辰区的城市建设和管理体制改革的试点就大大提速了其交通基础设施建设。

三、聚焦产业发展，深化先进制造研发基地定位

在经济发展由要素投入驱动日益转向创新驱动背景下，天津“传统产业为主，新兴产业相对滞后，国企为主，民营相对滞后”的产业结构特征使得天津产业结构抗外部风险能力较弱。去产能等供给侧结构性改革以及京津冀区域环境联防联治等外部因素的叠加，使得天津传统增长模式受到了较大不利影响。天津面临着不得不转型发展和创新发展的巨大挑战。

但从当前中国经济的区域分布上看，在 2017 年前三季度中国前 21 个城市经济体中，整个北方地区除了北京外，就是天津，第三位青岛仅为天津经济总量的 59.3%，第四位济南仅为天津的 38.7%。天津是当前除了北京之外，唯一“拿得出手”的城市。而北京现在是产业疏解，雄安新区是产业严格管控，只有最高端产业才能进入北京和雄安新区。天津完全可以借此化危为机，大力发挥制造业较强的产业优势以及在北方地区的相对区域优势，在中央高度重视实体经济的背景下，积极聚焦产业发展，调整自身偏重的产业结构，加快改造和提升传统优势产业，加强先进制造研发基地的定位，推进制造业提质增效。

此外，根据规划雄安新区未来的产业发展主要是一些高端高新产业，主要

集中于相关产业的原始性创新和部分研发转化，而较少涉及实际制造环节。天津恰好可以利用服务和对接雄安的契机，发挥自身先进制造技术的优势，抓住雄安—中关村科技园还未开展实际开发和建设的契机，提升滨海—中关村科技园的定位，把其作为“北京科技创新中心＋天津产业创新中心”的对接点和集中承载地，摸清北京三大科学城的前瞻性科技成果，精准对接北京科技创新的主体和机构，同时有效衔接天津的先进制造研发产业的发展方向。

还有一点就是，应超越现有的产业园和科技园区，积极探索总部企业、科研院所等高端项目集中承载地的全新机制，在合作方式、机制设计、创新生态、公共服务等方面营造独特且有吸引力的发展政策和发展环境。此外，滨海—中关村科技园还不能把发展希望和重点只放在北京资源的引进上，而应该在重点吸引中关村资源的基础上，把另一个民营发达的经济大省广东省相关企业作为滨海—中关村科技园引资重点，形成京籍与非京籍两条腿走路的发展。

四、服务和协同雄安，强化先行先试的政策创新优势

雄安新区是国家在近乎一片白纸上进行顶层设计后采取的发展战略，其成立和发展离不开中央和国家部委以及京津两市地方政府的大力支持。特别是在发展初期，雄安新区能享受到其他国家级新区无法得到的一些政策或资源支持。但在国家自上而下的初期支持之后，雄安新区也一定要发挥好基层自下而上、先行先试的制度创新作用，将外部大力支持与内部改革创新两者有机结合起来，才能促进雄安新区更好地实现内涵式的发展。

当前，与北京与雄安新区的紧密关系相比，天津与雄安新区的关系稍显宽松，特别是在相关创新性政策和措施上，津雄合作相对较少。天津应该主动加强与雄安新区管委会的合作，在服务好雄安新区的基础上，积极对接和协同雄安新区，利用并放大雄安的金字招牌优势，联动和利用“雄安牌”，为雄安新区和天津的发展服务。天津应主动申请把自贸区的投资和贸易便利化政策，例如单一窗口等有效措施扩展到雄安新区，和雄安新区一起向国家申报自由贸易港区。天津市还可以联合雄安新区一起向国家相关部委申请相关政策的先行先试，以打造政策创新高地，这些政策应主要集中于解决新兴产业发展壁垒、紧贴未来新产业发展趋势的一些细微性专属政策而非传统的财政税收补贴等。

此外，当前城市之间的竞争日趋激烈，且这种竞争日益由单纯的硬件竞争转向制度和政策创新等软件竞争，而一些先行先试的政策创新毫无疑问要涉及对之前一定旧有规定的突破和改变。在当前没有改革容错机制背景下，理性的中央部委或是地方行政审批部门更愿意采取使自身风险最小化的方式——不批

或少批，而非采取多批的行事方式增加地方潜在收益及自身风险。因而出现了许多为了改革而改革，为了发文件而发文件的现象。因此，天津地方政府也应着力构建改革容错机制，鼓励基层大胆试、大胆闯，避免让先行先试者独自承担“试错”成本，进而加快形成改革举措前后呼应、互相配合、上下互动的良性格局。

【作者简介】

薄文广，南开大学经济研究所副教授，中国特色社会主义经济建设协同创新中心研究员，主要研究方向：区域经济和产业经济。

2017年宏观政策效果评价与存在的主要问题*

陈彦斌

【内容简介】中国人民大学“大宏观”课题组发布的《宏观政策评价报告2018》在“大宏观”视角下，结合宏观经济理论与中国国情，从“指标前瞻性设定的合理性”“政策整体效果”“政策力度与传导效率”“政策空间”“预期管理”“政策协调性”等方面对中国宏观政策进行系统全面的年度评价。研究发现，2017年中国宏观政策较好地完成了“稳增长”与金融“防风险”任务，不过需要注意的是，当前经济增长势头不够稳固，潜在的金融风险与隐患依然不小。由此反映出，中国宏观政策仍存在一些不足与问题。一是货币政策力度不足，而且传导效率依旧不高；二是财政政策传导效率不够高；三是预期管理虽有改善，但仍存在一定不足；四是货币政策、财政政策与宏观审慎等各类政策之间的协调仍不到位。因此，未来需要创新和完善宏观调控，进一步提高宏观政策效果。

一、2017年宏观政策效果评价

2017年中国宏观政策在继续将“稳增长”列为首要目标的同时，对金融稳定的重视程度明显提升，强调“要把防控金融风险放到更加重要的位置”。因此，评价宏观政策的调控效果如何，主要是分析宏观政策所追求的经济稳定与金融稳定目标是否得以实现。整体来看，2017年宏观政策调控取得了一定成效，但仍需进一步改善。

（一）就经济稳定而言，2017年中国经济企稳回升，但势头不够稳固

2017年中国经济“稳中有进”。一方面，2017年的GDP增速预计为6.8%，比2016年升高了0.1个百分点。这不仅超额完成了年初设定的

* 本篇文章数据均来自国家统计局统计数据。

“6.5%左右”增速目标，而且也是最近七年来GDP增速首次止跌回升。另一方面，产出缺口从2016年的-0.5%左右收窄至2017年的-0.1%左右，这也是新常态以来产出缺口的最小值。

尽管如此，中国经济回升的势头还不够稳固。一是2017年经济增速的回升主要是依靠外部需求的拉动，消费需求和投资需求依然较为疲软。如果剔除出口超预期增长的拉动作用，那么2017年的GDP增速有可能低于2016年。二是民间投资的低迷增长态势没有明显改观。2017年1~11月，剔除价格因素后的民间投资实际增速仅为0.5%，与过去五年（2012~2016年）的平均增速相比更是下跌了多达15.5个百分点。三是中国的中小企业PMI指数持续偏低，基本在50%荣枯线附近徘徊，表明中国经济增长的内在动力依然有所不足。

（二）就金融稳定而言，2017年金融“防风险”取得显著成效，但潜在隐患依然存在

2017年，中国部分金融风险得到明显改善。一是人民币汇率企稳回升，资本外流压力有所减轻，外汇风险明显下降。二是金融去杠杆取得显著成效，金融机构对短期负债的依赖度有所下降，负债端与资产端的期限错配问题得以缓解，由此使得市场流动性风险有所改善。三是商业银行不良贷款率的攀升势头得到遏制，影子银行的扩张势头显著放缓，金融体系信用风险有所下降。此外，2017年所开展的打击违法违规金融活动工作取得了积极进展，显著提升了互联网金融行业的规范程度，从而降低了互联网金融风险。

不过，中国仍然面临着一些潜在的金融风险与隐患。一是房地产泡沫风险尚未得到妥善化解，尤其是部分三、四线城市房地产泡沫风险有所加剧。二是虽然2017年企业部门的整体债务率略有下降，但是从企业财务费用与利息支出增速来看偿债压力并没有得到缓解。而且，部分国企与局部地区的企业债务违约风险进一步上升。三是地方政府债务率的攀升速度依然偏快，地方政府债务区域性风险和债务隐性化问题较为突出。

二、2017年中国宏观政策存在的主要问题

（一）货币政策的力度有所不足，而且传导效率依旧不高

要想更好地兼顾经济稳定与金融稳定，在“管住货币供给总闸门”的前提下，需要“保持货币信贷和社会融资规模合理增长”，但是2017年的M2和社会融资规模余额增速双双低于目标值。截至2017年11月末，M2增速只有

9.1%，明显低于“12%左右”的目标值。考虑债务置换的影响之后，同期社会融资规模余额增速约为 11.1%，同样没有达到“12%左右”的目标值。不仅如此，在经济面临下行压力的背景下，实际利率不降反升。2017 年前三季度金融机构人民币一般贷款加权实际利率平均为4.4%，而2016 年前三季度平均值为 3.6%，由此可见，货币政策力度的确有所不足。

不仅如此，货币政策还未能有效地通过利率机制和信贷机制服务于实体经济，因此传导效率依旧不高。利率机制方面，实际利率不降反升加重了企业的偿债压力，并减弱了企业的投资动机，由此导致货币政策难以通过利率机制发挥作用。信贷机制方面，2017 年仍然有大量信贷流向房地产市场，截至三季度末，房地产贷款余额占人民币贷款余额的比重达到了 26.4%，比 2016 年底升高了 1.4 个百分点，由此导致金融服务实体经济的力度不足，可见信贷机制的效果同样不够好。

（二）财政政策力度较大，但传导效率不够高

2017 年，积极财政政策的力度相对较大。一是 2017 年 1 ~11 月一般公共预算支出增速为 7.8%，高于 6.5% 的目标增速。二是 2017 年 1 ~11 月政府性基金支出增速高达 31.2%，比 2016 年同期高出 21 个百分点之多。三是 2017 年 PPP 落地投资额预计将超过 2016 年，从而能够强化积极财政政策的整体力度。

然而，积极财政政策既没能有效拉动投资增长，也没能有效拉动居民消费增长，可见财政政策的传导效率有待提高。投资方面，2017 年以来国家预算资金占全社会固定资产投资资金来源的比重进一步提高，但是这并没有改变全社会固定资产投资（尤其是民间投资）的下滑态势。究其原因，货币政策配合不到位导致财政政策的挤出效应较大，宏观税负的反弹进一步降低了企业的投资动机，而民间投资的空间受限使得其下滑态势更加明显。消费方面，在积极财政政策持续发力的情况下，2017 年前三季度全国居民人均消费支出实际增速仅为 5.9%，与 2016 年同期相比再度降低了 0.5 个百分点，延续了 2015 年和 2016 年的下滑态势。这主要是因为，积极财政政策并未显著提升中低收入家庭的可支配收入水平。

（三）预期管理虽有改善，但仍存在一定不足

从宏观经济理论和国际经验来看，预期管理主要通过在事前进行前瞻性指引、在事后进行解释和发布其他重要信息三个方面发挥作用，从而提高货币政策的效率。因此，可以从这三个方面对 2017 年中国预期管理的状况进行评价。

第一，2017 年央行在数量型和价格型指标的前瞻性指引方面实现了新的

突破，但仍有较大改进空间。数量型指标方面，央行在 2017 年提前发布从 2018 年起实施定向降准的信息，从而为市场提供了预测数量型指标走势的重要信息。价格型指标方面，央行首次在报告中给出短期利率的合理目标区间，该目标区间已成为市场预期国债利率和货币市场利率走势的重要参考依据之一。不过，央行的前瞻性指引政策仍有较大的改进空间。比如，央行有必要对 2017 年 M2 增速大幅低于目标值的原因及其未来走势进行更加清晰的解释，从而更好地引导市场预期。

第二，2017 年央行对部分货币政策操作进行了解释并且取得了一定效果，但仍不够完善。公开市场操作方面，相比于 2016 年央行没有对任何一次公开市场操作进行解释，2017 年央行对 184 次公开市场操作中的 30 次操作进行了说明，这些解释较好地引导了市场预期。利率调整方面，2017 年央行公开市场操作的中标利率水平共发生了四次变化，而且都表现为公开市场利率的上行。央行对后两次利率的调整进行了解释，不过，这并没有很好地引导预期，市场对公开市场利率上行是否意味着加息仍存在较大争论。

第三，2017 年央行对重要信息的披露有所增加，但还存在一些不足。具体而言，货币政策目标信息、经济信息、决策信息和工具信息的透明度仍然不高。一是货币政策目标仍然较多，且没有设定优先目标。二是央行仍然没有对 GDP、CPI 等指标进行官方预测或提供相关数据。三是货币政策会议纪要仍没有涵盖货币政策决策的实质性内容。四是仍然存在部分货币政策工具定义不清的问题。

（四）各类政策之间的协调仍不到位

由于单一政策无法同时实现经济与金融的“双稳定”目标，所以要想更好地实现“双稳定”目标，需要货币政策、财政政策、宏观审慎政策、汇率政策之间加强协调与配合。不过，2017 年中国各类宏观政策之间的协调工作还不够到位。

第一，货币政策与财政政策协调不够充分，主要是因为货币政策力度有所不足。在 2017 年经济下行压力依然存在的情况下，理论上需要适当加大货币政策力度以配合积极财政政策，从而更好地“稳增长”。但是，2017 年中国货币政策与财政政策的协调不够充分，主要是因为货币政策力度较小。两类政策协调欠佳导致财政政策的挤出效应较为明显，突出表现为全社会固定资产投资增速下行态势加剧。此外，由于货币政策力度不足，主要依靠财政政策发力“稳增长”，这导致财政政策空间进一步受到挤压，从而会影响到未来积极财政政策的可持续性。

第二，货币政策与宏观审慎政策的协调效果欠佳，主要是因为货币政策过多地关注金融风险而弱化了其“稳增长”的职能。2017 年中国宏观经济面临下行压力的同时，还面临着多类金融风险。从理论上讲，宏观审慎政策与货币政策通过“一紧一松”的协调配合才能实现经济与金融的“双稳定”。但在实践中，由于货币政策过多地关注金融风险，以“稳健中性”定位下的偏紧姿态与偏紧宏观审慎政策相配合，从而弱化了其“稳增长”职能。由此，两类政策在经济稳定方面的效果欠佳，融资成本过高加剧了投资增速放缓的态势，而且金融对实体经济的信贷支持也不够充分。

第三，汇率政策与货币政策的协调效果较好，不过协调机制仍需改进，否则长期而言会限制货币政策的独立性和有效性。2017 年，人民币汇率形成机制调整为“收盘汇率 + 一篮子货币汇率变化 + 逆周期因子”，同时央行还实施了偏紧的跨境资本流动管理政策。这些举措在实现人民币兑美元汇率基本稳定的同时为货币政策预留了空间。不过，目前所实行的汇率政策与货币政策协调机制在未来仍需改进，主要问题是人民币汇率形成的新机制在长期内不利于汇率向合理均衡水平调整，如果长期执行会限制中国货币政策的独立性和有效性。

三、新时代下创新与完善宏观调控的政策建议

基于当前宏观政策存在的主要问题，以及新时代下经济“由高速增长阶段转向高质量发展阶段”的总体发展要求，本报告建议从以下几个方面创新与完善宏观调控。

第一，强化货币政策在宏观调控体系中的主导地位，并且加快推动货币政策从数量型向价格型的转变，从而提高货币政策的效率。

第二，优化财政支出结构的同时着力降低宏观税负，更好地带动企业投资需求和居民消费需求，从而提高财政政策的效率。此外，还要严防地方政府隐性债务风险，以增强财政政策的可持续性。

第三，完善宏观审慎政策框架，加快货币政策与宏观审慎政策“双支柱调控框架”的构建，从而“守住不发生系统性金融风险的底线”。

第四，加强预期管理。央行需要更加注重前瞻性指引，进一步增加对货币政策操作的事后解释，并且着重提高货币政策透明度。

第五，健全宏观政策协调机制，尤其要加强货币政策、财政政策、宏观审慎政策和汇率政策之间的协调，从而兼顾“双稳定”目标。

【作者简介】

陈彦斌，中国人民大学经济学院教授、副院长，中国特色社会主义经济建设协同创新中心研究员。

新时代急需从政治高度强化和落实党管数据的思考与建议

张向达　李　群

【内容简介】 党的十八大以来，以习近平同志为核心的党中央高度重视数据管理工作。2013 年 7 月，习近平同志视察中国科学院时指出："大数据是工业社会的'自由'资源，谁掌握了数据，谁就掌握了主动权。"党的十九大进一步指出，要加快大数据、人工智能和实体经济深度融合。在大数据时代，个人、企业、政府的决策不断由经验驱动转换到数据驱动，这是一场革命。要充分认识大数据的价值与存在的问题和风险；要明确为什么要从政治高度强化和落实党管数据；要深入研究怎么样才能落实好党管数据工作。

数据是新的石油，是 21 世纪最为珍贵的财产。大数据正在改变各国综合国力，重塑未来国际战略格局。2013 年 7 月，习近平同志视察中国科学院时指出："大数据是工业社会的'自由'资源，谁掌握了数据，谁就掌握了主动权。"2015 年 9 月国务院印发了《促进大数据发展行动纲要》（以下简称《纲要》）。"十三五"规划纲要更是明确将大数据上升为国家战略。《纲要》指出："把大数据作为基础性战略资源，全面实施促进大数据发展行动，加快推动数据资源共享开放和开发应用，助力产业转型升级和社会治理创新。"

党的十八大以来，以习近平同志为核心的党中央高度重视数据管理工作，多次研究有关问题，做出重要部署。中共中央政治局 2017 年 12 月 8 日下午就实施国家大数据战略进行第二次集体学习。中共中央总书记习近平在主持学习时强调，大数据发展日新月异，我们应该审时度势、精心谋划、超前布局、力争主动，深入了解大数据发展现状和趋势及其对经济社会发展的影响，分析我国大数据发展取得的成绩和存在的问题，推动实施国家大数据战略，加快完善数字基础设施，推进数据资源整合和开放共享，保障数据安全，加快建设数字中国，更好服务我国经济社会发展和人民生活改善。

党的十九大报告进一步指出，要加快大数据、人工智能和实体经济深度融合。大数据正在成为经济社会发展新的驱动力。大数据重新定义了各个大国博弈的空间。在大数据时代，世界各国对数据的依赖快速上升，国家竞争焦点已经从资本、土地、人口、资源的争夺转向了对大数据的争夺。截至 2014 年 4

月，全球已有63个国家制订了开放政府数据计划，数据开放推动政府从“权威治理”向“数据治理”转变。以习近平同志为核心的党中央，站在时代最前沿，带领全国人民迈入大数据时代。在大数据时代，个人、企业、政府的决策不断由经验驱动转换到数据驱动，这是一场革命。我们认为，新时代急需要从政治高度认识数据价值，要强化党管数据的意识，要落实党管数据的责任和原则。

一、大数据的价值与存在的问题和风险

习近平总书记2014年12月31日在全国政协新年茶话会上一针见血地指出：“问题是时代的声音，人心是最大的政治。”大数据为民所用，为人民谋幸福、为民族谋复兴就是最大的政治，这也是大数据存在的最大价值。新时代我们一定要从政治高度充分认识数据价值，从政治的角度分析数据存在的问题和风险。

1. 大数据成为加快建设数字中国的战略新支撑

习近平指出，要构建以数据为关键要素的数字经济。大数据是信息化发展的新阶段。随着信息技术和人类生产生活交会融合，互联网快速普及，全球数据呈现爆发增长、海量集聚的特点，对经济发展、社会治理、国家管理、人民生活都产生了重大影响。系统推进工业互联网基础设施和数据资源管理体系建设，发挥数据的基础资源作用和创新引擎作用，大数据成为加快建设数字中国的战略新支撑。

2. 大数据成为破解新时代我国社会主要矛盾的优质新工具

首先，数据为人民日益增长的美好生活需要服务，是数据最大的政治属性。没有人民性的数据是枯燥无味的数据、腐朽的数据。其次，在致力于解决“不平衡与不充分”难题的时候，大数据的广泛使用，已经使我们在科技的指引下看到了问题解决的路径。比如在宏观经济管理领域，随着越来越多的中国企业采用数字化经济模式，在云端进行数据交换和数据使用，各级政府对于宏观经济调控的能力和预判能力将显著增加，并使决策与管理更加科学化；在公共治理上，环保、食品卫生领域的大数据监测和预警的广泛采用，将有效解决过去困扰普通百姓生活的民生难题。

3. 大数据成为推动经济转型发展的强劲新动力

以数据流引领技术流、物质流、资金流、人才流，将深刻影响社会分工协

作的组织模式，促进生产组织方式的集约和创新。大数据推动社会生产要素的网络化共享、集约化整合、协作化开发和高效化利用，改变了传统的生产方式和经济运行机制，可显著提升经济运行水平和效率。大数据持续激发商业模式创新，不断催生新业态，已成为互联网等新兴领域促进业务创新增值、提升企业核心价值的重要驱动力。

4. 大数据成为重塑国家竞争优势的发展新机遇

在全球信息化快速发展的大背景下，大数据已成为国家重要的基础性战略资源，正引领新一轮科技创新。充分利用我国的数据规模优势，实现数据规模、质量和应用水平同步提升，发掘和释放数据资源的潜在价值，有利于更好发挥数据资源的战略作用，增强网络空间数据主权保护能力，维护国家安全，有效提升国家竞争力。

5. 大数据成为提升政府治理能力的重要新途径

大数据应用能够揭示传统技术方式难以展现的关联关系，推动政府数据开放共享，促进社会事业数据融合和资源整合，将极大提升政府整体数据分析能力，为有效处理复杂社会问题提供新的手段。

6. 大数据在使用上存在管理漏洞和安全风险

正像水利是农业的命脉、电力是工业的命脉一样，数据已经成为国家的命脉。但是，在数据使用上存在着一些管理漏洞和安全风险值得注意。比如，一是互联网本身存在的一些缺陷，导致存在数据丢失或被盗等安全隐患；二是数据管理制度疏漏，某些人为了经济利益人为出卖数据资料；三是由于缺失党对数据的领导机制，有些掌握数据的利益集团为少数人的利益，进行大数据分析、挖掘信息，利用“双刃剑”效果，专门坑害国家和人民的事情时有发生。

二、为什么要党管数据

数据已经成为中国共产党重要的执政资源。党管数据成为必然趋势。

1. 大数据的基础性、先导性、战略性地位决定必须党管数据

党的十八大以来，面对网络经济发展的新形势和新趋势，党中央和国务院高度重视大数据发展推进工作，加强了大数据发展顶层设计，制定和实施了国家大数据发展战略，发布了《促进大数据发展行动纲要》，确定了数据强国和网络强国建设战略目标。实践证明，凡是具有基础性、先导性、战略性地位的

资源，都要接受党的领导和管理，大数据也不例外。

2. 大数据资源的珍贵性、关键性、稀缺性决定必须党管数据

大数据就像人才一样具有珍贵性、关键性和稀缺性，成为新经济的核心生产要素，各级政府要打造“数据湖”，必须像“党管人才”一样“党管数据”。

3. 大数据的政治属性决定必须党管数据

大数据本身具有“4V”［Volume（大量）、Velocity（高速）、Variety（多样）、Value（价值）］自然属性。同时，大数据为什么人服务，呈现不同的政治属性。数据为少数人利益服务就是资本主义属性，为广大人民利益服务就是社会主义属性。为什么人服务的问题，是中国特色社会主义建设的根本问题，也是中国共产党的根本问题。中国共产党的宗旨就是全心全意为人民服务的。从另一方面讲，党管数据可以使政府掌握服务于人民的关键信息；同时，也可依托国家机关依法行政，提高治理效率，更好地为人民服务。所以，必须要党管数据。

4. 大数据公共属性和市场属性决定必须党管数据

随着进一步推进国家治理体系和治理能力现代化，中国特色社会主义市场经济的进一步优化，大数据的公共属性和市场属性日益突出，如何规范大数据参与市场和公共事务活动？必须要依靠党的引领，党管数据将是必然趋势。

5. 人工智能、云计算环境下大数据挖掘算法至上的依赖性决定必须党管数据

以媒体推送“算法为王”的实践为例，推送主体和推送内容都十分缺乏主流意识，机器取代人，责任缺失必然造成乱象。同时，算法推送在个人定制精准推送与媒体利益最大化面前，不断侵蚀受众的精神思想领域和意识，严重缺乏应有的社会责任。让算法技术主导人，价值观颠倒成为必然。由此例可见，必须要在党的监督指导下，利用人工智能、云计算挖掘大数据正能量信息。党管数据，坚持正确的政治方向成为必然。

三、怎么样才能落实好党管数据

党管数据并不是什么都要管。但是，在数据为王的时代，也不能完全让数据决定一切，更不能让数据绑架党的执政能力。只有落实好党怎么管数据工作，才能真正让大数据为中国特色社会主义现代化建设，为人民群众追求美好

生活发挥更大作用。

1. 各级党组织要树立党管数据的思想意识

大数据对中国共产党来说是一个新生事物，它对推进中国特色社会主义现代化强国建设有巨大的作用。党管数据对中国共产党来说同样是一件前所未有的工作。党的各级组织要牢固树立党管数据的思想意识，担当起党管数据的重要责任，为大数据工作提供政治保障和组织保障。

2. 要建立党管数据的运行机制

党管数据体现了党为人民服务、对人民负责的做法。把党管数据工作做好，更重要的是要建立起党管数据的运行机制，研究制定党管数据的技术路线，了解大数据的本质特性，做数据管理的行家里手。

3. 党管数据要管方向、管前途

一切新生事物首先要鼓励发展，管是为了更好地发展，是为了更好地服务于人民幸福，服务于中华民族的复兴。对于党管数据，鼓励创新、包容审慎应该是党管数据的原则，而不是简单地控制数据。

4. 党管数据要管规则、管政策

规范利用数据，需要界定基本的规则。比如，哪些数据具有私人性，哪些数据具有公共性，一定要定义清楚。还要弄清楚，有的数据产生于平台但不属于平台。数字化时代，多元化的经济生态需要不同于以往的治理模式和规则，党管数据，是为了落实相关政策、规范使用数据，还要监督数据的政治属性。

5. 党管数据要管信息安全

信息安全关乎国家前途和命运。据调查，2017 年，黑市上出现一份数据，称是“趣店学生用户数据”。该数据维度极细，除学生借款金额、滞纳金等金融数据外，甚至还包括学生父母电话、男女朋友电话、学信网账号密码等隐私信息。2014 年 4 月，某黑客对国内两家大型物流公司内部系统发起网络攻击，非法获取快递用户个人信息 1400 多万条；2014 年 12 月底，铁路客户服务中心 12306 网站被曝出大量用户数据泄露并在网上传播售卖；2016 年 9 月，雅虎公司因为自身的安全漏洞被网络黑客利用，5 亿用户信息被泄露……大数据被称为社会发展的新“石油”，然而“石油”若是被“污染”危害就大了。党管数据就是要加强管理，堵住信息泄露的源头，要完善立法，遏制信息泄露的“浪头”，做到像党的十九大报告指出的那样，要“使人民获得感、幸福感、安全感更加充实、更有保障、更可持续”。

6. 党管数据要管人才

作为重要的执政资源，对数据的监管、分发、使用等是关键的核心问题。因此，党要重视培养和吸纳各种优秀数据人才。要建立一支宏大的数据人才队伍，要掌握数据科学家人才，鼓励激发数据人才在党管数据工作中发挥更大作用。

7. 要在全社会形成接受党管数据的社会环境

由于数据的公共属性和市场属性，数据存在于社会各个领域，全社会都与数据密切相关。因此，要广泛宣传党管数据的重要性和迫切性，在全社会各个领域形成自觉接受党管数据的社会环境。

8. 建议中共中央出台《关于进一步加强党管数据工作的决定》，正式确立党管数据原则

从政治高度认识数据价值越来越得到普遍认同，党管数据选择也不断得到强化和落实，新时代党管数据已经成为必然趋势。因此，我们建议，中共中央出台《关于进一步加强党管数据工作的决定》，正式确立党管数据原则，为大数据加上方向盘、加上飞行舵。

【作者简介】

张向达，东北财经大学公共管理学院院长、教授。

李群，中国社科院数技经所综合研究室主任、研究员，中国特色社会主义经济建设协同创新中心研究员。

提升先进制造研发基地科技服务能力的建议

刘洪银

【内容简介】科技服务业能级水平应与高新技术产业规模相匹配。但全国先进制造研发基地存在科技研发服务产业链不完整、科技中介服务能级与技术转移转化不对等、科技金融服务没有精准支持科技活动需求、科技人才服务成效不显著、营商服务环境不利于民营科技企业成长等短板问题。本报告提出如下建议：设立先进制造研发设计集聚区，完善研发设计产业链；建立专业化评估机构，加强科技成果转移转化组织和服务平台建设；推行科技服务企业信用贷款财政补贴制度，完善科技中小企业知识产权质押融资体系；以成就事业和特色文化吸纳人才，以配套性产业发展留住人才；构建亲民亲商的公共部门文化，按照非禁即入放开民间资本进入行业和领域。

一、科技服务能力成为全国先进制造研发基地建设的短板

（一）科技研发服务产业链不完整

第一，尚未实现科技服务业与先进制造业的同步发展。2015 年先进制造研发基地科技服务业增加值占先进制造业比率仅为 14.3%，而北京市同口径比率为 70.7%。科技服务业对制造业科技创新支持不够。第二，科技研发服务产业链不完整。研发基地检验检测服务散落在各大企业，尚未形成独立的专业化检测企业和产业。第三，研发设计、科技咨询、软件与信息服务等科技服务业尚未形成规模，占科技服务业的比重较低。

（二）科技中介服务能级与技术转移转化不对等

第一，科技成果转移转化环境缺乏竞争力。研发基地技术交易市场规模较小，技术承接、孵化和转化能力不强，吸纳域外技术转移转化的能力弱。2014

年，北京市输出天津的技术合同仅占输出外省市总数的6.5%。第二，技术转移服务规模小。上海、北京等先进地区技术转移行业规模较大，而天津只有20家左右技术转移机构和少量兼职技术经纪人。第三，科技成果转化服务水平低。成果转化服务机构专注成果宣介而不善于市场需求评估与市场潜力挖掘。第四，科技成果评价服务发展滞后。研发基地尚未形成完善的科技成果转化评价机制，难以客观科学地评估科技成果技术水平、市场需求、转化效益和转化可行性等，亟须第三方评估机构参与。

（三）科技金融服务没有精准支持科技活动需求

2014年研发基地全社会研发经费投入为3%，仅为北京的1/3、上海的1/2。投融资困难仍然是制约先进制造业科技研发和成果转化的主要因素。由于金融机构难以精准识别科技项目市场前景和运行风险，科技与金融没有实现有效对接。统计发现，“十二五”期间，年销售收入500万元以下科技企业79%的难以获得银行贷款。研发基地金融机构贷款占科技活动筹资总额的比例不足10%。金融机构对科技活动贷款占金融机构贷款的比例基本徘徊在0.3%左右。

（四）科技人才服务成效不显著

第一，配套政策不到位，市外人才引进困难。艾普大数据运用2017年第二季度全网移动用户全生命周期数据分析发现，天津市对北上广深流出人口吸引力较低，即使从北京流出的人口中也仅有3.73%流入天津，低于流入石家庄的比率。第二，留住人才困难。配套产业发展滞后，引进人才流失较多。据每日经济新闻报道，2017年天津市人才净流入率为-2.31%，居全国10大主要城市之末。第三，先进制造研发基地建设受制于人才和人口双重约束。一方面，由于长期偏重高端人才引进，研发基地人才结构出现失衡，中等人才如科技成果转移转化人才、科技中介服务人才等出现短缺。另一方面，新区的交通和人居环境缺乏竞争力，人口集聚水平不能满足产业扩张需求，人口问题成为先进制造研发基地建设的短板之一。

（五）营商服务环境不利于民营科技企业成长

民营企业创新创造活力较高。京津冀民营企业数量较多，但规模较小。如2014年天津工业总产值超过3万亿元，其中民营工业总产值仅为1万多亿元。研发基地尚未营造出有利于民营科技企业成长的环境。第一，尚未建立起和谐的亲清政商关系。民营科技企业发展离不开政府支持，但公务人员为“清”而疏远企业，廉政建设约束了公务人员为民营企业服务的手脚。第二，公务人员不敢担责，教条地执行政策条文，降低了科技政策成效。第三，体制内外用工政策差异大。体制内单位有较高的住房公积金和住房补贴，员工薪酬普遍较高，而体制外单位无法承担对等的用工成本。

二、提升先进制造科技服务能级和水平的建议

（一）设立先进制造研发设计集聚区，培育和完善研发设计产业链，实行科技研发企业减负政策，鼓励企业“走出去”

第一，建立先进制造研发设计集聚区。在新区滨海—中关村科技园设立先进制造研发设计集聚区。利用滨海—中关村合作优势，吸引中科院、军科院等国家大院大所，京津冀高等院校国家级重点实验室以及各类国家工程（技术）中心和企业研究中心到滨海—中关村科技园研发设计集聚区设立创新研究院或分院，引导京津冀科技领军企业、高校科研院所与相关单位互设协同创新实验室，引导集聚区企业利用互联网和电子商务开展数字化设计、众包设计、研发协同，提高信息技术对研发设计的支撑支持。

第二，培育和完善研发设计产业链。整合科技企业实验检验测验作业形成专业化检测服务企业，逐步实现研发设计集聚区检测服务企业化和产业化。

第三，鼓励先进制造研发企业“走出去”。政策支持科技型企业“走出去”与“一带一路”沿线国家以及欧美发达国家共建国际新型研发机构和海外研发中心，共享国际科技资源。

第四，实行先进制造研发设计企业减负政策。降低税收负担和非税负担，将减半征收所得税优惠拓展到先进制造研发企业、延长先进制造研发企业研发支出结转抵扣年限、提高研发费用加计扣除比例到75%。返还先进制造研发设计企业增值税地方分享部分。

（二）加强科技成果转移转化组织和服务平台建设，建立成果转化示范机构和专业化评估机构

第一，加强科技成果转移转化机构建设。采用共建和联营模式引进一批国际知名技术转移机构，在研发基地“双自区”建设国际技术转移机构聚集区；引进培育市级专业化技术转移和成果转化示范机构，创建企业品牌。

第二，建设科技成果转移转化服务平台。建立科技成果大数据库、企业技术需求目录和线上线下互联互通的市场化服务平台，充分发挥各种专业协会和商会的作用，促进科技与市场双向转化服务。

第三，建立专业化科技成果评估机构，科学评价科技成果市场转化成熟度，根据成熟度划分等级，建立科技成果优先转化和梯次转化目录。

（三）推行科技服务企业信用贷款财政补贴制度，完善科技中小企业知识产权质押融资体系，鼓励金融机构设立面向科技企业的专营机构，释放商业银行科技贷款活力

第一，推行先进制造科技服务企业信用贷款财政补贴制度。在前期试点基础上，可将商业银行信用贷款补贴政策从科技企业推广到科技服务企业，尤其专业化的科技成果转移转化企业。

第二，完善科技中小企业知识产权质押融资体系。建议成立科技担保公司，保障企业以专利、商标等知识产权质押贷款。政府将科技担保公司和从事质押贷款业务的商业银行纳入专利权质押补偿基金，根据担保风险和专利权变现风险大小确定风险等级，以此给予相应的风险补偿金。

第三，鼓励银行等金融机构面向科技企业和科技服务企业设立专门的集企划、授信审批、股权融资等功能于一体的专营机构，加强业务流程、组织架构和产品创新，释放商业银行科技贷款活力。

（四）补齐人才短板，完善人才结构，以成就事业和特色文化吸纳人才，以配套性产业发展留住人才

第一，补齐人才短板。研发基地亟须科技成果转移转化等科技服务人才。技术转移转化人才需要具备法律、财经、技术、商务、管理等综合知识，建议制定科技服务人才引进培养政策，由人社局和科委负责人才培养计划制定和组织实施。

第二，以成就事业和文化建设吸纳人才。建设宽容人才、尊崇人才、厚待人才的文化环境，以人才成就事业和特色文化吸纳留住人才。

第三，加快发展配套性产业留住人才。完善国家新区基础设施建设，加快城市公共服务业、教育医疗服务业和生活服务业发展，打造生态宜居城市，构建有助于生产经营、生活居住和人才成长的人才环境。

（五）构建亲民亲商的公共部门文化，按照非禁即入原则放开民间资本进入行业和领域，实行公务员绩效考核制度，促进民营科技企业发展

第一，构建亲民亲商的公共部门文化，引导各级干部彻底转变服务理念。充分运用舆论工具宣传为民服务的典型事迹，优先将党员干部培育成亲民亲商文化的引领者和推进者。纪检监察部门及时将公务员推诿扯皮、刁难民商行为列入不担当不作为范围加以惩处。

第二，深化行政审批改革，按照非禁即入原则，鼓励和引导民间资本进入法律、法规未明确禁止准入的行业和领域。

第三，探索实行公务员绩效考核制度。制定实施各级公务员绩效考核制度，突出行政效率和服务业绩的考核，将考核结果与公务员薪酬和晋升挂钩。

【作者简介】

刘洪银，天津农学院人文学院教授，经济学博士。研究方向：人力资源经济学，农业农村经济学，创新经济学。

中国对外开放40年与深化市场机制改革的思考

佟家栋

【内容简介】自1978年党的十一届三中全会启动改革开放至今，已经有40年了。这40年间，中国经济发展取得了惊人的成就，引起世界的瞩目。同时，我们中国学者要认真总结，为后续的发展和深化改革认真思考。本文在充分肯定我国改革开放已经取得巨大成绩的同时，认识到，业绩导向的激励模式使我国经济在发展与改革的道路上，更多地重视持续发展，而深化改革相对滞后。以致留给我们今后的改革任务更加繁重，任务十分艰巨。

1978年党的十一届三中全会开启了中国改革开放40年的历史，中国经济，乃至对外开放取得了史无前例的发展。四十不惑意味着我们的成熟，需要我们的反思，以明确我们下一步更高层次、更深入的改革开放。我们的研究表明，改革开放40年来，以追求社会经济发展为目标的改革发展，在有效推动中国开放经济大发展的同时，社会主义市场经济体制机制改革的深度还不够。下一步的对外开放，需要在社会主义市场经济制度改革方面更加深入、系统。

一、对对外开放效果的追求

中国改革开放初期，首先是确定了比较优势理论在参与国际分工中的指导意义，强调充分发挥自身劳动力成本低的优势，生产劳动密集型产品，扩大制成品的出口。

中国对外贸易发展的第二个阶段是，制造业的大发展推动的中国对外贸易的发展。在这个阶段，伴随中国对外贸易的发展，激励了我国制造业的现代化。反过来，制造业的发展，带来了中国“井喷”式的出口增长。

伴随劳动力收入水平提高，企业的工资成本也逐步增加，出口劳动密集型产品的成本增加。在劳动力供给量有限的情况下，制造业，特别是出口产品生产的制造业企业雇用劳动力的成本上升，甚至难以雇到新的劳动力。导致出口制成品的成本自然的，甚至是“超前”上升。

此后，中国对外贸易进入调整期。一方面，2008 年的全球金融危机，使中国对外贸易的需求长期不振。另一方面，由于国内劳动力收入水平的上升，中国的劳动力供给提前进入了刘易斯拐点（即是劳动力单纯的供给数量限制与劳动力价格的快速上升带来的超出常态的劳动力供给不足），中国出口的某些劳动密集型产品过早失去竞争力，造成了中国出口“比较优势断层”。

从引进外资的角度看，改革开放以来，中国的引进外资从谨慎地引进，到积极引进，给予多方面优惠，甚至给予“超国民待遇”，带来了外资的大量进入。2013 年以后，中国不仅积极引进外资，还实施“走出去”战略，对外投资年均达到 1300 多亿美元。

应该说，中国改革开放 40 年来，对外开放取得了举世瞩目的成就，达到了当初所设定的发展目标。因此，可以说，发展是硬道理成为过去 40 年中国改革开放突出的特征。

二、中国对外开放的发展与市场经济的转型的关系

1949 年，中华人民共和国成立，从此开启了社会主义中国的新纪元。国家或相应的对外经济主管部门根据国家计划决定商品的进出口，其基本动力来自国民经济的发展。

从新中国成立到 1978 年，对外贸易的统制制度始终是新中国外贸制度的主导。1978 年以后，经济体制的转型和对外经济开放成为中国经济发展的主导方向。中国的对外开放表现为对外贸易朝着开放的方向发展，对国内的外贸企业逐步下放经营权。逐步采取了下放管理权、对外贸易的承包制度、对外贸易经营权的分散，对外贸易产品专业化经营的取消，允许外贸企业跨行业经营，由对外贸易的审批制转向注册制。

从激励企业的机制看，经营主体多元化是强化竞争，打破国有企业垄断的基本出发点。经营主体的正常利润回报，甚至超额的利润回报是各类企业参与开放经济的基本动力。

从企业经营的领域看，企业经营领域不断扩大。国家鼓励企业进入更多的国民经济领域。试图创造一个多元经济主体平等竞争、法制化、国际化、市场化的营商环境。

从政策环境看，中国对外开放采取了贸易自由、投资便利和金融自由化的、致力于经济全球化的政策。因而，企业的国际化经营受到政府的鼓励，扩大出口和对外直接投资，增加产品的进口和引进外资同样受到政府的支持。

从对外开放的目的看，在促进对外整体开放，发展对外贸易，引进外资，

扩大对外经济合作的基础上，用对外开放倒逼经济体制的改革成为政府的追求目标。因此，“摸着石头过河”是我们的典型思路。

作为一个实施计划经济的发展中大国，面临两个方面的艰巨任务：一方面是，实现经济体制的转型，即是从计划经济向市场经济的转型，由拾遗补阙向开放经济方向转型。另一方面是，实现经济快速发展。

我们看到，中国改革开放40年以后，我们在经济发展水平方面已经进入中等收入国家的行列。据国家统计局的数据，2017年人均国民生产总值已经达到8800美元。在一个拥有13.9亿人口的大国是难能可贵的。应该说，中国经济发展已经取得了显著的成效。

从经济学意义上讲，路径的可复制性在于经济体制的体制机制的规范与稳定。

从经济发展的角度出发，两个方面的激励机制扮演着重要的角色。首先，中央政府各部门，地方政府，乃至国有企业的经济业绩成为考核干部，甚至晋升干部的主要指标。一些学者研究了干部晋级与其所在部门或地区经济发展速度、水平之间的关系，并得出了肯定的结论。其次，民营企业进入生产经营领域，市场的发展和因为商品短缺带来的高回报率，激励了民营企业的发展。民营企业的积极性借助地方政府为追求经济业绩的鼓励政策，实现了它们生产规模的扩张。总起来看，在经济正常发展的阶段，尽管中央政府、地方政府、国有企业和民营企业，甚至外资（三资）企业追求的目标不同，但是他们为实现自己的目标，共同推动了经济业绩目标的实现，带来中国经济的高速增长。

然而，经济增长不可能是直线发展的，市场经济的力量总会带来生产供应和市场需求的不平衡。当着这种不平衡发生时，无论是中央政府还是地方政府总是希望维持可持续的发展，不愿将速度放慢。因此，中央政府和地方政府携手合作，以维持经济和对外开放的持续高速增长。相对而言，国有企业更愿意服从政府的要求，继续维持产量。因此，政府将国有企业作为“亲儿子”。因而在以维持经济高速增长为业绩目标的政府看来，国有企业越是壮大，就越能保障经济的持续增长，进而是维持政府对经济发展业绩的追求。因此，经济越是不景气，政府越是要支持国有企业，从而使国有企业的实力逐步增强。而且经济不景气持续的时间越长，国有经济持续壮大的机会越多，市场经济的因素在经济调整中的决定性作用就会趋于弱化，业绩优先成为暂时放弃经济体制机制转型的合乎逻辑的理由。[①] 在政府看来，国有企业越是能够维持持续的高增长，官员们晋级的机会越大，持续增长的目标成为专注发展经济的理由[②]。

---

① 见余子良、洪倩林、佟家栋、王芊：《入世后国企产权改革的出口效应》，载于《国际贸易问题》2017年第10期。佟家栋、洪倩林：《国有企业改革对制造业工业企业工资与雇佣的动态影响》，载于《产业经济研究》2017年第2期。

② 见薄智跃：《经济绩效与省级领导人的政治升迁》，载于《人民论坛》2008年6月26日。

政府为维持高增长所付出的开支越大，因经济不能正常调整所累积的问题越多，从而会为下一个周期调整付出更大的代价。只有这样，才能支撑国有经济的高速发展。长此以往，我们所追求的市场经济改革被暂时忽视，形成了政府不断“输血”，不断维持高增长的干预经济体系。因而，在市场经济的名义下，贯彻了计划经济的增长目标。

总之，当经济景气时，国有企业和民营企业一起发展，当经济不景气时，国有企业在政府的支持下，维持发展以便支撑高增长率的业绩追求。由于民营企业的“不配合”，使它们难以获得政府对企业转型升级的持续支持。

支撑高增长率需要大量的政府开支，要求政府部门创造或拥有大量的财政支出来源。土地财政的发展为政府获得这样的支出来源创造了条件，带动经济各个领域的高速增长。与房地产业的扩展及其利润相比，出口制造业部门和企业更加艰难。一方面，出口企业的工资水平远不能与房地产业相比，而且出口企业还面临同类发展中国家的成本竞争。另一方面，在劳动力进入短缺期，劳动力大量流入建筑行业，就意味着参与外资、外贸行业就业人员的相应减少。我们称之为“中国式荷兰病”①。

此外政府为获取支持经济高速增长的资金，必须不断地扩展征税的科目和来源，从而加大了企业税收负担，造成了制造业企业在艰难的经济调整期难以正常运行。

因此，以深化市场经济改革为目标的社会主义市场经济建设，在解决了人民温饱问题后，长期的以经济增长、高速度发展对外开放为目标，客观上造成了优先经济发展，放缓了市场经济深化改革进程的结果。

总之，改革开放40年，我们将发展是硬道理贯穿于全过程，取得了令人瞩目的成绩，而在经济制度转型方面，表现为市场经济改革滞后，因而没有形成一个经济发展高速度与经济体制机制转型并进的格局。

三、在经济发展的基础上，深化对外开放的体制改革

40年对外开放的经验表明，中国作为一个经济体制转型的发展中大国，在比较出色地完成了经济发展的任务，进入了中等收入国家行列的同时，开放性市场经济体制机制转型的任务还远没有完成。主要体现在以下几个方面。

第一，一个完善的市场经济体系尚未实现。市场经济在资源配置中要居于主导地位，追求获取最大限度的利润成为所有企业甚至政府高度认可的发展经

---

① 见佟家栋、刘竹青：《房家上涨与中国制造业的“用工难”问题》，载于《经济研究》工作论文，2018年2月5日。

济的动力。

第二，缺乏市场经济正常运行的秩序及其依法执行的惩戒制度。市场经济要求有一系列法律制度用以维护其运行，依法惩戒违反市场经济规则的经济主体，不断修改和完善运行规则。

第三，政府官员在经济发展业绩考核的激励下，政府作用被逐步扩大，乃至替代了市场力量的刺激，使国有企业日趋做大。2008 年国际金融危机以后，中国政府对经济的干预增强了。

第四，政府深度参与经济运行，使对外开放包含过多干预的嫌疑。从对外贸易方面，从中央到地方持续的鼓励出口政策是加速中国经济增长的重要来源。

党的十九大提出深化经济体制改革。强调要发挥市场经济的决定性作用，充分发挥政府干预经济的作用，要解决好政府和企业的关系，市场经济力量和政府引导力量两个积极性，使“看不见的手”和“看得见的手”携手配合，把握好经济发展的方向，保持市场经济的激励机制。

从改革开放的角度看，建立开放新体系，形成新形势下的对外开放倒逼经济体制改革的新战略。第一，在微观领域，为所有企业经营对外贸易与经济创造良好的条件，对国有企业和民营企业一视同仁，形成平等的市场竞争生态。第二，在经济体制改革的基础上，形成企业乃至产业创新的机制，创造企业能够在市场经济环境下改进技术，提高劳动生产率的内在机制，形成企业采用新技术的内在压力或动力。

从中观层面看，首先是尽快推动全国统一市场的形成，减少政府对区域经济发展，资源流动和集聚的干预，避免城市“摊大饼式”的发展。切断土地财政运行的机制，使房地产业的发展以人民的居住为底线。

从宏观角度看，宏观经济政策在很大程度上，避免政府过度参与经济运行。当然有为政府对宏观经济的调节是必不可少的，但是，要避免政府干预与政府追求业绩密切联系起来，造成负面的路径依赖。

总之，改革开放 40 年来，我们实行了一条加快中国经济发展的正确道路，创造了中国经济发展的奇迹。同时，我们市场经济的转型明显滞后。在集中发展经济，追求高增长的绩效压力下，我们依靠政府的强力干预，甚至参与经济运行的政策，大力推动了持续性经济增长。党的十九次代表大会明确了市场体制机制在中国经济发展中的主导作用，同时，政府要积极干预经济，发挥“看不见的手”和“看得见的手”的作用，解决好政府和市场的关系，解决好政府职能转变的问题。在实现中国迅速增长的基础上，实现中国经济对外开放的体制机制转型。

【作者简介】

佟家栋，南开大学原副校长、中国特色社会主义经济建设协同创新中心首席专家、世界经济学会副会长、欧盟研究会副会长、欧洲学会副会长、南开大学应用经济学科学位分委员会主任。

统筹单一与多维标准　助力精准扶贫

张海鹏

【内容简介】贫困标准是用于识别和估算贫困人口数量，分配各种帮扶资源以及评价贫困人口是否脱贫的基本标准。无论是单一标准还是多维标准，两者都是从贫困成因的角度制定的标准，而非对贫困状况的直接描述，现实中收入标准最为常用。在我国，单一贫困标准和多维贫困理论并不矛盾，它们在贫困识别、精准帮扶和精准脱贫的具体实践过程中实现统一。当前，要全面、客观、动态地看待现行的贫困标准，弥补单一收入标准在执行过程中可能出现的识别偏差和目标偏离等问题。为此，需要做好以下几个方面：一是贫困标准具有动态性，未来呈现提升趋势，脱贫攻坚既要实现贫困户在现行标准下脱贫，还要考虑其长期稳定脱贫问题；二是现有扶贫标准虽然采用的是农民纯收入指标，但是在贫困帮扶和扶贫绩效的考核过程中，还要重点关注贫困户的支出情况；三是扶贫标准要与低保标准及其相关帮扶政策有机衔接。

我国一直致力于减贫工作并取得了举世瞩目的成就，特别是党的十八大以来实现了6000多万贫困人口稳定脱贫。十九大报告强调，要确保到2020年我国现行标准下的农村贫困人口实现脱贫，贫困县全部摘帽。为了更好地推进精准扶贫工作，打赢脱贫攻坚战，当前有必要针对如何正确理解现行贫困标准，以及如何妥善处理单一收入贫困标准和多维贫困理论在扶贫实践中的内在关系等问题，做进一步的理论探讨和分析。

一、贫困标准是贫困状态的反映

所谓贫困是特定群体的一种生存状态。身处贫困状态的人们，其基本生产生活条件只能维持在整个社会中的较低水平，有些甚至难以维持劳动力再生产。使用一个统一的客观标准来描述和反映贫困状况并不是一件容易的事情。目前关于贫困标准的制定和研究，主要从两个方面入手：一是单一标准，主要是以货币化收入水平来反映贫困状态；二是多维标准，主要从经济、文化、能力等多个维度来反映贫困状态。事实上，这两种贫困标准之间是有诸多内在联系的。

首先，无论是单一标准还是多维标准，两者都是从贫困成因的角度制定的标准，而非对贫困状况的直接描述。这是因为，虽然对于单个贫困人口的生存状态或者说贫困状况可以给予详尽的直接描述，但是每个贫困人口在衣、食、住、行等多个方面的生存状态是千差万别的，因此，从总体上对于贫困状态的直接描述非常困难。

其次，两种贫困标准各有优长，现实中收入标准最为常用。现实中贫困户的致贫原因是多种多样的，比如，因病、因残、因学、因灾、缺劳力、缺技术、缺发展资金、缺土地、缺水、交通条件落后、自身发展动力不足等。针对多种致贫原因，收入标准能够较为直观、简捷地对贫困状况做出评判。而多维标准则可以从更深层面指出单一收入标准所未能涵盖的致贫状况，但多维贫困中的能力、文化等维度很难找到一个客观的评价指标。于是单一的收入指标就成为最为常见的贫困标准。

最后，虽然贫困标准宜采用收入标准，但必须同时考虑支出因素、财产因素以及其他致贫的多维因素。目前，从货币化的视角来看，我国农村贫困的成因主要表现为“两少一多”，即在贫困户收入来源偏少、发展资金较少的情况下，支出项目却有很多。进一步来看，贫困户缺少收入来源，主要是由于劳动者的体能不足和技能缺失等因素使其无法胜任相关工作；或者由于贫困地区水土资源匮乏等原因，导致其难以生产出更多可供出售的商品；或者由于贫困地区的道路交通等基础设施供给不足等原因，导致其所生产的劳动产品无法转化为现金收入等。贫困户缺少发展资金的原因，一方面是由于贫困户收入来源很少导致其自身难以累积发展资金，另一方面由于贫困户缺少抵押品、经营预期收益水平低以及当地发展条件较差等原因，无法获得外部融资。贫困户支出项目多是相对于贫困户微薄的收入而言的，贫困户因病、因学等方面的刚性支出会进一步加剧原本并不富裕家庭的贫困程度。

二、单一收入标准与多维贫困理论在实践中相互补充

目前，我国主要采用单一的收入标准作为扶贫标准，2011 年中央决定将农民人均纯收入 2300 元（2010 年不变价）作为新的国家扶贫标准。虽然国家扶贫标准是采用单一的收入标准，但在我国的精准扶贫实践中，并未仅仅采用单一收入标准来研究、制定和实施精准扶贫战略。事实上，在扶贫过程中，比贫困标准更为重要的是如何帮助贫困人口实现脱贫。在我国，单一贫困标准和多维贫困理论并不矛盾，它们在贫困识别、精准帮扶和精准脱贫的具体实践过程中实现了统一。

目前，无论在理论上还是在实践中，围绕贫困和扶贫中的以下问题已经形

成共识：第一，贫困的成因有多种，如前文所述的多种致贫因素。第二，贫困的识别要从多个维度。在实践中，基层干部群众总结出多种精准识别方法，比如，“四看”识别方法：一看房，二看粮，三看劳动力强不强，四看家中有没有读书郎。第三，贫困的帮扶要有多种形式。国家提出“五个一批”脱贫举措，即发展生产脱贫一批、易地扶贫搬迁脱贫一批、生态补偿脱贫一批、发展教育脱贫一批、社会保障兜底一批。具体到产业扶贫，又可以细分为农林产业扶贫、旅游扶贫、电商扶贫、资产收益扶贫、科技扶贫等措施。第四，扶贫的目标也包括多个方面。国家提出到2020年，稳定实现现行标准下农村贫困人口“两不愁、三保障”，即不愁吃、不愁穿，义务教育、基本医疗和住房安全有保障；实现贫困地区农民人均可支配收入增长幅度高于全国平均水平，基本公共服务主要领域指标接近全国平均水平。因此，到2020年，我国既要实现现有贫困收入标准下贫困人口收入达标，还要从多个维度提升贫困人口的发展能力以及生产生活水平，实现稳定脱贫、逐步致富的目标。

三、全面、客观、动态看待贫困标准

在精准扶贫中，如何正确认识贫困标准是非常重要的。因为贫困标准是用于识别和估算贫困人口数量，分配各种帮扶资源以及评价贫困人口是否脱贫的基本标准。当前，我国是在单一收入贫困标准下开展脱贫攻坚工作，只有更为全面、客观、动态地看待现行的贫困标准，才能弥补单一收入标准在执行过程中可能出现的识别偏差和目标偏离等问题。

首先，贫困标准具有动态性，未来呈现提升趋势。以我国当前扶贫标准为例，虽然2020年之前都是按照2010年的不变价制定的农民年人均纯收入2300元，但等到2020年现行标准下贫困人口全部脱贫之后，就有可能进一步提高贫困标准。在提升的贫困标准下，扶贫事业的长期性和艰巨性就更加凸显出来了。

其次，脱贫攻坚既要实现贫困户在现行标准下脱贫，还要考虑其长期稳定脱贫问题。在目前的扶贫实践中，有些企业主体在帮扶过程中，其帮扶协议和帮扶目标只是确保2020年前按照现行贫困标准帮助贫困户实现脱贫，2020年之后的帮扶工作还没有纳入工作计划，特别是在思想上还没有给予高度重视。这点需要引起各方关注，在确保贫困户能够实现稳定脱贫的基础上，力争在2020年后让原有贫困人口在更高水平上过上满意的生活。

再次，现有扶贫标准虽然采用的是农民纯收入指标，但是在贫困帮扶和扶贫绩效的考核过程中，还要重点关注贫困户的支出情况。也就是说，既要帮助有劳动能力的贫困户增加收入，同时，还要千方百计降低贫困户支出水平。降低贫困户支出水平并非让贫困户舍弃这些支出所对应的具体事项，而是要有财政帮扶、社会帮扶等渠道代为支付相关支出事项。比如说，贫困家庭子女的教育、职业培训、大病和慢性病等方面的支出，对于贫困户摆脱贫困状况、跳出贫困代际传递等至关重要。这部分支出必须落实到相关帮扶主体来精准帮扶。

最后，扶贫标准要与低保标准及其相关帮扶政策有机衔接。精准扶贫过程中涉及民政部、扶贫办、残联等多个部门，不同部门在贫困人口的识别标准、帮扶机制和信息方面不统一，容易出现政策和制度无法实现有机衔接问题。为此，国家已经出台了《关于做好农村最低生活保障制度与扶贫开发政策有效衔接的指导意见》，以加强多部门间的信息互通和政策衔接，形成扶贫帮扶的制度合力。

【作者简介】

张海鹏，南开大学经济学院副研究员，中国特色社会主义经济建设协同创新中心研究员。

新时代全面深化改革实践中的技术性改革机制

周　望

【内容简介】改革事业的成功，需要众多因素汇集并一齐发挥“综合作用”，包括理论、决心、策略、时机、技术、舆论等。在新时代全面深化改革的丰富实践中，一些持续性长、遍及性广、活跃度高的技术性改革机制值得关注。这其中的三个关键机制，包括领导小组、试点、督察。这些技术性改革机制，是在中国“土生土长”起来的方法论工具，是中国共产党和中国政府自身“创业”并积累下来的一系列“改革资产”。新时代的一系列重任，要求它们不断升级更新，进而助推新时代的改革事业源源不断地取得新成果。

党的十九大报告强调指出，要“坚持全面深化改革”“只有改革开放才能发展中国”，报告中69次提到“改革”一词。改革事业的成功，需要众多因素汇集并一齐发挥“综合作用”，包括理论、决心、策略、时机、技术、舆论等。在新时代全面深化改革的丰富实践中，一些持续性长、遍及性广、活跃度高的技术性改革机制值得关注。这其中的三个关键机制，包括领导小组、试点、督察。

领导小组机制是对广泛存在的领导小组、协调小组、工作小组、联席会议、委员会等议事性、协调性工作机构和机制的总称。为加强对改革行动的组织和领导，成立相应的改革领导小组，已成为一种改革工作惯例。尤其是全面深化改革启动以来，纵向上从中央到地方、横向上各个具体领域所存在的全面深化改革领导小组，以及其他为数众多的专项专题改革领导小组，全方位地主导着各层级、各领域的改革活动。

试点机制是对各种主题的试点项目、各种类型的试验区等政策测试与创新机制的总称。全面深化改革中各个领域的具体工作，几乎都是以试点、试验的名义和形式展开，“试点先行、逐步推广”已成为深化改革工作的基本操作程序。

督察机制是中央对地方、上级对下级就改革中重大决策、重要文件、重要工作的部署贯彻落实情况所开展的督促、监督、检查活动的总称，是推动改革方案及时、不折不扣地落实到位的有力保障。尤其是进入全面深化改革时期，党中央和国务院把政策方案的设计完善、改革方案的贯彻落实，皆视为关系改革成败的重大问题，在重视程度和具体投入方面同等重视，力度空前。

一、新时代的领导小组机制：更加注重与正式制度体系的协同配合

在新时代的全面深化改革实践中，领导小组机制更加注重与正式制度体系之间的协同配合。在全面深化改革时期，几乎任何一个方面的改革议题都具有跨部门、跨地域、系统性强、战略意义深远等特点。面对种种牵扯到各方面关系和利益的大问题、新问题，全面深化改革领导小组、各个承担具体改革任务的领导小组，与正式序列机构中的相关部门一起，相互配合、形成合力，协同参与这一系统工程。由于参与到改革行动中的机构及人员范围达到了前所未有的广泛性，因而保持改革活动中协调、组织、实施等关键环节的顺畅，就构成了全面深化改革工作本身的一个重要组成部分。中央全面深化改革领导小组成立伊始，就对这一基本逻辑有着清醒认识，着重强调提出与正式制度体系中的其他要素保持有效互动的重要性。这具体包括：专项小组、中央改革办、牵头单位和参与单位，要建好工作机制，做到既各司其职、各负其责又加强协作配合，形成工作合力；有关部委的改革责任机制也要尽快建立起来，并同领导小组形成联系机制。以治理现代化为标杆，新时代的领导小组机制，与正式制度体系中各种要素之间的互促、协同发展，一起更好地对改革事业施展出最大功效。

二、新时代的试点机制：更加注重精细化发展

在新时代的全面深化改革实践中，试点机制朝着更为精细化的方向发展。首先，中央确立了试点机制发展的新思路——即通过顶层设计来对试点进行通盘统筹部署。强调试点工作要在顶层设计和指导下操作，注重对各种试点的引领、规划、指导，综合把握试点政策的界限、范围、尺度、节奏，给予地方试点更强的方向性、整体性，避免陷入漫无目标、各自为战的碎片化状态。同时，对于矛盾问题多、攻坚难度大、涉及风险因素和敏感问题的改革试点，中央层面通过适时、适度地主动介入，强化了对试点地区的支持和帮助力度。其次，明确了试点机制的两个核心任务。一是制度创新，通过赋予试点地区更大的自主探索权限，典型的如自由贸易试验区建设，驱动试点工作创设出全新的制度方案、政策点子，而非一味热衷于“抢帽子”“争政策”“要资金”“跑

项目”等。同时，对试点地区的探索予以更为全面的支持，既鼓励创新、表扬先进，也允许试错、宽容失败。二是做到可复制可推广，要求试点工作的创新和改革成果不能是“昙花一现”，必须经受得住时间和空间的双重考验。新的制度和政策不能仅限于“一时一地”，在更长的时间周期、更大乃至全国性的地域范围内，都要具有同等效果的适用性。

三、新时代的督察机制：更加注重规范合理

在新时代“踏石留印、抓铁有痕”的改革语境和态势下，横向上党政各职能部门联动、纵向上各层级政府贯通的大督察格局已基本形成，进行督察、接受督察构成了各部门各地区改革工作中的重中之重。为更好地服务改革议程，在新时代的全面深化改革实践中，督察机制更加注重自身的合规合理。

2017 年 3 月，国务院办公厅发出《关于印发国务院 2017 年立法工作计划的通知》，将《督查工作条例》列入立法规划，并指定国务院办公厅、法制办负责起草，以法律法规对督察工作予以有力支持和保障。通过尽快明确督察的法律地位，规划并制定出台全国性的督察工作法律法规，有助于推动实现督察工作的开展有法可依、有规可循。

2017 年 6 月，中共中央印发《关于加强新形势下党的督促检查工作的意见》。这一有关于督察机制的专门性新文件，深入贯彻党的十八大以来以习近平同志为核心的党中央对加强督促检查、抓好落实作出的一系列重要指示和部署，从指导思想、主要任务、工作原则、工作制度、效能建设、组织领导等六个方面，对加强新形势下党的督促检查工作提出了明确要求和重要措施。该意见就督察工作中的一些重要内容，形成了统一、专业、可操作的制度化规定，将督察者和被督察者的行为都纳入可规束、可判定的框架中，充分且有效地保障了督察机制的合法性、稳定性、持续性。

四、以更加精良的改革机制助推新时代的改革事业

领导小组、试点、督察这三个改革机制都是在中国“土生土长”起来的方法论工具，在不同时期、以各种形式，持续性地服务于改革开放事业，可以说是中国共产党和中国政府自身“创业”并积累下来的一系列“改革资产”。作为带有特定含义的名词和话语，领导小组机制、试点机制、督察机制以其广泛的存在、丰富的功能和鲜明的特质，共同构成了中国整个治理体系中的一个重要板块。进入全面深化改革时期，这些治理机制在继续助推改革进程朝着治

理现代化的总目标迈进的同时，自身亦在不断升级更新，以更好地适应新时代的发展要求。

中国正处于“大有可为的历史机遇期”。在迈向全面建成小康社会、基本实现社会主义现代化、全面建成社会主义现代化强国等重要时间节点及目标的过程中，所肩负任务的艰巨性和繁重性，所面临矛盾和问题的规模和复杂性，所面对的困难和风险的不确定性，都在要求改革机制和方式本身也需要不断进行升级更新。改革者既要快干、实干，又要会干、巧干，高超运用更加精良的改革机制和工具，奋力创造出无愧于新时代的改革新业绩。

【作者简介】

周望，管理学博士，南开大学周恩来政府管理学院讲师。

“新时代”生态文明建设应分步有序进行*

王永兴

【内容简介】 随着中国社会主要矛盾的转化，生态文明建设已经成为追求美好生活目标的关键环节。党的十八大创造性地把生态文明建设融入中国特色社会主义“五位一体”布局，党的十九大报告则进一步强调我们必须树立和践行“绿水青山就是金山银山”的理念。为此，我们必须要以“认知、思考、解决”为应对问题的逻辑基础，理清“发现问题、解决问题、避免问题”的体制优化思路，按照“有洞察、有思路、有担当”的步骤有序推进生态文明建设。

一、理清生态文明建设进程中存在的问题

从马克思主义认识论的基本原理来看，问题总是会伴着实践的推进而不断地出现。因此，在发展进程中，我们必须时刻准备面对问题，并且意识到想要解决问题，关键就在于如何及时发现问题、清除认识问题。党的十九大报告在总结以往实践的基础上，提出了构成新时代坚持和发展中国特色社会主义基本方略的“十四条坚持”，其中就明确地提出“坚持人与自然和谐共生”。同时，报告中还提出了“像对待生命一样对待生态环境”“实行最严格的生态环境保护制度”等论断，并最终给出了“打赢蓝天保卫战”的理念。这一切都表明了以习近平同志为核心的党中央在生态文明建设中清醒的问题意识。

从广义上来看，生态文明建设是指人类积极改善人与自然、人与人的关系，建立可持续生存和发展环境所进行的物质、精神、制度方面活动的总和。生态文明建设不仅要求节约资源和保护环境，还要求融入经济建设、政治建设、文化建设和社会建设的各方面和全过程，即要求“五位一体”总体布局各部分之间在逻辑上相辅相成。从这个角度来看，认识生态建设过程中发生的问题，也是认识经济、政治、文化、社会建设过程中的存在的问题。从核心意

* 本文得到教育部人文社会科学重点研究基地重大项目“中国特色社会主义经济重大理论和实践问题专题研究（16JJD790028）”、南开大学“中国特色社会主义经济建设协同创新中心”和人文社会科学青年教师研究启动项目（63172016）资助。

义上来看，生态文明建设就是提高生态环境的生产率，更是经济生活上的“提效止损”、政治生活上的“制度治理”、文化中的“绿色理念”、社会生活中的“降耗减排”。党的十九大敏锐地认识到了生态文明建设问题的全局性和联动性，明确了建设生态文明是中华民族永续发展的千年大计，这是具有卓越的历史贡献的。

归根结底，生态文明建设问题的解决必须是观念上的改变——由粗放型经济发展到科学型发展，由不可持续到可持续——以及法律法理上的健全促成的。党的十八大以来，我国党和国家领导人已经明确地意识到，生态文明是与物质文明、政治文明和精神文明并列的文明之一，因此，无论何时都要将其考虑在长远规划之内，合理解决经济发展与环境保护内生的矛盾，并主动发现问题，才有可能尽快解决问题，保证经济、政治、文化、社会长足发展。正如俞可平教授早期提到的，这里所言的生态治理不是一般地要求我们要保护自然环境、维护生态安全、实现可持续发展，而是把这些要求本身就视为发展的基本要素，其目标就是通过发展来真正地实现人与自然的和谐以及社会环境与生态环境的平衡，实现植根于社会主义现代文明之上的“天人合一”。因此，有关部门须正视生态治理进程中出现的问题，建立全面的生态环境监察制度，成立专门的生态问题督查机构，缩短环境问题从产生到发现的周期，准确洞察我国现代化建设中存在的短板。

二、形成生态文明建设的基本解决思路和实操方案

党的十九大报告明确提出中国特色社会主义进入新时代，我国社会主要矛盾已经转化为人民日益增长的美好生活需要和不平衡不充分的发展之间的矛盾。而所谓美好生活，不单只是物质上的文明，更重要的是精神文明、生态文明。解决生态文明建设问题，是化解下一发展阶段我国社会中存在的主要矛盾、促进社会主义现代化的关键举措。同时，十九大对于我国社会主要矛盾的全新表述，证明了党的执政能力和执政标准已经上升到了新的高度，伴随而来的是面对新问题时的解决思路、解决能力要有大幅度提升。基于这一认识，十九大报告中提出了一套完整的生态文明建设指导思想，明确指出“要创造更多物质财富和精神财富以满足人民日益增长的美好生活需要，也要提供更多优质生态产品以满足人民日益增长的优美生态环境需要”。这也从侧面表明了，中国共产党将保护好“蓝天绿地”的伟大誓言融入到“不忘初心、牢记使命”的宏伟蓝图中，体现的是一种宽广、远见的政治情怀和治理视野。

结合总体指导思想，十九大报告还提出了切实可行的具体生态文明建设措施，如加快建立绿色生产和消费的法律制度和政策导向；提高污染排放标准，

强化排污者责任，健全环保信用评价、信息强制性披露、严惩重罚等制度；完成生态保护红线、永久基本农田、城镇开发边界三条控制线划定工作；改革生态环境监管体制等。事实上，生态文明建设作为一项长期坚持的基本战略，我国早在十九大召开之前就开始进行了全面的布局，并在近期逐渐开始显现其治理效果。例如《中华人民共和国环境保护税法》已由中华人民共和国第十二届全国人民代表大会常务委员会第二十五次会议于2016年12月25日通过，并于2018年1月1日起正式施行。

经过40年的改革开放，中国已经迅速崛起并成为世界第二大经济体和最具活力的经济体之一，而根据区域经济发展的一般逻辑，生态问题是新型工业化、特别是后工业化时代所必然面对的难题，特别是我国的快速工业化进程使得中国的生态文明建设问题可能比其他任何同期国家来得更加迅疾和剧烈。我们必须意识到，在很多领域，如自然资源生产部门（诸如钢铁、石油等）、高能耗高污染行业（电子产品产业、化工产业等）等存在的环境问题是复杂且多变的。因此，想要简单地提一套万能的治理方案一劳永逸是不现实的，我们必须根据现实情况的变化，结合十九大给出的“提供更多优质生态产品以满足人民日益增长的优美生态环境需要”这一本质指导思想，探寻有效的环境问题治理手段。结合司言武（2007）、秦昌波（2015）等学者针对环保问题进行的实证分析，本文认为环保税将在生态文明建设中发挥关键作用。目前，我国进行生态文明建设需要进一步完善环保税，并适当提高环保税率，明确税收范围以保证税及稳定，适当的税收减免政策以鼓励理性消费者选择绿色消费，将是有效的环境保护手段。

三、兑现生态文明建设的“世界承诺”

马克思主义哲学认为，世界上一切事物既包含绝对方面，也包含相对的方面。生态文明建设问题的出现是绝对的，是历史必然，但生态问题却不是限定于某时某地，应对当下的生态建设问题必须具有全局意识。关键是如何在全球化的大背景下，既降低由于负外部性造成的全人类总体环境福利损失，同时又兼顾经济建设与提升大国形象的要求，积极开展生态文明建设。

近代以来，人们曾轻率地把自然界的存在仅仅看作人类满足自身需要的一种手段，全世界范围内盛行野蛮的破坏自然、涸泽而渔的行为。由此导致气候变暖、空气和水资源污染、土地退化、森林资源缺失、物种多样性锐减等生态问题便日益凸显。我国为解决全球生态问题一直在持续不断地努力，从积极促成《联合国气候变化框架公约》，到习近平同志出席气候变化巴黎大会签署《巴黎协定》，再到G20杭州峰会中国与其他国家达成共识要积极推动《巴黎协定》尽快生效，从积极参与“里约 +20”峰会投身“给地球第二次机会”，到认真履行会议决定的减排责任，这些举措有力地展现了中国共产党向世界的庄严承诺。这表明，我们不仅不会以牺牲环境为代价来解决发展问题，相反我们作为世界上最大的发展中国家，要为全球生态问题的解决做出中国特有的贡献，为全人类的未来做出中国特有的贡献，这将成为我国贯彻生态文明建设方略的最终目标。

【作者简介】

王永兴，南开大学经济学院讲师，中国特色社会主义经济建设协同中心研究员。

滨海—中关村科技园发展困境分析与可持续发展思考

薄文广

【内容简介】虽然受到了京津两地地方政府的大力支持，但滨海—中关村科技园的发展仍面临着利益共享和风险共担的长效合作机制尚未完善、地方政府主导土地运营的传统开发模式尚未摆脱、清晰的功能和产业定位尚未明确、临近区域激烈的市场竞争尚未缓解等四大困境。从发展思路明晰、合作机制构建、开发模式转型、创新利用先行先试等方面提出了促进滨海—中关村科技园可持续发展的对策建议。

一、滨海—中关村科技园发展困境分析

京津冀协同发展已经上升为国家发展战略，滨海—中关村科技园是京津两市深入落实京津冀协同发展的重要抓手。2016 年 9 月 28 日，中关村管委会和滨海新区政府签署共建协议，同年 11 月 22 日，天津滨海—中关村科技园正式揭牌。至此，以京津两地地方政府密切合作为标志的滨海—中关村科技园，成为滨海新区甚至天津市各区承接北京非首都核心产业转移工作的建设重点。虽然有两地政府的大力支持，但滨海—中关村科技园的发展仍面临着以下困境。

1. 利益共享和风险共担的长效合作机制尚未完善

在区际合作产业园区中，无论合作双方的主体是地方政府、园区管委会还是企业，合作通常建立在双方充分信任、各自发挥彼此优势的基础上，形成“1 +1 >2”的协同效果。因此，如何构建合作双方利益共享和风险共担的长效合作机制，不仅涉及能否为区际合作提供合理的制度保障，还是决定区际产业合作成败的关键因素。

但在当前背景下，滨海新区甚至天津市对于中关村和北京市的需求远大于后者对前者的需求。这种区际合作双方需求上的不对等使得当前主导权更多取决于中关村或北京。虽然滨海—中关村科技园已经建立了更多负责宏观决策层面的科技园领导小组、更多负责中观实施层面的科技园管委会以及负责具体开

发的运营公司“三位一体”的组织架构，但目前较少涉及利益共享和风险共担的机制，如京津双方资本投入数额和比例、后续的税收和利益分配、合作退出方式及相应的争端解决机制等利益共享和风险共担的长效合作机制。

2. 地方政府主导土地运营的传统开发模式尚未摆脱

同许多区际合作产业园区一样，滨海—中关村科技园采取的开发模式也是通过地方政府融资平台从银行获得大量贷款用于前期的道路基础设施建设，通过土地、财税及补贴等方面的优惠政策吸引外来企业入驻，并用企业盈利后向中央政府和地方政府缴纳的税收来弥补地方政府初期的资金投入。

但从我国目前实际国情来看，中央政府将对地方政府主导成立的各种地方政府融资平台的债务风险加强管控，这使得依靠土地融资的滚动开发模式受到极大地限制。反过来，地方政府通过土地资本运作进行融资的难度也进一步增大。

此外，在当前中国经济增速较缓的新常态背景下，一些民营企业对外投资更加审慎和理性，这进一步提高了实现高质量招商引资这一目标的难度。目前，地方政府前期资金投入巨大的滨海—中关村科技园的大规模基础设施建设基本已经完成，但目前园区还缺少优质项目带动其发展。与前几年的发展环境大不为同，由于吸引优质项目的难度越来越大，滨海新区—中关村科技园正处于万事俱备，只欠“东风”（即好项目）的尴尬处境。

3. 清晰的功能和产业定位尚未明确

京津冀协同发展战略对京津两市进行了重新定位，与北京明确的“四个中心”定位不同，天津的定位转变为“一基地三区”。作为天津市最大经济增长极的滨海新区，其最新定位是京津冀协同发展示范区、先进制造和研发创新基地、国际自由贸易示范区、国际航运核心区、金融创新运营先行区。

对于规划面积仅为20平方公里且之前定位为“北旅游”的滨海—中关村科技园而言，制造业显然不是其招商引资的重点，吸引北京先进制造业也较为困难。一方面是因为当前北京市已处于工业化后期的城市，2016年北京所有第二产业占GDP比重仅为19.2%，另一方面，北京对一些附加值较高的技术型先进制造业转出较少；有些目前甚至还处于大力发展的阶段，如北京的奔驰汽车以及京东方的显示面板等产业还在加大投资建设力度。

此外，滨海—中关村科技园目前还不属于天津自贸区“一区三片”的范围，无法享受到自贸区的贸易和投资便利自由化政策。占据了港口优势的东疆保税港区以及合并了天津市中心商务区的经济技术开发区均比滨海—中关村科技园更具优势且产业基础更好，临近的中新生态城也已成为整个滨海新区中生态宜居海滨城市的重要支撑。因此滨海—中关村科技园发展的功能定位是什么，是否可以融入并支撑滨海新区甚至天津市的发展，这都需要早日明晰功能定位。只有明确了滨海—中关村科技园的功能定位，之后的产业发展规划以及精准的招商引资等工作才能顺利进行。

4. 临近区域激烈的市场竞争尚未缓解

目前与北京中关村科技园管委会签订合作协议的市（区）地方政府已经超过了 50 个，合作区域从南方的贵阳到北方的哈尔滨。仅在临近的河北省，与中关村共建的区际产业合作区就有 7 家。这些园区发展的产业主要是“高大上”的先进制造业以及一些国家大力扶持的战略性新兴产业。因此，各个园区之间的产业定位同质化程度较高，且存在无序竞争的现象。滨海—中关村科技园不仅签订正式合作协议较晚，正式揭牌时间也处于最后一位。

此外，自上而下建立的雄安新区已经成为国家的千年大计，北京市和天津市主要领导人也多次公开表态，雄安新区“需要两市怎么支持就怎么支持，需要支持什么就支持什么”。2017 年 12 月，中关村科技园区管理委员会与河北雄安新区管委会正式签署《共建雄安新区—中关村科技园协议》，北京市为了更好地完成国家自上而下的雄安新区建设的雄伟目标，也必将大力扶持雄安新区的发展。

滨海—中关村科技园北临近些年发展较快的中新生态城，南临产业发展基础较好的经济技术开发区，西临主攻高新技术发展的高新区，东临国际贸易和融资租赁等产业发展较好的东疆保税港区。相对于滨海—中关村科技园而言，上述区域均有较好的产业发展基础，具有较强的竞争优势，滨海—中关村科技园面临着“前有标兵、后有追兵”的严峻挑战。

二、促进滨海—中关村科技园可持续发展对策建议

1. 坚持外援带动和内援驱动的“两条腿走路”发展思路

中关村与全国许多地区都签订了产业园区共建合作协议，且其主要产业布局和滨海新区存在着较多重合，因此各个产业园之间必将存在相互竞争。更为重要的是，国家意识产物的雄安新区的成立也吸引了“北京资源”的重点关注，这些必将严重影响到滨海新区—中关村科技园期望通过疏解首都非核心功能以吸引北京相关资源和产业入驻的发展路径。由于雄安新区对入驻企业采取异常严格的控制和限制措施，滨海应该抓住这难得的机遇窗口，把产业发展作为最重要工作来落实和拖进。

“滨海—中关村科技园”应精准对接北京科技创新的主体和机构，有效衔

接天津的先进制造研发产业的发展方向。同时，超越现有的产业园和科技园区，积极吸引总部在北京的大企业和一些大院大所的分支机构等高端项目，在合作方式、机制设计、创新生态、公共服务等方面营造独特且具有吸引力的发展政策和发展环境。另外，滨海—中关村科技园重点放在吸引中关村的基础资源上，应该把另一个民营发达经济的省份——广东的相关企业也作为其引资重点，形成精准化的京籍与粤籍外援引资发展思路。

此外，滨海—中关村科技园的发展不能只依靠单纯天津市外资源的引入，在当前新常态背景下，增速较快、附加值高、带动性强的企业都会受到所在地区地方政府的高度重视而较难迁移，天津吸引天津之外的企业资源特别是优质企业来津发展的难度越来越大。在坚持作为“增量”的京粤外援带动发展下，天津应把作为“存量”的本土企业的培育与发展壮大作为滨海—中关村科技园的内源驱动，坚持外援带动和内援驱动的“两条腿走路”发展思路。

2. 构建利益成本相匹配以及多层次的合作机制

在当前背景下，滨海新区对中关村的依赖远大于后者对前者的依赖。因此，制定滨海新区和北京市双方均能接受的合作机制是当前工作的重中之重。京津合作双方应根据各自的合作目标和利益需求点，在现有政府共建模式基础上，根据滨海新区—中关村科技园自身发展状况，通过充分协商来构建一个包含合作双方权利、责任、收益、风险甚至退出方式等在内的较为详细的制度框架，并建立一个合作双方均能参与并发挥积极作用的协调机制。

此外，由于共建园区存在诸多难以直接指标化的非经济利益，使某些利益与成本难以清晰界定，使利益分享缺乏客观标准，而现有的利益分享机制大多只能调动合作双方中一方的积极性。滨海—中关村科技园作为京津两地地方政府的“示范性”合作项目，虽然可以在短时间内凝聚共识、制定政策并通过强有力的行政手段加以推行，但由于这种“自上而下”的模式存在着非市场性、非制度性、难监督性等特点，因此，迫切需要适时向政府、企业及社会组织之间的多层次、良性互动的网络型合作转变。

作为地方政府合作的有机补充，滨海—中关村科技园应积极建立跨地区的行业协会联盟或新的行业协会组织，协同地方政府，共同制定区域行业发展规划和区域共同市场规则，推进区域市场秩序的建立，并积极探索京津地区各类市场资源的对接与整合。

3. 园区开发由优惠政策为主过渡到创新土壤培育为主

在区际合作产业园区发展之初，地方政府的一系列扶持和优惠政策能够快速推动园区基础设施建设和吸引部分为了获得政府政策红利的企业投资入驻。

但随着园区发展，地方政府对园区扶持政策的红利作用也会逐渐减弱。这时就需要强化市场化运作机制，使园区摆脱单纯对地方政府红利政策的依赖，提升自生能力以促进园区的可持续发展。

另外，当前内外部环境变化使得传统的土地滚动开发的传统园区模式已经难以为继。且随着我国产业层次和质量的提升，之前的“人随产动”转为“产随人走”，医疗、教育、卫生等社会公共服务业的完善、政府服务的提升以及亲商环境的打造等软环境对于产业发展的支撑作用越来越重要。因此，滨海中关村科技园应着力打造高效亲商营商的软环境，并在新区政府统筹下，有效利用临近的中新生态城相对较好的教育和医疗资源，且与生态城以及开发区东区等临近区域进行有机协同而非进行逐底的恶性竞争。

此外，滨海新区前些年经济总量的快速增长更多来自国有大中型企业支撑，而未来，随着新旧动能转换，对于一些新兴区域，一些高、精、尖的民营中小企业在区域发展中将发挥越来越大的作用。滨海—中关村科技园应在产业公共服务平台、政府资金引导、知识产权投融资、科技金融服务体系、加快研发转化等方面为企业培育公平竞争的土壤，而非单纯对相关企业的资金补贴和优惠政策扶持。

4. 创新利用好先行先试

国内当前区际合作产业园区中存在的一个制度障碍就是 GDP 以及税收分成。在当前制度背景下，任何理性的地方政府都不希望税收流失，而当前国家对一个地区发展的支持由之前的真金白银的硬支持改为允许先行先试的软支持，天津市及滨海新区相关部门应充分利用滨海新区纳入国家总体发展战略以及京津冀协同发展的契机，自下而上争取中央及相关部委的支持。如打破传统 GDP 统计的属地原则，探索合作园区 GDP 的核算及税收在共建园区两方政府间的分成方式。此外，利用和协同天津自贸区的制度优势（如空港资源等）、中关村的科技优势以及雄安新区的名号优势（与雄安新区一起联合申请等）也需要提早谋划。

滨海—中关村科技园应多学习和借鉴临近的中新生态城如何利用先行先试的成功经验，比如，《住房城乡建设部印发对天津生态城有关支持政策的通知》，同意赋予中新生态城 6 项先行先试支持政策。这些政策主要集中在互联网保险公司设立、文化保险业务试点、大数据交易。能源互联网等方面。中新生态城争取的这些诉求都很细微，不是财税补贴等宏大目标，但都破解了产业发展的壁垒和痛点并紧贴新产业未来发展的趋势，其成效十分显著。

毫无疑问，一些先行先试的政策创新毫无疑问要涉及对之前一定旧有规定的突破和改变。理性的负责审批部门更愿意采取自身风险最小化而非社会潜在收益最大化的方式行事。因此在有效治理不作为的基础上，应着力构建改革容错机制，鼓励基层大胆试、大胆闯，进而加快形成改革举措前后呼应、互相配合、上下互动的良性格局。

【作者简介】

薄文广，南开大学经济研究所副教授，中国特色社会主义经济建设协同创新中心研究员。

加快资源要素城乡融合的对策建议

刘洪银

【内容简介】 引导资源要素向乡村流动是乡村振兴战略实施的必要途径，乡村振兴需要探索要素回流的实现形式。调查发现，资源要素城乡不平等交换和城市净流入格局没有改变，农业农村融资体制不完善，引领带动乡村发展的能人缺乏，资源要素城乡对接融合平台建设滞后。本报告建议：实施万企帮扶万村工程，充分发挥企业乡村振兴助推器作用；开展“精英返乡、市民下乡、能人兴乡”“三乡”行动，吸纳集聚各类人才资源；整合各类帮扶资金和支农资金，支持发展规模化特色产业；盘活农村集体建设用地、闲置宅基地和闲置房屋，促进市民下乡和能人返乡创业。

党的十九大报告提出，坚持农业农村优先发展，实施乡村振兴战略，加快推进农业农村现代化。2018 年中央 1 号文件《中共中央　国务院关于实施乡村振兴战略的意见》提出，强化资源要素支持和制度供给，优先满足农村需求，加快补齐农业农村短板。当前资源要素乡村回流的趋势已经出现，但城市净流入的基本格局并未改变。引导资源要素向乡村流动是乡村振兴战略实施的必要途径，农村发展需要积极探索资源要素乡村回流的实现形式。

一、乡村振兴中资源要素乡村流动的障碍

1. 资源要素城乡不平等交换和城市净流入格局没有改变

乡村振兴必须扭转要素乡城单向流动格局，实现城乡资源要素自由流动、平等交换和融合发展。由于城乡吸纳力不对等，城市地区资源要素净流入格局没有改变，“钱、地、人”等流失导致乡村严重“失血”。城乡要素价格扭曲、工农产品不平等交换格局没有逆转，农业生产资料价格居高不下，农产品价格提升空间有限。

2. 农业农村融资体制不完善

乡村振兴既需要公共财政支持，也需要运用市场机制撬动社会资本参与。但由于各地资本市场不完善，政策干预不到位，各类社会资本参与乡村发展的规模较小。

第一，融资门槛高，分散农户融资有效需求不足。现行政策框架内，非试点地区蔬菜大棚等不能作为抵押物贷款，土地产权证也无法用于质押贷款。分散农户融资有效需求不足，生产经营资金主要来源于自有积累和民间借贷。

第二，农业企业融资需要得不到满足。部分省市财政局和农业委员会成立联合担保公司，但担保额度小，担保费用高，农业企业受益不多。

3. 引领带动乡村发展的能人缺乏

乡村振兴迫切需要吸纳具有深厚乡村渊源的社会精英、本土或农科大学生和志愿服务乡村振兴的各界人士，以各类人才集聚带动产业兴旺，促进农民就业和增收。

第一，农科大学生出现不爱农不务农趋向。学农大学生就业率低与农村基层单位招不到人的矛盾长期存在。据某地对 1985 ~ 2000 年农业高校毕业生的跟踪调查，农科类大学生毕业后平均改行率达 40%。

第二，能人带动作用不强。受区域创新文化影响，部分地区乡村创业水平不高，乡村精英创业带动就业作用不强。与发达省份农村能人经济模式不同，中西部地区缺乏引领带动作用强的经济组织和社会组织带头人。

4. 资源要素城乡对接融合平台建设滞后

资源要素向农村流动需要发挥要素组织者和对接平台的桥梁和纽带作用，但区县对接平台建设滞后，城乡资源要素吸纳集聚能力不高。

第一，新农村建设中，城市支持农村力度不足，各类企业组织、公共服务组织和社会组织的经营和服务网络向农村延伸不足，农村缺乏有效吸纳城市资源要素的对接平台。

第二，由于制度约束，农村闲置宅基地和房屋难以流转，没有发挥承接城市要素资源的平台作用。

第三，道路交通网络不完善。中西部地区落后区县尤其偏远山区道路交通网络建设滞后，城乡往来不便捷。需要加快城乡之间、村庄之间、村庄内道路设施建设，有条件的地区应加快村村通公交、村村通客车工程。

二、加快资源要素乡村回流的对策建议

1. 实施万企帮扶万村工程，充分发挥企业乡村振兴助推器作用

乡村振兴需要充分发挥企业家作用。新农村建设中，武汉等特大城市实施了“市民下乡、能人回乡、企业兴乡”“三乡”工程，浙江、江苏等经济发达省份推进工商资本下乡。建议探索实施新“双万双服”工程，即万家企业帮扶万个乡村，服务乡村产业、服务乡村发展，开展分类帮扶。为加快推进新“双万双服”工程实施，建议政策鼓励银行、保险、信托、期货等金融机构创新开发农村金融产品；支持物流、销售企业服务网点向农村延伸，建立农村现代化流通体系，降低交易成本；推进“证照分离”“照后减证”，进一步降低农村市场准入门槛，为新“双万双服”工程实施营造良好的营商环境。

2. 开展“精英返乡、市民下乡、能人兴乡”“三乡”行动，吸纳集聚各类人才资源

第一，建议开展“精英返乡、市民下乡、能人兴乡”“三乡”行动，通过强化情感纽带，吸引社会精英返乡振兴乡村，接通城市资源要素向农村流动的通道；强化情感融合，吸引市民下乡带活农民，激活农村消费市场；强化情感联络，吸引能人回乡兴旺产业，以特色产业发展带动农民就业增收。

第二，围绕人才的多元化需求，构建生态宜居的乡村生活环境、便利快捷的服务环境、陶冶人心的文化环境和成就事业的岗位平台。让从农村出来的社会精英和能人贤达找到乡村回流的渠道和载体，让回流乡村的各类人才不降低原有生活质量，在乡村有位有为，成就事业。

第三，针对目前部分村庄高素质干部缺乏现象，建议遴选退休党员干部加入本村或邻村乡村治理组织，壮大乡村社会治理能力。

3. 整合各类帮扶资金和支农资金，支持发展规模化特色产业

第一，整合帮扶资金，支持发展规模化特色农业经营。区县政府有计划地引进和培养特色农业规模化经营组织创办人，帮扶协调土地流转和融资支持。整合困难村帮扶资金，以入股等形式整体投入到特色农业经营组织，以特色农业发展带动困难村农民就业和增收。

第二，农业综合开发资金优先用于农村道路交通、通信网络建设，优先支持设施农业、智慧农业、园区农业和田园综合体发展，提高特色农业规模化、设施化、智慧化经营水平。

第三，构建城市群一体化农业融资担保体系，鼓励农业担保公司跨省市开展业务合作。

4. 盘活农村集体建设用地、闲置宅基地和闲置房屋，促进市民下乡和能人返乡创业

第一，按照落实宅基地集体所有权、保障宅基地农户资格权、适度放活宅基地使用权的改革方向，进一步放松农民闲置宅基地和闲置房屋使用限制，允许和引导农民成立房屋合作社，将闲置宅基地和房屋流转给村集体经济组织之外的成员，发展乡村旅游、健康养老、电商网点和其他社会服务事业，或租赁给下乡市民居住使用。

第二，盘活农村集体建设用地，培育村民集体谈判能力，破解“农村建设用地自己用不了、用不好”的困局。通过村庄整治、建设用地整理等节约出来的建设用地，优先支持回流人才创办新产业新业态，或发展壮大农村集体经济。

第三，改革农用地使用政策。细分土地功能用途，年度新增建设用地计划中单独设立田园综合体、特色农业企业等的辅助设施建设用地指标比例及其可硬化道路比例，简化农用地转用办理手续，支持现代农业发展。

【作者简介】

刘洪银，天津农学院人文学院教授，经济学博士，南开大学特约研究员。研究方向：人力资源经济学，农村城镇化。

全国全面实施房地产税征收制度应当慎重

李　群　毕　然

【内容简介】 党的十八大以来，以习近平同志为核心的党中央高度重视房地产税工作。习近平总书记在十九大报告中再次强调："坚持房子是用来住的、不是用来炒的定位，加快建立多主体供给、多渠道保障、租购并举的住房制度，让全体人民住有所居。"厘清国外房地产税征收经验与教训，判断征收房地产税是否能根治"炒房投机"行为，要站在国家治理的角度做好房地产税顶层设计；要在全面实行房地产税征收制度前要做足准备工作；要逐步扩大房地产税改革试点范围。

2017 年 1 月 11 日，国务院印发的《关于创新政府配置资源方式的指导意见》中提出，支持各地区在房地产税等方面探索创新，引发各界热议。习近平总书记在十九大报告中再次强调："坚持房子是用来住的、不是用来炒的定位，加快建立多主体供给、多渠道保障、租购并举的住房制度，让全体人民住有所居。"各地调控政策陆续出台，曾经被认为是降低房价"利器"的房地产税再次成为关注的焦点。2018 年 3 月以来，房地产税已被官方六次正式提及，而距离 2011 年在上海、重庆两市启动试点开征房产税以来，已近八年的时间。近日，全国人大常委会预算工作委员会、财政部以及其他有关方面正在抓紧研究起草房地产税法律草案。

征收房地产税是否真的是调控房价的一把"利器"是有待商榷的。因为房价以及居民收入分配受到诸多复杂因素的影响，房地产税只是影响因素之一，难以评估其最终效果或影响程度，这就使调控房价或者收入再分配的政策目标变得模糊不清。课题组通过分析国外房地产税征收制度的经验与教训、结合沪渝两地房地产税改革试点以来的成效与痛点，认为仅依靠征收房地产税不能根治"炒房投机"行为，短时间内在全国全面实行房地产税征收制度当慎之又慎。

一、国外房地产税征收经验与教训

房地产税是对土地和建筑拥有或使用在保有环节按评估价值征收的一种财

产税，其税收收入通常用于地方政府的财政支出。房地产税一直是主要发达国家地方政府税收的主要来源，近年来，许多政治、经济体制不同的转型中国家也开始征收房地产税，如南非、巴西、埃及、印度等。由于是直接对自然人财产课税，房地产税似乎在许多国家并不是一种受人欢迎的税种。在美国历史上，还多次出现“大规模抗税”事件。因此，我国在全面征收房地产税时，应更加注重房地产税制度的复杂性和多样性，结合各国既有经验和教训，通盘考虑我国国情，因地制宜制定合理的税收制度，才能达到政策的预期效果。

1. 主要国家房地产税的发展历程及分类

目前，在能够称为现代房地产税的国家（地区）中，按其历史渊源大概分为四类：

第一类为英式地产税，主要包括英国及原英属殖民地的美国、新加坡、印度、南非、马来西亚、中国香港等。这种模式的主要特征是房地产税直接为基层政府公共服务筹集收入，以市场评估价值作为税基，税制稳定。但其问题在于，由于纳税人“用脚投票”问题出现，如何保障房地产税收入的稳定性成为长期困扰政府的难题。为了防止税源的流失，各地政府主要做法是将大部分财政收入用于提高土地价值的公共物品投资上，从而将政治成本降低。

第二类为单一土地税，这种模式起源于亨利·乔治的“平均财富”的思想，也是工业革命后英美国家因土地私有制造成巨大贫富差距反思的结果，其强调土地涨价归公，仅对土地征税。单一土地税设想的实质是想解决非私人投资带来的土地涨价如何归公的问题。如果发生交易，则通过资本利得税性质的税种进行调节；若不发生，则通过保有环节的税种来弥补。

第三类包括日本、韩国在内的东亚国家，其在长期的历史发展中有着自身的征税方式（以所得税和流转税为主）。近代以来，因受西方制度冲击，引进了保有环节税制，但仍希望通过房地产税调控房地产市场，因此税制变动较大。如日本在征收房产保有环节的固定资本税的同时，又先后通过土地价值税和特别土地持有税来试图抑制房地产泡沫。韩国先后开征了不动产控制税和综合地产持有税来调节房地产市场。两国试图通过税收工具调节房价的实践效果不尽如人意。

第四类主要为俄罗斯、保加利亚、波兰等转型国家，其房地产税制度伴随土地私有化和经济市场化改革，在房地产税改革进程上差异较大。一些国家计划建立以市场评估为基础的财产税制度，并取得一定成效，但在整个地方税收收入比重中较低；大多国家仍以流转环节税收为主，市场化税基处于正在形成的过程中。这些国家经历着市场化过程，多种产权房屋和土地同时存在，为房地产税改革带来新的难题。

2. 保有环节房地产税的主要功能

第一，保有环节的房地产税的主要功能在于为地方政府提供公共财政支出。在开征房地产税的国家中，房地产税均作为地方税，其税收主要用于当地公共服务。通过房地产税，地方政府可以把税收收入与当地公共服务有效地对应起来，从而提高公共财政支出的效率。房地产税成为地方政府的税收收入来源，主要因为以下特征：税收收入与支出对应性强；税源具有可观察性，便于公众对其实行严格监控，既实现税收公平，又提高征税效率；房地产税更易于征管；稳定性强等。

第二，房地产税具有有限的收入调节功能。由于房地产税作为财产税的一种，可以起到调节财产分配的作用。由于房地产的资本属性，如果仅靠市场调节，会导致资源分配不均以及随之而来的社会问题。通过房地产税，可以有效提高房地产保有成本，促进房地产资源流通及资源分配的公平。

第三，房地产税对于房地产价格调节的作用十分有限。房地产税对房价的影响主要是基于税收的资本化原理。资本化指政府对财产的征税行为影响了潜在购买者对财产的出价。在一个相对透明和公开的市场环境下，开征房地产税一方面由于资本化效应会降低一部分资产的价值。另一方面如果房地产税收收入用于公共支出则又会增加一部分资产价值。期望通过房地产税来调节房地产市场价格的做法主要有韩国和日本。韩国于 2004 年对超过国民平均标准的住宅及其坐落土地开征累进税率的综合房地产持有税，其在短时间内对部分高端房产产生一定影响，但对长期房价并没有起到明显的抑制作用。日本的特别土地持有税同样也没有达到预期的价格调控效果，于 2003 年停止征收。

3. 各国房地产税的启示

一是房地产税是地方收入的主要税种。整体来看，房地产税是世界大多数国家地区的主体税种，是地方政府收入主要来源，占地方政府收入比例较高。如美国房地产税收入占地方政府财政收入比例的 70% 左右。

二是房地产税一般用作地方政府公共服务的资金来源，而较少作为调控房地产价格的手段；纵使调控效果也有限。

三是各国基本上都遵循宽税基、少税种、低税率的房地产税税收立法原则。使得房地产税有征收来源广、征收成本低、纳税人负担轻的特点。

四是各国在税收发展的历史中，逐渐完善了适合自身国情和居民需求的税收减免优惠政策。在一定程度上起到调节贫富差距和促进社会公平的作用。

二、征收房地产税是否能根治“炒房投机”行为

房地产税对宏观经济运行的调控功能，主要是通过房地产税影响地产价格，从而直接影响房地产供求，间接影响整个市场供求的功能。

从经济学理论分析，房产价格应该是多种因素叠加而成。成本决定理论认为房价由土地和建筑成本、税收费用及开发商利润组成，任何环节的成本变动都会直接或间接影响房价；供求决定理论认为需求拉动主要由刚需、改善性需求与投资性需求决定；供给推动理论认为主要由土地供给、容积率、开发进度等综合因素决定。在持有环节开征房地产税主要是增加房地产持有成本，影响居住性或投资性购房者决策，从而对房地产市场价格以及供求产生影响。

一般来说，如果在持有环节开征房地产税，同时降低部分房产开发环节税费，对房产价格会产生以下三方面的效应：一是降低房地产开发、销售成本，降低商品房销售价格；二是降低商品房价格会刺激市场对商品房需求，从而促使商品房价格上涨；三是增加购房者保有成本中的税收成本，减少对房产需求，起到抑制商品房价格上涨或促使商品房价格下跌功能。房地产税对房价的影响，最终取决于房地产税的改革方案。如果出台的房地产税税率低于房产预期上升幅度，则房产持有者会选择继续持有住房，或购买新住房，则对于房地产价格上涨的抑制作用极其有限；若房地产税税率高于房地产价格预期上升幅度，则抑制作用会有所增强。房地产税对商品房价格影响还取决于房地产征收方式的税基决定。

从 2011 年开始的上海和重庆的房地产税改革试点情况来看，房地产税对房产价格的影响微乎其微，两地房价的整体趋势和全国房价和周边房价的走势基本一致。其主要是因为两地的房地产税的征收范围不大，税率设置“柔性”所决定的。两地的方案为了减少对社会生活的震动，方案都有“柔性切入”的特点。但综合考虑国外的经验教训，通过征收房地产税来稳定房地产价格绝不是调节房地产市场的最优方案，现实中房地产税的调节功能极其微弱。主要有以下几方面原因：

第一，从供求关系看。房地产价格由供需决定，而不是由房地产税决定的。由于我国城市化进程迅速，一线城市核心区域的土地资源极为稀缺，再加之政府供地不足，从供给侧推动房价上涨。随着居民生活水平的提高，对改善性住房的迫切需求，加之货币的过度发行导致通货膨胀，我国居民投资渠道狭窄，资本市场长期低迷且缺乏财富效应，使得保值增值动机及投资投机购房需求增加，从需求侧拉动房价上涨。

第二，从调控方式看。长期以来，我国政府对房地产调控主要是以控制需

求为主，无论是限购、限贷，还是提高利率，增加开发和交易环节税费，其出发点都是希望通过限制需求来平抑供求关系，以稳定房地产价格。但控制需求政策是一把既控制需求，又抑制供给的“双刃剑”。我国的需求调控在短期内取得了抑制房价过快上涨预期效果，但房价短期小幅下跌后迎来的是更加猛烈、持续的上涨。

房地产税收政策现在不是、将来也不可能成为根治“炒房投机”的“必杀技”。推进房地产税改革有着更为深远的作用，是供给侧结构性改革总体布局中的重要制度供给。供给侧改革就是要在改善生产要素、优化经济结构的同时，特别强调创新性制度供给，包括税收制度优化和减税降费。因此，如果以调节房地产市场作为房地产税改革的首要目标，就不能真正用好这把改革“利剑”。根治“炒房投机”行为，要牢记习近平总书记的“房子是用来住的，不是用来炒的”的核心思想，“加快建立多主体供给、多渠道保障、租购并举的住房制度”，在供给侧优化房地产产业结构及布局，才能对症下药，真正做到“让全体人民住有所居”。

三、对策建议

1. 要站在国家治理的角度做好顶层设计

从国家治理全局的战略高度谋划改革，做好房地产税改革的顶层设计。首先要明确“为什么要改革”的问题，在充分明确房地产税改革目标的基础上，围绕这个目标进行税收制度的设计。目标要明确主次，要杜绝“既要做这个，又想干那个”的思想，避免导致目标和目标之间出现冲突的窘境，确保房地产税改革的顺利开展。从国际惯例来看，结合国内实际分析，我国的房地产税首要目标应当是实现财政功能，尤其是要为地方政府的公共服务筹资。将房地产税收主要用于廉租房、公租房建设，从而扩大住房供给，降低商品房需求，间接起到稳定房价的效果。同时，在全面实现“营改增”之后，要循序渐进的将房地产税打造为地方政府的主体税种，建立保障地方政府财政收入的长效机制。同时，必须解决“怎么改革好”的问题。要充分考虑改革的愿景和现时实际，寻求二者间的平衡。一方面，改革必须着眼于税收现代化要求，科学设计房地产税的要素，构建成熟稳定的税制体系，寻求效率和公平的“最大公约数”。另一方面，要充分考虑我国现实情况以及纳税人的支付能力。税收设计和管理部门要更加开明地披露改革的相关信息，允许不同利益诉求的主体都充分表达自己的意见，做到理性讨论，从而在最初环节化解社会舆论阻力，让“流言压力”不攻自破。

2. 在全面实行房地产税征收制度前要做足准备工作

一是认知层面的准备，即整个社会要在观念上接受房产税的概念，并认同房地产税制度设计，减小改革中遇到的阻力。二是制度层面的准备，即房地产税作为国家财税制度的一个重要组成部分，整个财税制度体系要能够消化吸收房地产税改革造成的负面影响，确保改革措施平稳过渡，特别是如果房地产税改革由于经济、制度、征管等方面的原因造成短期内房地产行业税收大幅下滑，则整个财税体系必须能够承受改革带来的阵痛。三是政策层面的准备，即房地产税改革必须有一个“政策窗口期”，提前进行“政策预告”，使得社会各方形成稳定的政策预期，根据自身实际状况做出提前调整，来适应改革带来的“政策冲击”，确保制度变迁的顺利过渡。

3. 应逐步扩大房地产税改革试点范围

从长远看，应适时推进房地产税改革，逐步扩大重庆、上海等已试点城市的征税面，积极总结现有经验，并结合已有经验进一步扩大房地产税在二、三线城市的试点。关于试点范围，可以优先考虑东部发达地区以及西部省会城市，根据城市规模和特点有计划的筛选试点城市。扩大试点可以使民众更加深入全面地了解房地产税，并可以为全面开征房产税积累宝贵经验。

【作者简介】

李群，中国社科院数技经所综合研究室主任、研究员，中国特色社会主义经济建设协同创新中心研究员。

毕然，中国社会科学院研究生院博士生。

以市场为抓手推进供给侧结构性改革*

王永兴　郭恺钊

【内容简介】近年来，供给侧结构性改革引起众多学者的关注。如今，我们更多关注的问题不是改革的必要性与重要性，而是改革的方式与方法。我国的供给侧结构性改革更多以政府为主导，未来应该平衡政府与市场的关系，以市场为抓手，实现市场自发调节与政府恰当配合的良性互动，推动经济持续健康发展。

一、"要素端"改革需要以市场为抓手

供给侧结构性改革分为要素端和生产端两部分。要素端的改革包括土地、劳动力、技术等生产要素的优化配置以及政府治理能力的提高。在这方面需要以市场为抓手，更好促进资源的优化配置，让生产要素向边际收益最高、边际成本最低的地方流动，提高经济运行效率。

首先，关于土地制度的改革，家庭联产承包责任制的实行和推广拉开了我国经济体制改革的序幕。随着生产力的提高，农业的规模化、机械化、集约化生产成为未来的发展方向，这就要求完善土地流转制度，实现土地使用权的集中，同时需要完善产权保护制度和足够的信息支持。为了满足普通农民实现土地流转后自身收益最大化的需求，土地的使用者必须提高土地使用效率，选择最适合培育、未来收益最高的农产品进行培养。这种方式既能使农民提高自身收入，又促进了农业生产与农村经济发展。当然，土地改革不可走向另一个极端，不宜完全依靠市场，因为工业用地和建设用地的价值产出必然高于农业用地，土地市场全面开放将导致农业用地大幅度减少，威胁我国农业安全。我国人口众多，粮食需求量大，不可单纯依靠国外进口。因此，土地制度改革应该有效把握"度"的问题，将政府和市场相结合，通过市场传递成本、价格、利润等信息，通过政府规范土地市场，真正做到在改

---

* 本文得到教育部人文社会科学重点研究基地重大项目"中国特色社会主义经济重大理论和实践问题专题研究（16JJD790028）"、南开大学"中国特色社会主义经济建设协同创新中心"和人文社会科学青年教师研究启动项目（63172016）资助。

革的过程中以市场为抓手。

其次是劳动力要素的配置，包括数量和质量两个方面。劳动力的数量方面，随着农业生产力的提高，越来越多的农村剩余劳动力涌入城市，因此需要放宽劳动力跨区域流动限制，允许劳动力依照市场规律自由流动，实现资源最优配置。政府的不合理干预既会导致高素质人才的浪费，也会使低技能劳动力无法胜任岗位，从而造成社会福利损失。劳动力错配的问题需要劳动力的质量方面的改革。而如何传递企业对劳动力技能的需求信息，则需要以市场为抓手，引导农村剩余人口与城镇新增人口获得市场所需要的劳动技能，更好地实现劳动力的供需匹配。

再次，我国的“双创”活动依然需要政府的鼓励和支持。政府干预的局限性在于：一方面，政府并不能获得未来技术与产品发展的充分信息，无法很好地预测未来创新与创业的方向；另一方面，粗放式的资金投入与政策支持容易导致资源错配，有发展潜力的企业得不到足够的资金支持，同时劣质的企业虽然获得充足的资金支持却无法提高经营效率。因此，“双创”活动需要政府和市场的相互配合。国家在对企业“减负”创造宽松的环境的同时，需要对资本性支出进行必要的财政补贴；而收益性支出则要依靠市场，在充分竞争的市场下用价格信号传递对技术和产品的需求，让市场决定这项技术或产品的生存空间。同时，科研成果的转化也需要以市场为抓手，破除相应的障碍，使最终产品能够有效产生经济效益，实现科技创新与经济效益的良性循环。

最后，完善的市场离不开政府治理能力的提高，离不开制度的创新。这就需要政府简政放权，降低交易成本，促进基础设施建设，为要素和信息的充分流动消除障碍。根据马克思的产业资本循环与资本周转理论，资本的顺畅流动有利于缩短资本周转周期，创造更多的价值。同时，以市场为抓手并不等于完全市场化，政府应当通过互联网等途径，及时公布各种产业发展信息，引导市场健康发展。总之，我们应当恰当处理政府与市场的关系。

二、“生产端”改革需要以市场为抓手

生产端是经济活动开始的环节。生产决定流通、交换、消费。本文对生产端的分析集中于国家产业政策的制定与国企改革，促进社会主义市场经济的良性发展。

首先，国家产业政策的目标一是维护现在的市场秩序，二是规划我国经济未来的发展方向。市场经济的健康有序运行离不开市场规则的维护。制定公开、公正、透明的市场规则要以市场的需求为导向，不合理的产业政策将损害市场主体的利益，不利于实现帕累托最优，不利于社会总财富的增加。同时，

还要发挥行业协会的作用，对该行业的健康有序发展提供更多更有针对性的政策建议，减少社会福利的损失。

对未来经济发展方向的规划，则要发挥市场的作用，为此必须破除体制机制障碍以实现要素自由流动，依靠市场传递的信息让国家来决定该支持哪些产业。当然，市场不是国家制定政策的全部依据。另外，国家也需要优化财政支持，一方面要根据市场的需求，有针对性地进行投资，提高资金的使用效率；另一方面要转向建议与引导，通过信息的发布与解读等方式，让企业自主决定生产什么以及如何生产。换言之，就是国家以市场为抓手，引导企业进行供给侧结构性改革，实现利润最大化与资源有效利用的统一。

其次是国企改革。部分国企存在产权不清、效率低下等问题，但在一些关键领域，特别是关乎国家安全、国计民生的行业，也不能完全市场化，需要引入市场的机制来对国企进行有效的管理。譬如，国企混合所有制改革，吸引民营资本参与企业经营决策，改善公司治理机制。国家可以在相对或绝对控股的基础上和群众一起充当监督人的角色，让市场决定企业的经营战略与方向，决定最适合在市场中生存的产品与服务。同时，鼓励企业用股份制改革等方式吸引并激励人才，鼓励劳动者参与公司的经营与管理，发挥民营资本的创新和服务能力。当然，在提升企业效率的同时，还要毫不动摇地巩固和发展公有制经济。对于部分“僵尸”企业，在保证下岗人员生计的前提下，依靠市场的力量进行破产、兼并和重组，减少资源的浪费，把更多的资金投到更有效率的地方。总之，以市场为抓手，就是让国有企业在一定程度上以市场为导向从事生产，提高经营效率与服务质量。

三、“需求侧”的配合需要以市场为抓手

“需求侧”管理主要包括消费、投资、出口三个方面。推进供给侧结构性改革不等于放弃需求侧管理，在重视生产要素的供给之外，依然要依靠需求侧的力量，通过恰当的需求侧调节来熨平经济波动，为供给侧结构性改革提供稳定的社会环境，保证经济平稳健康运行。

第一，消费主要受收入水平和消费倾向的影响。提高收入水平依赖于提升人力资本与改善再分配政策，而消费倾向的改进则主要依靠市场作用的发挥。具体体现在两个方面：一方面是消费环境的改善，保护消费者合法权益。只有让消费者能够买到安全、放心的产品，才能够鼓励扩大内需。尽管从短期来看，政府的打击假冒伪劣行为对改善消费环境做出了不少的贡献，但从长期而言，一个完善的市场环境能够引导消费者消费使自己效用最大化的产品与服务，使假冒伪劣产品退出市场。另一方面则是新的消费热点的培育，引导消费

多样化，提升居民的消费水平。这里并不是要求完全依靠市场信息来提升消费质量，而是要以市场为抓手，在发挥市场作用的同时，政府也要适当抑制盲目消费，保证国民经济健康发展。

第二，投资的管理包括数量和质量两个方面。在投资的数量方面，需要依靠市场的力量，吸引更多的资金从事生产与经营。在经济发展进入新常态后，投资的质量得到越来越多的重视。因此，需要以市场为抓手，通过市场传递投资的信息，引导企业发现更好的投资机会，合理把握投资方向，进行必要的战略管理，最终实现有效率、有价值的投资。

第三，在出口领域，自2008年国际金融危机以来，国际出口疲软，外需不足。中国产品同质化、单一化，自身竞争力缺乏，相关进口品的竞争力远高于本土产品。因此，我们需要提升企业自身产品竞争力，培育技术、品牌、质量、服务等出口新优势。这就需要以市场为抓手，了解国内和国际市场的需求，从而缩小与国外先进产品和服务的差距，以出口的质量促进需求侧的提升。

综上所述，供给侧结构性改革重视供给侧在经济发展中的重要作用，但不等于放弃需求侧管理。结合中国实际，既要在短期用“需求侧”工具来“治标”，又要在长期用“供给侧”手段去“治本”，做到有效配合，双管齐下。以市场为抓手也不意味着放弃政府干预，而是要求政府在调控经济的同时，借助市场的力量发挥经济的规范和引导作用，促进社会主义市场经济健康发展。最后是坚持实事求是的工作总基调，根据不同地区、不同时期的不同特点，制定相应的政策法规，做到因地制宜。在供给与需求双侧驱动发展的今天，我们一定要重视市场的决定性作用，依靠市场的力量引导供给侧结构性改革进一步向前发展。

【作者简介】

王永兴，南开大学经济学院讲师，中国特色社会主义经济建设协同中心研究员。

郭恺钊，南开大学商学院（经济双学位）本科生，“国家治理的经济理论基础研究”课题组成员。

“放管服”改革的内在逻辑与创新路径

张海鹏　周云波

【内容简介】“放管服”改革是新时代政府主动作为自我革新，不断完善政府职能提高服务水平的重大举措。简政放权、放管结合的目标是要优化服务，“放”和“管”的对立，最终统一于服务人民需要的实践过程中。当前，“放管服”改革面临着管理体制条块分割、部门利益不易打破、市场服务分散分割等难题，以及由此导致的信息共建共享阻滞、政策上下传导阻滞、审批管理监督阻滞等现实困境。建议从智能互联、协调互助、反馈互动、八方互通等方面探索“放管服”改革的创新路径。

一、“放管服”改革的理论逻辑：主动作为与民需导向

（一）“放管服”改革让政府更好发挥作用

首先，政府作用在经济社会发展中不可或缺。政府之所以要发挥作用，是因为国家的存在。政府特别是中央政府作为国家的代理人必然要行使国家的权力，发挥国家的职能，各级地方政府所执行的职能往往是中央政府职能在基层的传递和延伸。纵观世界各国的发展过程，政府的作用都是不可或缺的。即使是那些所谓实行自由市场经济的国家，也离不开政府的积极作为。在我国，中央和地方各级政府在推进经济社会平稳健康发展过程中积极主动作为，取得了令举世瞩目的历史性成就。中国的发展实践进一步证明了政府在经济社会发展中的作用是不可或缺的，而且在一些领域是起决定性作用的。

其次，更好发挥政府作用需要政府自我革新。社会发展离不开政府的作用，不等于说政府在社会发展中的作用就是唯一的、万能的。撇开国外经验不谈，中国的发展实践同样证明了，政府的作用不是唯一的，同时需要发挥市场的决定性作用。党的十八届三中全会提出，经济体制改革的核心问题是处理好政府和市场的关系，使市场在资源配置中起决定性作用和更好发挥政府作用。这就需要政府自我革新以更好地发挥政府作用，积极稳妥地推进市场化改革，

大幅度减少政府对资源的直接配置，推动资源配置依据市场规则、市场价格、市场竞争实现效益最大化和效率最优化。要着力解决市场体系不完善、政府干预过多和监管不到位等问题。

最后，“放管服”改革是政府积极主动作为。“放管服”改革是我国政府从发展大局出发，针对我国经济社会发展过程中，政府有时不仅无法发挥积极作用，反而阻碍经济社会健康发展而主动提出的改革举措。

（二）“放管服”三者之间的理论逻辑

“放管服”改革是简政放权、放管结合、优化服务的简称，这三者之间有着严密的内在逻辑。

首先，简政放权是主动作为。简政放权在一定程度上属于发展现实倒逼的改革举措，意味着政府职能和作用范围的缩减。我国政府具有自我革新的能力，能够针对发展实际，主动适时开展简政放权的自我革新。这一点是中国特色社会主义发展进程始终保持活力的重大举措，也是中国共产党领导全国人民建设中国特色社会主义的制度优势。

其次，放、管结合须做好做强。简政放权意味着政府该放的要放，与此同时放、管结合，政府该管的事不仅不能有丝毫放松，相反，要不断加强管理，提升管理绩效。究竟政府该管什么不该管什么，根本要求来自实践提出的要求，评判标准来自实践标准和人民需要。

最后，优化服务于人民需要。无论是简政放权还是放、管结合，其根本目的是为了发展的需要，而发展又是为了人民的需要，真正体现人民的主体地位和人民立场。因此，简政放权、放管结合的目标是要优化服务，服务于人民对美好生活的需要。

总之，“放管服”改革是新时代政府的自我革新，是不断完善政府职能、提高服务水平的根本举措。“放”和“管”的对立，最终统一于服务人民的实践过程中。

二、“放管服”改革的实践困局：多元分割与多重阻滞

（一）“放管服”改革面临多元分割

第一，管理体制条块分割。我国历史上形成的条块分割管理体制有其必然性和合理性，这样的条块体制既可以发挥中央的统一部署优势，又允许地方因

地制宜地推进落实。但是，这样的条块体制也会遇到问题，当条块之间存在较为严重的思想分歧和利益冲突时，就容易相互掣肘，造成分散重复低效。

第二，部门利益不易打破。如果把各个部门看作一个独立的经济主体，这些主体自然有其自身的利益诉求。如果这些利益诉求不是为了部门所服务的具体事项，而是为本部门个体谋取私利时，部门利益就会成为制约社会发展的绊脚石。

第三，市场服务分散分割。由于管理体制条块分割以及存在的部门特殊利益，使得政府提供的服务事项过于分散，地区之间存在分割、很难统一。

（二）“放管服”改革中的多重阻滞

由于多元分割造成的多重阻滞，导致政府职能难以真正发挥积极作用。

第一，信息共建共享阻滞。条块分割和部门分割的突出表现是各类信息无法共享共用，由此造成诸多弊端。比如，中央地方信息不共享容易导致中央决策信息不完备，决策缺乏可靠的数据基础；不同地区信息不共享导致信息重复登记，使得群众办事流程复杂冗长；不同部门监管信息不共享导致政府监管力量和力度不足。

第二，政策上下传导阻滞。信息未能实现共享容易导致政策上下传导阻滞。此外，更为根本的原因在于条块分割体制下的利益冲突以及政府机构未能积极主动作为所导致的政策传导阻滞。很多情况下，是主观原因而非客观条件所导致的政策传导阻滞。

第三，审批管理监督阻滞。就具体部门职能而言，改革过程中容易出现审批、管理和监督等职能的阻滞。也就是说，部门的审批、管理、监督等职能之间必须协调配合，任何一个环节出现阻滞都会使得改革效果大打折扣。精简审批程序是“放管服”改革的重要环节，比如天津市滨海新区行政审批局将109枚印章合并成1个，18个部门近600人审批减少到1个部门102人。但是，必须保证审批简化的同时，管理和监督职能要加强。

（三）分割阻滞互为影响加大改革难度

“放管服”改革中的多元分割和多重阻滞在给改革带来困难的同时，两者相互影响，不断强化分割和阻滞所带来的困境。因此，要有效推进“放管服”改革，必须从整体上把握这些分割和阻滞形成的根源，从源头上下大力气推进各项改革。

三、“放管服”改革的创新路径：互联、互助、互动、互通

（一）智能互联

当前，信息化时代已经深刻影响着人们的生产生活方式。“互联网 +”深入人心，新一代信息技术有着广阔的应用前景。互联网的广泛应用和普及，解决了信息智能互联的技术障碍，“让数据多跑路，让群众少跑腿”的理念深入人心。在“放管服”改革过程中，应当充分利用信息化时代的便利条件，实现经济主体登记信息、信用信息、管理信息、监管信息等多种类型信息的互联互通，打破“信息孤岛”，实现大数据在政府决策中的广泛应用。通过推进“互联网＋政务”改革，更好地为人民群众提供更为快捷便利的服务。

（二）协调互助

信息技术革命为“放管服”改革提供了技术支撑，然而，比信息技术革命更为重要的是利益格局的革新和宗旨意识的回归与坚守。要实现由多元分割转变为多元协调统一，由多重阻滞转变为多方沟通互助。要真正做到这一点的关键在于各地各级政府部门要始终坚持宗旨意识，摒弃“一亩三分地”思维的地方利益和部门利益，最终实现多方的协调统一、相互扶助，提高政府管理能力和服务水平。

（三）反馈互动

政府“放管服”改革在拥有了信息共享服务平台之后，更为关键的一环在于，要实现政府与人民诉求的良性互动。政府自身改革过程中，要主动回应人民关切，通过扎扎实实的反馈回应来提高服务质量和水平，不断提高政府的服务能力和国家治理水平。

（四）八方互通

由于多元分割和多重阻滞是“放管服”改革过程中的难点所在，因此，建议通过改革实现“八方互通”，即上下互通、前后互通、左右互通、内外互通。

上下互通包括两个层面：一是中央和地方之间自上而下的互通，二是地方和中央以及群众和政府部门之间自下而上的互通。前后互通是指政府职能改革过程中，前台和后台的前后互通。比如政务服务大厅往往只是在前台提供服务的部门，而相关的管理和监管就属于后台服务部门。左右互通是指部门之间、地区之间互通和联动。内外互通是指政府内部信息在不涉及国家机密的情况下，及时对外公布，实现内外信息互通。比如，对于监管信息，不仅要在部门内部互联互通，还可以通过适当渠道对外公布，供公众查询。

【作者简介】

张海鹏，南开大学经济学院副研究员，中国特色社会主义经济建设协同创新中心研究员。

周云波，南开大学经济学院副院长、教授，中国特色社会主义经济建设协同创新中心研究员。

物联网技术助推农业农村现代化的对策分析*

吴　芳

【内容简介】物联网技术是改变农业、农民、农村的新生力量，是加速推动实现农业农村现代化的动力引擎。但是，由于农业领域的特殊性，物联网技术若要发挥作用在研发、成本、运营模式方面存在一系列障碍需要突破，为此，针对农业物联网技术国内外的研发、农户应用情况展开分析，以天津为例，提出农业物联网助推农业农村现代化的对策和建议。

十九大报告提出“实现社会主义现代化，建设社会主义现代化强国”和“实施乡村振兴战略，加快推进农业农村现代化”的战略部署，意味着要实现社会主义现代化必须解决农业农村现代化问题。新型农业技术在农村发展中起着极其重要的作用。物联网被誉为信息产业的第三次革命浪潮，被誉为未来改变世界的颠覆性技术变革。习近平总书记于十九大开幕式报告中指出“必须在国家发展全局的核心位置抓住正在兴起的新一轮科技革命和产业变革的重大机遇”。

一、物联网技术是改变农业、农民、农村的新生力量，是加速推动实现农业现代化的动力引擎

使用农产品追溯技术，提高供给侧体系质量安全水平；使用农业电子商务技术，推进农业供给与需求的快速对接；使用病害预警技术减少农药及化肥施用，满足消费者对有机绿色的需求；使用设施农业监测技术，实现动植物生长环境调控，降低人工成本，提高生产效率；使用市场信息分析技术对农户生产决策进行支持，引导低水平的供需平衡向高水平供需平衡跃升。农业物联网将

* 基金项目：1. 中国博士后科学基金面上项目，“农户对农业物联网技术认知影响因素及采纳行为研究”（2017M621077）；2. 天津市科技发展战略研究计划项目，“物联网技术推进农业供给侧改革过程中科技成果转移转化的现状、瓶颈及对策研究”（17ZLZXZF00970）。

对我国农业现代化及农业生态系统，产生重大而深远的影响。

但是，由于农业的特殊性，存在一些问题需要突破：对技术企业来说，由于农业领域盈利相对较低，企业开辟农业市场存在困难。对农民来说，由于农产品附加值低，农户往往拒绝巨大的物联网技术投入成本。对农业物联网项目来说，当前示范项目大多依赖政府投资，甚至极个别示范工程变成了形象工程，急需形成以企业及市场为主导的良性可持续发展机制。对消费者来说，部分消费者拒绝为农业物联网技术买单。这些问题处理不好，任何一个都会成为物联网技术推动农业农村现代化过程中的障碍。

二、物联网技术推动农业农村现代化过程中面临的障碍

经过一系列实地调研，总结天津物联网技术推进农业农村现代化过程中面临的障碍如下：

1. 感知、数据计算等关键领域，缺乏核心技术、优势产品

（1）缺乏少维护、免维护的农业应用型产品。农业专业传感器需要在高温、高湿、低温、雨水等复杂多变环境下连续不间断运行。如蘑菇培育车间湿度要求保持在70%～90%范围内，市场上此类专用传感器价格高达1万～2万/只，且在如此高湿环境下容易出现故障，维护极其困难。

天津高校和科研院所调研发现，相当一部分创新型传感器属于国家乃至国际先进水平，但大多属于概念型产品，与农业实际应用差距较大。

（2）传感器芯片核心技术薄弱。传感器是农业物联网的关键设备，传感器芯片依赖进口，占比高达90%。进口传感器性能稳定，但价格昂贵，单价甚至高达数千元或者数十万元，普通农民无力承担。国产传感器价格虽低，但耐用性差，采集设备经常出故障不仅提高了物联网设备的维护成本，更重要的是破坏了整个系统的可靠性。

（3）智能计算数据模型相对落后。实际中，动物生长、施肥灌溉、病虫害防治等相关模型还没有建立，农业企业ERP系统的应用不够完善，这些都使得计算机分析缺乏参照，成为物联网技术发挥作用的障碍。

2. 农业物联网设备及其运营维护成本高昂

低成本、高性能的农业物联网设备是农户采纳农业物联网技术的关键。农业物联网设施初期投资成本巨大，投资回报周期长，如果不是搞规模经营或者高效种养，普通农户无力承受。

3. 人才缺乏

对物联网技术企业来说，技术人才缺口很大。各个高校作为人才培养的源头正努力为天津物联网产业发展服务，但在总量上仍旧缺乏。

对农业基地来说，农民文化程度低，缺乏农业中高级人才，既懂物联网又懂农业的人才更加稀缺，且难以留住大中专毕业生也无力聘用专家指导。

4. 标准体系不清晰

现有农业物联网标准不统一、零散、缺失甚至空白，由于缺乏信息共享，导致物联网市场分割、重复投资，进一步推高相关技术和服务的成本。

5. 商业运营模式单一

当前国内农业物联网应用模式大多以政府投资建设为主，能够独立走市场化道路的农业物联网可持续应用模式少之又少。由于经济效益不可预测，很多技术企业尝试农业领域后放弃。融资渠道不畅通，无法调动各层面资金投资农业物联网产业的积极性。发展农业物联网，必须打造和培育可持续运营的商业模式，最终形成产业自身的生存发展能力。

6. 专项资金利用率不高

由于农民对物联网技术的潜力和对农业的提升作用认识不足，导致政府资助资金利用率不高，致使极个别示范工程变成了形象工程。

三、对策建议

为加快物联网技术推动农业农村现代化的步伐，提出以下建议：

（1）通过设立科研基金、专项基金、制定优惠政策，培育若干农业物联网技术企业，加快完善农业物联网技术体系，具体方面如下：

①促进融合应用，提升农业物联网应用水平。鼓励技术研发机构立足于农业实践，关注、满足农民的真正需求，从如何改善种植条件、降低种植成本以及提高种植收益等方面展开研究。

②加大共性关键技术攻关力量，降低物联网技术成本。推进采集、传输和数据计算三大类技术深入融合和系统集成，发挥农业物联网技术的整体协同效应。加快建立有关农产品灌溉、施肥、畜牧生长、病虫害防治等相关模型，推广农业物联网应用企业 ERP 系统的应用。

③打造平台体系。构建农业物联网科技创新和成果转化平台，培育农业物

联网服务中介机构，建立以基层推广为主，企业，社会组织和大中专科研院所为支撑的多元化农业物联网科技成果转化体系。

（2）加强人才培养。人才培养可以采用外部引进和内部培养相结合的方式。短期来看，可以采用高薪聘请的方式将美国、法国、德国、以色列等农业物联网技术发达国家的人才引入国内，解决暂时短缺需求；长期来看，利用引进的农业物联网人才培养国内专业人才。制定相关就业政策帮助农业基地留住、吸引农业和物联网交叉领域的专业人才。从而构建农业物联网人才自培养模式，实现可持续、长期的人才自给自足。

（3）形成可持续推广的经营模式，促进农业物联网产业由政府扶持转向市场内生循环发展，是决定农业物联网产业能否健康、持续发展的关键因素。探索融资模式转换，出台专项扶持政策、积极进行投融资服务、保证社会资金获得适当利润。引导各类投资基金向农业物联网领域倾斜；完善银行与农业物联网研发企业、应用企业对接机制；鼓励银行金融机构创新农业物联网信贷产品；支持保险公司根据农业物联网需求开发相应的保险产品。

打造物联网示范工程、创建物联网产业园区、鼓励和倡导建立物联网行业协会或联盟，形成多渠道农业物联网技术和应用宣传攻势；发展规模经营，促进盈利增长；探索新的农业物联网应用模式和商业模式，如使用物联网技术打造新型农业，满足顾客求新、求异、求特和追求深度体验的消费心理；打造品牌效应，提升农产品的附加值，整合旅游、文化和农业资源，实现协同发展；通过技术标准、产业政策淘汰落后产能，推广高附加值农产品标准化与智能化生产。

（4）完善农业物联网产业技术标准。重点支持融合农业应用的物联网共性标准编研工作，通过物联网行业协会、企业联盟、科研院所、农业领域专家联合共同制定，扫清农业物联网产业发展壁垒。

（5）建立农业物联网政策支持体系。出台天津农业物联网示范工程专项资金监督和管理政策，提高资金的利用率和有效率；鼓励研发，适当减免物联网企业税收；制定政策，促进全产业链企业合作，推进农业物联网产业集群发展；制定系列政策和法规，包括税收、金融、投资、信贷一揽子政策，引导和吸引大量多元资金投入到农业物联网领域。

【作者简介】

吴芳，天津大学管理与经济学部工商管理专业博士后；天津农学院，物联网工程系讲师，研究方向为新型农业技术推广转化。在 SCI 及 EI 级别期刊上发表论文 7 篇。

扩大汽车进口的关键是破除垄断

王永进

【内容简介】中国进口汽车售价远高于同款车型在国外的售价，并成为阻碍汽车进口的重要原因。对此，学术界提出了三种解释：其一是高税费，包括进口关税、消费税和增值税；其二是经销商之间的串谋；其三是经销商和制造商对零售价的“垂直控制”，即用“官方指导价”（或转售价格维持）来控制零售商的价格。本文研究发现，上述三个解释无法对中国进口汽车售价远高于国外售价的这一现象进行有效解释。导致这一现象发生的关键原因在于“总经销商”对销售渠道的控制，即进口汽车进入中国市场，必须通过“总经销商”这一代理机构，这就增加了汽车销售的中间环节，拉高了进口汽车的销售价格。为此，要从根本上降低汽车价格，促进汽车进口，必须破除总经销商对销售渠道的垄断。

中国进口汽车在国内与国外的高售价比一直为媒体和学术界所诟病，如何降低进口汽车零售价格成为政府、媒体和学术界所关心的热点话题。在2018年刚刚结束的博鳌论坛上，习近平总书记则明确提出“主动扩大进口”和“降低汽车进口关税”。如何促进汽车进口成为一个极具紧迫性的研究课题，鉴于此，有必要对中国进口汽车高零售价背后的决定因素进行深入分析。

一、对于进口汽车的高价格，学术界提出了三种解释

其一是高税费，包括进口关税、消费税和增值税；其二是经销商之间的串谋；其三是经销商和制造商对零售价的“垂直控制”，即用“官方指导价”（或转售价格维持）来控制零售商的价格。

（1）税收。自中国加入 WTO 以来，进口汽车的关税税率不断下降。然而，进口车在国内的零售价格却一直居高不下，同款车型的进口车在国内的零售价格通常是其在国外售价的数倍。而且，这种悬殊的价格比是无法用税率的差别来解释的。以奥迪 Q7 为例，其国外售价为 29.4 万元人民币，在国内的售价却高达 133.9 万元人民币，后者是前者的 4.5 倍，而进口关税为 25%、增值

税税率为17%，消费税为40%，在零售价中的占比仅为32%。① 为此，关于进口汽车高价格成因的争论直接将矛头指向了“垄断”。

（2）考察经销商之间的串谋以及制造商对零售价的“垂直控制”。从2014年开始，发改委和各省物价局展开了针对汽车经销商的反垄断诉讼，这次诉讼将重点聚焦在了总经销商对4S店的“转售价格维持（RPM）”以及经销商之间的串谋。我们采用2013～2015年4S店的月度价格数据研究发现，经销商（4S店）之间的串谋、经销商和制造商对零售价的“垂直控制”，对进口汽车的影响不超过10%。因此，经销商之间的串谋和制造商“垂直控制价格”并不是中国进口汽车高价背后的主要因素。

（3）市场结构。在排除关税、经销商串谋和转售价格维持这三个重要因素后，本文进一步分析了汽车行业的市场结构。我们发现，自2005年后，中国对进口汽车公布了《汽车品牌销售管理实施办法》（以下简称《办法》），该《办法》规定，进口车要在中国销售，外国汽车公司可在中国“投资设立总经销商”（品牌经销商）或者“授权境内企业作为总经销商”，由总经销商负责从国外进口，然后分销给各地的授权经销商。截止到2010年，几乎所有的汽车制造商都在中国投资成立了品牌销售公司。这一政策的实施意味着汽车销售在制造商和4S店之外，多了一个垄断的环节，并成为中国进口汽车高价销售的关键。为此，要真正降低汽车进口价格，就要破除制造商对“销售渠道”的垄断。

二、研究具有极为重要的政策含义

（1）以美国为代表的发达国家，通常把中国进口较少归结于中国国内的贸易壁垒。本文的研究表明，制造商对销售渠道的控制是中国进口汽车价格高居不下的关键原因。因此，要真正促进中国从美国进口汽车，不仅需要中国单方面降低汽车进口关税，而更为重要的是需要美国汽车制造商消除对品牌汽车的销售渠道控制。

（2）本文的研究意味着总经销商对4S店转售价格维持并非进口汽车价格高居不下的关键，未来《反垄断法》在执行过程中应该重点针对制造商的“销售渠道控制”。

（3）除了总经销商制度外，以4S授权的经销模式还未被打破，跨区域销售仍然受到限制，经销商之间的竞争并不激烈，也可能是导致降价幅度十分有

① 进口汽车的综合税率计算公式为$\frac{(1+\text{tariff})\times(1+\text{value added tax})}{1-\text{consumption tax}}$。

限的原因。为此，有必要对汽车销售“市场划分”进行反垄断调查和诉讼。

（4）分案件研究结果表明，《反垄断法》对不同品牌汽车的影响结构存在很大差异性，比如反垄断不仅没有使凯迪拉克、道奇和吉普降低价格，而且还导致了价格的上升。因此，在执行《反垄断法》的过程中，应该根据企业类型制定不同的政策。在诉讼前要搜集、分析每个企业的相关数据和具体情况，只有这样才能有的放矢，提高反垄断的执法效果。

【作者简介】

王永进，南开大学经济学院国际经济贸易系教授，博士生导师，中国特色社会主义经济建设协同中心研究员。南开大学百名青年学科带头人，美国康奈尔大学访问学者。主要研究方向为国际经济学与产业组织。

关于拒绝有害信息传播、促进“区块链”在社会治理中应用的建议

张向达　李　群　毕　然

【内容简介】习近平总书记提出，要提高保障和改善民生水平，加强和创新社会治理。他还首次提出将“区块链”与人工智能、量子信息、移动通信、物联网等并列为新一代信息技术代表。作为“第四次工业革命的关键技术”的“区块链”技术有着天生的分布式、透明性、可追溯性和公开性等特征，适用于促进社会治理结构扁平化、治理及服务过程透明化，从而提高政府社会治理数据安全性，推动治理智能化和可信任政府建设。因此，要认清有害信息利用“区块链”传播情况及危害；要弄清“区块链”技术在社会治理中的应用与影响；要研究“区块链”应用于社会治理及杜绝有害信息的对策。

习近平总书记在党的十九大报告中提出，提高保障和改善民生水平，加强和创新社会治理。为了满足人民日益增长的美好生活需求，解决不平衡不充分的发展之间的矛盾，要求我国要建立共建共治共享的社会治理格局，加强社会治理的制度建设、提高社会治理社会化、法制化、智能化和专业化水平。

作为“四化”水平的重要一环，代表“智能化”的科技创新可以为社会治理工作插上“金翅膀”、装载“加速器”，信息化已成为推动社会治理水平不断发展的重要“引擎”。习近平总书记在2018年中国科学院第十九次院士大会、中国工程院第十四次院士大会上的讲话，将“区块链”与人工智能、量子信息、移动通信、物联网等并列为新一代信息技术代表，表明中央对“区块链”技术的前景寄予厚望。作为“第四次工业革命的关键技术”的“区块链”技术有着天生的分布式、透明性、可追溯性和公开性等特征，适用于促进社会治理结构扁平化、治理及服务过程透明化，从而提高政府社会治理数据安全性，推动治理智能化和可信任政府建设。但是，任何的技术都有双面性，“区块链”技术也不例外，其应用于社会治理带来社会治理模式升级和快速定义治理规则的机遇的同时，也带来了有害信息在“区块链”中传播的隐患。因此，在发展“区块链”技术，促进其在社会治理中应用时，应充分考虑技术可能带来的负面冲击和隐患，通过事先优化机制设计、加强技术监管等措施，“未雨绸缪”地杜绝有害信息在“区块链”系统中的传播，使“区块链”技术更好地服务于社会治理水平的提升。

一、有害信息利用“区块链”传播情况分析及危害

有害信息又称有害数据，狭义来讲是计算机信息系统及其存储介质中存在的、出现的，以计算机程序、图像、文字、声音等多种形式表示的信息；广义泛指一切与现实不符或有危害的信息。根据 1997 年公安部发布的《计算机信息网络国际联网安全保护管理办法》界定，我国有害数据所含的信息有攻击人民民主专政、社会主义制度，攻击党和国家领导人，破坏民族团结等危害国家安全的内容；宣传封建迷信、淫秽色情、凶杀、教唆犯罪等危害社会秩序的内容；危害计算机信息系统运行和功能发挥，以及应用软件、数据的完整性、可用性和保密性，用于违法活动的包括计算机病毒在内的计算机程序。

“区块链”技术来自中本聪的奠基性论文《比特币：一种点对点电子现金系统》。从狭义上讲，“区块链”是一种按照时间顺序将数据块以顺序相连的方式组合成的链式数据结构，配以密码学方式来保证不可篡改和不可伪造的分布式账本。广义来讲，“区块链”技术是利用“区块链”式数据结构来验证与存储数据、利用由自动化脚本代码组成的智能合约来编程和操作的一种全新的分布式基础架构与计算范式。

“区块链”的特点使其被看作是解决网络安全问题的“终极武器”。第一，去中心化。由于使用分布式核算和存储，不存在中心化的硬件或管理机构，任意节点的权利和义务都是均等的，系统中的数据块由整个系统中具有维护功能的节点来维护，即使摧毁了整个网络一部分的节点也无法摧毁数据库。第二，开放性。除了交易各方的私有信息被加密外，“区块链”数据对所有人公开，任何人都可以通过公开接口查询“区块链”数据，使得系统信息高度透明，具有极高的可信度。第三，自治性。“区块链”采用基于协商一致的规范和协议使得整个系统中所有节点可以在无中心化的环境中安全的交换数据，任何人的干预都不起作用。第四，信息不可篡改。一旦信息经过验证并添加至“区块链”网络，就会被永久存储起来，且无法篡改，因此“区块链”有着极高的数据稳定性和可靠性。第五，匿名性。由于节点之间交换遵循固定算法，所以数据交互是无需信任的，因此交易双方无需通过公开身份来建立信任。

相比较传统互联网和数据库，“区块链”确有着天生的数据安全优势。但技术本体安全并不能保证其在应用、管理层面的安全性，尤其是如若有害信息通过“区块链”传播，会变得更加隐蔽和具有破坏性，“区块链”先天设计的信息安全范式反而会成为有害信息的“保护伞”。比如，一些危害国家安全的信息和言论如果在“区块链”系统中通过非对称加密进行转换后传播，将会大大增加对这一类有害信息的排查难度；“区块链”的匿名性使得即使追踪到

有害信息的传播源，也难以找出现实世界的责任人；“区块链”的“不可篡改性”使得有害信息一旦被传播，就很难被消除，助推了有害信息在更广范围传播、增强了有害信息的破坏力。

“区块链”应用于社会治理似乎已经成为社会发展的必然要求和科技进步的必然选择。在构造社会治理的“区块链系统”时，必须严防有害信息利用“区块链”系统进行传播，在机制设计和法规制度上做足文章，才能确保社会治理的安全、有序进行。

二、“区块链”技术在社会治理中的应用与影响

“区块链”系统中的附带特点“账本共享”“信息共享”可以改变社会治理中很多关键的领域，如数据存储、共享与溯源，与政府日益公开化、透明化的目标高度一致，可以解决现代社会治理中面临的诸多棘手问题，包括腐败、政府信息公开、社会福利、税收等问题。基于“区块链”的多种特性，其可以应用于信息、金融、合规、文化、医疗等丰富的行业领域和公共事务服务场景中。

1. 时间戳的应用：公证与认证

传统的公证依赖政府，而有限的数据维度、未建立的历史数据信息链使得政府及管理部门有效信息缺失。利用“区块链”能够建立不可篡改的数字化证明，可在数字版权、知识产权、证书及公益领域建立全新的认证机制来改善公共服务与管理水平。

2. 不可篡改性的应用：信用资产化与监管便利

“区块链”保证信息不可篡改的特性可以应用于教育、人力资源和社保、档案等部门。如教育部门可以利用“区块链”技术解决学生信用体系不完整、数据维度局限、缺乏验证手段等问题；税务部门可以实现电子纳税凭证鉴真，并可用于银行评估小微企业贷款能力；卫生部门可以实现病例电子化；民政部门可以公开公益项目的相关信息，方便公众和社会监督等。

3. 可追溯性应用：溯源防伪

数据不可篡改和可追溯性两大特征相结合，“区块链”技术可以用于产品的防伪溯源。食品药品监管部门可以利用“区块链”技术根除供应链内商品流转过程中的假冒伪劣问题，从根本上解决食品安全问题；财税部门可基于“区块链”框架构建新型数字票据模式。

4. 分布式账本应用：跨领域精准管理

在互联网金融领域，政府金融监管部门通过引入基于“区块链”的点对点数据授权共享机制，可以为广大互联网金融从业公司提供更为完整可信的数据分析产品，并且可以通过“区块链”存证系统接口接入互联网金融业务平台，有效地实现在保护业务隐私前提下对互联网金融业的事前监管。在能源规划与管理方面，“区块链”分布式自治的特性在能源和排放认证、能量及其衍生产品的市场交易、多能源形式多主体的组织协同、能源融资等方面也将发挥巨大作用。

随着“区块链”技术的进一步发展和应用，其更大潜在优势在于对政府本身管理模式的改变和革新。“区块链”是一种理想的治理技术，与传统的政治议程不同，它的治理规则内嵌于代码和技术结构中。“区块链”技术的特点不仅可以见证规则、加入互动，并且能够在记录之后进行验证，在提高效率，增加透明度的同时，还可以革新治理流程。“区块链”所采用的共识算法，可以从最根本的治理理念入手来设计治理规则，使所有的参与者权利平等，责任相同。“区块链”技术在不断发展，对社会治理及公共服务方面的影响也在不断演化。“区块链”的应用是建立在大量群体参与并共享的基础上的，封闭的系统并不能发挥“区块链”技术的优势，只有开放互通才能体现“区块链”的价值，这为社会治理的多元结构带来更为广阔的前景。

今天，我国政府正在推进从“社会管理”到“社会治理”的改革。治理不是一套规章条例，也不是一种活动，而是一个过程。在社会治理中，“区块链”提供了一种让公民更多地参与到社会治理中的方式。通过“区块链”，政府可以塑造一种“服务—治理”的新型关系：公民可以从自助服务开始，改善政府的运行方式。例如，每个人或组织将拥有存储在加密账本中的基本信息及相关数据，公民可以通过公钥选择性地与代理机构分享信息，或是向政府授权使用公钥和私钥阅读或更改其个人账本的内容。社区居民不再是被动服务、等待服务，而是服务的积极参与者，某些情形下甚至是服务的提供者。作为地方政府，贵阳正利用“区块链”技术在政府数据共享开放、“数据铁笼”工程、精准扶贫等方面进行探索，以期寻找出成功的发展模式并总结发展经验，为我国其他城市利用“区块链”技术进行社会治理奠定基础。

三、“区块链”应用于社会治理要杜绝有害信息的对策

“区块链”作为互联网时代的颠覆性技术，是城市从物理时代走向数字时代的核心，必将助力政府更好地解决社会治理顽疾，重构社会信用体系，完善

社会治理方式，提高社会管理效率，最终形成公正、安全、有序的自治社会。同时，“区块链”技术是一把“双刃剑”。好人用它办好事，坏人用它办坏事。在社会治理中遇到的一切利用“区块链”进行诈骗、坑人等负能量的东西，都是有害信息写入“区块链”传播造成的。因此，一定要采取有力有效措施，杜绝有害信息写入“区块链”传播，让人民群众拥有更多的安全感和获得感。

第一，创新驱动发展，加快开发绿色的社会治理“区块链”技术应用，构建可信社会，推进社会治理数字化“区块链”建设。以“区块链”为信用社会提供技术支撑，组织精英力量着力研究社会治理数字化“区块链”的算法、算力和数据，以技术手段创新社会组织方式、治理体系、运行规则，加快研制开发绿色的、拒绝有害信息的社会治理“区块链”应用技术，为社会信用信息的形成和共享提供一种更为有效的渠道。

第二，建立有害信息写入“区块链”传播的过滤机制，积极探索“区块链”技术为社会治理解决信任缺失问题。建立溯源体系，形成“区块链”数字资产。通过溯源体系“区块链”技术结合现代的管理方式，通过共识机制和不可篡改的特点，防止有害信息写入“区块链”。从源头上把控信息质量，让社区群众拥有高品质的社会服务，有效解决社会信任缺失问题。

第三，完善法律体系，加快针对“区块链”技术的专门性法规制定，促进现行法规之间的衔接与统一。目前，我国法律对“区块链”自治世界的规范还是真空地带。随着“区块链”技术在社会治理等领域更大范围的应用，应尽快完善制度法规的建设。一是要对基于“区块链”的数据、信息、虚拟财产在传统物权法内无法进行确权和登记，亟待制定专门的法规对“区块链”价值网络上的权属问题进行确权。二是针对“区块链”技术中的安全问题，也应制定明确有效的监管法规，保护“区块链”参与者合法权益。针对有害信息传播，要将现有的《网络安全法》和《关于加强网络信息保护的决定》做好衔接，并尽快结合新技术的发展完善现有法规。

第四，加强对“区块链”技术的监管，明确监管各部门的责任划分，规范监管模式。一是监管机构应考虑“区块链”对自身运行机制带来的影响，应向新技术学习，将“区块链”技术手段纳入监管体系。二是监管部门要在前期参与“区块链”政策和规则制定，做好衔接“区块链”自治规则和现行法律框架之间的双向对接，确保后期监管的精确性。三是对有害信息的监管责任部门既要明晰部门权责，避免在监管和治理中出现矛盾，又要加强协作，完善工作衔接与协调，在各自权责范围内有效地进行对有害信息传播的监管和治理。

第五，要发挥“区块链”自治中民众的治理主体作用。需要加强民众对于安全使用“区块链”技术的知识，鼓励民众之间相互监督，增强其在“区块链”系统中传播信息的规范意识，在一定程度上可以从源头上杜绝有害信息在“区块链”中的传播。

【作者简介】

张向达，东北财经大学公共管理学院院长、教授。

李群，中国社科院数技经所综合研究室主任、研究员，中国特色社会主义经济建设协同创新中心研究员。

毕然，中国社会科学院研究生院博士生。

对长江经济带主要城市生态优先绿色发展的若干政策建议*

钟茂初

【内容简介】 基于"胡焕庸线"的生态承载力内涵，本文测度分析了长江经济带47个主要城市的生态承载力，并根据生态超载与否状况分析了各城市的合理发展取向，得出：（1）长江经济带主要城市的基本态势是，多数城市处于生态环境质量"良好"的边缘，多数城市"宜维持当前规模"；（2）各城市应针对现实超载与否状态、是否进入人均GDP超过14000美元的绝对减排门槛，选择协调有效的发展路径；（3）评价一个城市生态环境的治理绩效、努力程度，应充分考虑各城市的生态承载力和生态负载，不宜"一刀切"地强化产业结构、能源结构的调整。

推动长江经济带发展是新时期中国经济社会发展的重大战略，"生态优先、绿色发展"是推动长江经济带高质量发展的核心理念，"共抓大保护、不搞大开发"则是其基本定位。针对这一发展理念和定位，本文从生态承载力视角，探讨长江经济带"不搞大开发"基本定位的逻辑基础及其现实必要性，以期为各城市有效落实"生态优先、绿色发展"提供若干有针对性的分析和政策主张。

一、长江经济带47个主要城市的生态承载力及其合理的发展取向

本文采用基于"胡焕庸线"生态承载力内涵的分析方法，提出：各城市的"生态环境质量表征指标"是由其生态承载力和生态负载决定的，这是分析各城市合理发展取向、生态环保努力的基础性指标。据此，对长江经济带47个主要城市的生态承载力进行分析，并根据超载与否状态分析各城市的合理发展取向。得到以下分析结论。

* 本文为国家社科基金重大项目"城市生态文明建设机制、评价方法与政策工具研究"（13&ZD158）的研究成果之一。

（1）总体上来看，比起中国其他区域（西部、京津冀、中原、东北等区域），其生态环境质量尚处于相对较好水平，相较于其他地区生态环境的压力较小。绝大多数城市生态环境质量表征指标处于“良好”范围。处于“较差”范围的仅有成都、广安、宜宾、达州、泸州、重庆等长江中上游城市。综合而言，长江经济带主要城市生态环境方面当前及今后较长时期内的基本态势是，多数城市处于生态环境质量“良好”的边缘范围，少数城市处于“宜维持当前规模”的边缘范围。未来阶段，进则可继续维持“良好”状态，退则易转向“一般”甚至“较差”状态。或进或退，取决于各城市的发展理念和对于生态环境治理和保护的努力程度。这一基本态势表明，长江经济带“不搞大开发”的发展取向是符合现实条件的，这一发展取向必须作为整个经济带的基本原则长久坚持。

（2）长江经济带多数城市处于“良好”范围的边缘，包括南通、咸宁、铜陵、嘉兴、芜湖、马鞍山、宜昌、岳阳、常德、十堰、黄冈、恩施、黄石、荆门、长沙、攀枝花、合肥、襄阳、荆州、扬州、遵义、苏州、泰州、无锡、贵阳、常州、鄂州、镇江等，但是如果这些城市的生态负载有所增加或者在局部区域强化生态负载，那么，这些城市就将转入“一般”甚至“较差”范围。

（3）对比合意环境质量目标，分析长江经济带主要城市的超载与否的状况，可知，在生态承载力范围内、且能够保证合意环境质量目标，尚可适度扩张人口经济规模的城市不多，仅有昆明、池州、景德镇、九江、杭州、湖州、安庆、咸宁、宜昌、十堰等；多数城市处于“宜维持现有规模”的状态，包括恩施、常德、马鞍山、岳阳、荆门、黄冈、铜陵、南通、芜湖、攀枝花、南昌、嘉兴、扬州、遵义、襄阳、泰州、黄石、镇江、长沙、苏州、常州、荆州等；若干城市已经有所超载，但超载程度不高，包括鄂州、无锡、昭通、合肥、毕节、重庆、南京、贵阳、泸州、达州、宜宾等；处于“显著超载”的城市较少，计有上海、武汉、广安、成都，包括三个特大中心城市。针对上海、武汉、成都的显著超载的现实条件，不宜扩大这些中心城市及其周边城市群的城市规模，而应以创新、信息、人才等方式发挥它们在长江经济带的引领、辐射、集散功能。

二、长江经济带主要城市如何协调其发展取向与减排步骤

推动长江经济带发展，前提是坚持生态优先。各城市应针对现实超载与否状态、是否进入人均 GDP 超过 14000 美元的绝对减排门槛（为应对全球气候变化，中国提出了“二氧化碳排放 2030 年左右达到峰值并争取尽早达峰”等

自主行动目标，根据这一目标测算，当人均 GDP 达到 14000 美元时，中国整体上即达到碳峰值而进入绝对减排阶段。所以，人均 GDP 接近或超过 14000 美元的发达城市，应率先进入绝对减排)，选择协调有效的发展路径。

根据各城市的“发展取向”及与其是否跨过绝对减排门槛的对比，不同的城市应当采取不同的发展方向和对策。大致可以划分为四种情形：(1) 发展取向为“已超载”“显著超载”，且已经跨过绝对减排门槛的城市——无锡、南京、上海、武汉等，它们唯一的发展方向是大幅降低单位经济规模的生态环境影响，主要途径是以生态环境效率较高的产能去替代生态环境效率较低的传统产能。(2) 发展取向为“已超载”“显著超载”，同时尚未跨过绝对减排门槛的城市——鄂州、昭通、合肥、毕节、重庆、贵阳、泸州、达州、宜宾、广安、成都等，多为中西部城市。这些城市，可以采取的发展途径是：在逐步降低单位经济规模的生态环境影响的同时，向生态承载力较高、发展取向为“可适度扩张规模”的城市适度转移人口。(3) 发展取向为“可适度扩张”“宜维持”，而已经跨过绝对减排门槛的城市——杭州、宜昌、长沙、苏州、常州、镇江、泰州、扬州、南通等，多为长三角城市。这些城市可行的发展方向是，通过适当降低单位经济规模的生态环境影响，获取一定的增长空间，同时适当吸纳生态承载力较低、发展取向为“已超载”“显著超载”城市的转移人口。(4) 发展取向为“可适度扩张”“宜维持”，而尚未跨过绝对减排门槛的城市——昆明、池州、景德镇、九江、湖州、安庆、咸宁、十堰、荆州、黄石、襄阳、遵义、嘉兴、南昌、攀枝花、芜湖、铜陵、黄冈、荆门、岳阳、马鞍山、常德、恩施等，长江经济带的多数大中城市。这些城市可行的发展方向是，在进入到绝对减排门槛之前，有较大的时间空间进行结构调整、提升生态环境效率，为未来阶段的绝对减排作出较为充分的准备。

三、如何更合理地评判长江经济带主要城市生态环境治理绩效

生态环境部 2018 年 7 月 22 日发布了 2018 年 1 ~ 6 月 169 个地级及以上城市空气质量改善幅度相对较好和相对较差的 20 个城市名单。改善幅度相对较差的长江经济带城市包括常州、嘉兴、宜宾、苏州、上海、荆门、达州、广安、芜湖、马鞍山。这样的评判是否合理?

根据本文分析可知，一个城市生态环境质量，其基础是由其生态承载力和生态负载决定，而生态承载力和生态负载，在短时期内都很难显著改变。所以，评价一个城市生态环境的治理绩效、努力程度，不宜简单地依据其空气质量、水环境质量等实际指标的短期变化来评判，而应充分考虑各城市生态承载

力和生态负载等基础性条件的差异。唯有如此，才能真实合理地评价各城市的治理绩效和努力程度。

依据本文的分析，评判长江经济带各城市的生态环境治理绩效和努力程度的过程中，以下两种情况可作为生态环境治理绩效好坏、努力程度高低的情形来评判。一种情形是，生态环境质量表征指标相差不大的城市之间相比较，某些城市的空气质量、水环境质量等实际指标明显偏低，表明这些城市的生态环境治理绩效不佳或努力程度不足。

从长江经济带主要城市生态环境质量表征指标与空气质量指标的对比分析来看，生态环境质量表征指标“较高”的城市，其空气质量理应优良，然而现实中，仍有部分城市只处于良好的边缘状态（AQI > 90）；生态环境质量表征指标“良好”的城市，其空气质量良好的概率理应较高，但现实中，仍有部分城市空气质量处于轻度污染状态（AQI > 100）。这些城市可评判为空气污染治理绩效偏低或努力程度有所不足，主要包括杭州、湖州、上海、南通、嘉兴、宜昌、襄阳、荆州、荆门等。

与环境污染治理绩效和治理努力程度评价相关的治理途径和对策问题，过去一段时期内，往往不考虑各地生态承载力的差异程度，“一刀切”地强化产业结构、能源结构的调整。根据本文的分析可知，强化产业结构、能源结构调整的政策举措，更适合那些“治理绩效不佳、努力程度不足”的城市；而那些“治理绩效较好、努力程度较高”的城市，强化其结构调整，其治理效果有限，极有可能导致事倍功半甚至是负面效果远超治理绩效的结果。

【作者简介】

钟茂初，全国政协委员，南开大学经济研究所教授，中国特色社会主义经济建设协同创新中心研究员。

京津冀地区大气污染防治攻坚成效、存在问题与对策

李　群　谭忠富　闫庆友　张向达

【内容简介】本文梳理了京津冀及周边地区雾霾防控的攻坚效果；找出了京津冀地区大气污染防治出现的新问题；提出严防环境监测数据造假；从能源供给与消费的角度出发，构建了以电代油、以电代煤、以电代柴、清洁发电代替火力发电等长效机制。研究得出加大京津冀地区燃煤发电与风力发电的置换、大力发展京津冀城乡分布式屋顶光伏发电、鼓励京津冀园区及用能集中地点发展综合能源体和尝试开发“虚拟”电厂等六项措施。

党的十八大以来，习近平总书记一直强调要“算大账、算长远账、算整体账、算综合账”；① “绝不能以牺牲生态环境为代价换取经济的一时发展”②；“既要金山银山，又要绿水青山”③ “绿水青山就是金山银山”④。十九大报告再一次指出，要“着力解决突出环境问题”⑤；要“坚持全民共治、源头防治，持续实施大气污染防治行动，打赢蓝天保卫战”⑥。

雾霾是民生的最大痛点，是人民群众最关心的问题。2017 年，虽然以北京为代表的京津冀地区大气污染治理取得了可喜的成绩，但打好污染防治攻坚战是一项长期的艰巨任务，是全面建成小康社会的底线和标志，需要从长计议。2017 年 12 月 20 日闭幕的中央经济工作会议习总书记再次强调，今后 3 年要重点抓好决胜全面建成小康社会的防范化解重大风险、精准脱贫、污染防治三大攻坚战。今年，中央经济工作会议又一次指出，打好污染防治攻坚战，要使主要污染物排放总量大幅减少，生态环境质量总体改善，重点是打赢蓝天保卫战，调整产业结构，淘汰落后产能，调整能源结构，加大节能力度和考核，调整运输结构。

通过调研，我们课题组认为，要巩固京津冀及周边地区雾霾防控的攻坚效果，就要进一步从全方位多角度出发来进行根治。这里重点从能源供给与消费

①②③④　王子晖：《十八大以来，习近平反复强调“绿水青山”》，中新网，2017 年 6 月 5 日，http：//www. chinanews. com/gn/2017/06 –05/8242191. shtml。

⑤⑥　习近平：《中国共产党第十九次全国代表大会报告》，光明网，2017 年 10 月 27 日，http：//politics. gmw. cn/2017 –10/27/content_26628091. htm。

的角度出发，构建以电代油、以电代煤、以电代柴、清洁发电代替火力发电等长效机制以进一步推进雾霾防控。

一、攻坚成效

首先看北京。经过近五年的大气污染治理，与2013年相比，2017年北京市优良天数226天，增加了50天；空气重污染天数23天，减少了35天；主要污染物 SO_2、NO_2、PM10、PM2.5年均浓度，分别下降70.4%、17.9%、22.2%和35.6%。2017年结束，国家“大气十条”第一阶段和北京市2013年至2017年清洁空气行动计划完成了任务目标，暂告一段落。[①]

其次看天津。2017年，天津市达标天数209天，重污染天数23天，其中，PM2.5、PM10、SO_2、NO_2 年均浓度分别为62微克/立方米、94微克/立方米、16微克/立方米、50微克/立方米，CO和 O_3 浓度分别为2.8毫克/立方米、192微克/立方米；在主要污染物中，SO_2 年均浓度和CO浓度均达到国家标准，PM2.5、PM10、NO_2 年均浓度和 O_3 浓度分别超过国家标准0.77倍、0.34倍、0.25倍和0.20倍。PM2.5年均浓度62微克/立方米，同比下降10.1%。2013年至2017年，空气质量达标天数显著增加，从2013年的145天增至2017年的209天，增加64天，其中，一级优天数从2013年的6天增至2017年的24天，增加18天；空气重污染天数明显降低，从2013年的49天降至2017年的23天，减少26天，重污染天气发生率明显降低。[②]

第三看河北。2017年，河北省大气环境质量取得明显改善，PM2.5平均浓度为65微克/立方米，比2016年下降7.1%，比2013年下降39.8%，超额完成国家“大气十条”确定的比2013年下降25%的目标任务；平均达标天数为202天，比2013年增加73天，平均重污染天数为29天，比2013年减少51天。2013～2017年，重污染天数逐年减少，主要污染物年均浓度均显著下降。[③]

---

① 北京市人民政府新闻办公室、北京市环境保护局：《2017北京蓝天成绩喜人，关注2018蓝天保卫战》，光明网，2018年1月22日，http：//kepu.gmw.cn/2018－01/22/content_27430837.htm

② 王尔德：《治霾“成绩单”不负众望　天津完成大气十条任务》，环保网，2018年1月11日，http：//hbw.chinaenvironment.com/zxxwlb/index_55_99015.html

③ 段丽茜：《河北省超额完成国家“大气十条”目标任务》，中国政府网，2018年1月6日，http：//www.gov.cn/xinwen/2018－01/06/content_5253866.htm

二、存在问题

（1）雾霾防控不平衡、不充分问题令人担忧。京津冀地区在防霾控霾的工作上仍然协同不够。尽管京津冀一体化正在推进，但从各个方面来说，北京、天津均优于河北，河北省的雾霾治理相关工作从政府到各个企业都有待提高。尤其是京津冀周边的山西、山东、河南是我国的能源重化工基地，污染排放量大，除了污染当地环境外，受地形、地貌的影响，还源源不断向周边地域扩散，加大了京津冀雾霾防控工作的难度。

（2）燃煤尤其是散煤燃烧污染问题十分突出。除北京、天津外，华北地区煤炭在能源消费结构中占比近 90%，且散煤污染问题十分突出。散煤的单位排放强度远高于集中燃煤，如每吨农村生活散煤平均排放约 3.73 千克 PM2.5，每吨电煤仅排放 0.48 千克 PM2.5[①]；相较于集中燃煤，散煤点多面广、难以监管，常使用灰分、硫分含量高的劣质煤，燃烧后往往缺乏脱硫、脱硝、除尘处理，对大气环境影响很大。尽管京津冀地区已经严控散煤燃烧，但受资源条件、市场供应价格、监管尚不到位等因素影响，民用煤供应优质煤源仍然存在困难，治理散煤燃烧仍然棘手。

（3）机动车排放成为另一主要污染源。京津冀“雾霾天”，另一主要污染物污染源来自机动车排放。在“2＋26 城市”中，以前重污染出现时，往往硫酸盐在二次生成时占比最大。从最近冬季的情况看，硝酸盐呈上升趋势。硫酸盐是燃煤排放的标志性成分，这说明燃煤治理取得了较显著成效，硝酸盐由氮氧化物等生成，主要来自机动车排放。

（4）环保监测数据造假成为利益链条化的现象严重。2017 年 3 月 14 日，因篡改自动监测数据逃避监管行为，四川宜宾丰源盐化有限公司被处以 100 万元顶格罚款，并对涉案的一名责任人行政拘留 5 天。但就在紧随其后的环保部对 18 个城市展开的空气质量专项督察中又发现，企业在线监控数据造假现象仍未绝迹。“你查你的，我干我的”，违法个案并未在大范围内产生预期的威慑和警示。西安环境监测造假案、临汾环境监测数据造假案相关犯罪人员得到应有的严惩，应该对今后起到一定的教育效果。

---

① 支国瑞等：《我国北方农村生活燃煤情况调查、排放估算及政策启示》，环境科学研究官网，2015 年 8 月 1 日，http：//www. hjkxyj. org. cn/hjkxyj/ch/reader/view_abstract. aspx？ file_no＝20150801

三、应对措施

习近平总书记 2014 年 6 月 13 日中央财经领导小组会议上高瞻远瞩提出了能源革命，并具体提出了供给侧、消费侧、技术侧与体制侧的革命。李克强总理在十二届全国人大五次会议政府工作报告中提出：加快解决燃煤污染问题，优先保障可再生能源发电上网；全面推荐污染源治理；开展重点行业污染治理专项行动；基本淘汰黄标车，加快淘汰老旧机动车，鼓励使用清洁能源汽车；有效应对重污染天气；严格环境执法和督查问责。为了巩固雾霾防控的攻坚效果，尚需思索常态机制的建立。我们认为，京津冀地区雾霾防控一方面要严防环境监测数据造假；另一方面还可以从能源供给与能源消费两个角度进行巩固，构建促进发电置换、电能替代等常态化机制。

第一，加大京津冀地区燃煤发电与风力发电的置换。京津冀地区用电量除了本地机组发电量外，主要来自内蒙古、山西、河北等地的发电。张家口、承德地区是国家规划的八个千万千瓦风电基地之一，风电装机超过 1100 万千瓦，周边内蒙古风电装机 2600 多万千瓦，已经出现了严重弃风的现象，如京津唐电网 2016 年弃风电量达到 11.8 亿千瓦时。需要鼓励本地及周边风电冬季进入京津冀直接供热，发展蓄能式电锅炉、家庭电采暖等，减少当地燃煤机组发电，从而减轻发电污染排放。上述措施的实施涉及不同区域的输配电价、风电机组增发电量与燃煤机组减少电量的置换电价等，这些因素牵扯着地方政府、企业等多个利益主体，各主体之间需要协商以产生更大的利益并形成长久的合作机制。

第二，大力发展京津冀城乡分布式屋顶光伏发电。京津冀地区阴雨天比例很低，阳光充足，适合发展屋顶分布式光伏发电。各类产业园区厂房屋顶、校园屋顶、别墅屋顶、小区居民楼屋顶、农村居民屋顶等开发分布式光伏发电，比较适合安装光伏发电。分布式光伏发电可以自发自用，多余电量由电网进行回收，而且可以享受国家有关财税补贴等政策。燃煤火电排放二氧化硫 8.556g/kWh，氮氧化物 3.803g/kWh，TSP（总悬浮微粒）0.1901g/kWh；北京城区的燃气火电尽管清洁，但仍会排放二氧化硫 0.0023g/kWh，氮氧化物 1.24g/kWh，TSP（总悬浮微粒）0.0476g/kWh①。仅以北京大学校园为例，其占地约 270 万平方米，按 10% 估算建筑屋顶面积安装光伏即 27 万平方米，每平方米可安装光伏装机容量 150 瓦，满负荷利用小时数为 1000 小时，每平方

① 易碳家：《各种能源碳排放参考系数以及计算方法》，碳排放交易网，2014 年 9 月 14 日，http://www.tanpaifang.com/tanjiliang/2014/0914/38053.html

米光伏年发电量大约150度电；27万平方米屋顶理论上年发电4050万度。考虑到美观与技术条件等限制，再取一半作为保守计算，则可以实现年发电2000万度；这些电力替代北京燃气火电，实现年减少排放二氧化硫4.6千克，氮氧化物24800千克，TSP 952千克。京津唐地区太阳能发电装机容量149.2万kW，占比约2.09%；燃煤火电装机容量4631.5万kW，占比约64.75%；燃气火电装机容量1087.4万kW，占比约15.20%①。可见，京津唐地区发展太阳能发电具有很大的空间。

第三，鼓励京津冀园区及用能集中地点发展综合能源体。针对大型建筑综合用能楼宇群、产业园区、机场、火车站、大学校园等，鼓励开发屋顶光伏发电、分布式燃气冷热电联产、地源热泵、空气源热泵、储能、电动汽车充电等供能、用能一体化的综合能源体，可以构建绿色建筑，提高能源效率，实现清洁能源就地使用，减少远距离输送电带来的电能损失。建议电网企业、新能源发电企业、节能企业与用能企业联合开发，并通过利益共享的商业模式进行推进。如苏州工业园区，在车棚、厂房屋顶等开发50兆瓦光伏发电，年发电量超过5000万千瓦时；开发商用储能电站与天然气冷热电三联供，推进能源的梯级集约化利用；通过推广充电桩，降低使用传统化石能源，引导充电时间实现电力削峰填谷，消纳中午太阳能发电等。

第四，京津冀商业楼宇集中地区可以尝试开发"虚拟"电厂。北京城市负荷特征极为突出，负荷波动幅度剧烈，峰谷差接近50%，季节性波动接近1000万千瓦，日间负荷最大波动超过500万千瓦。事实上，超过最大负荷90%的尖峰负荷年持续时间一般只在100小时左右，这对于发电、电网企业提供的备用来说，只会加高电力成本。"虚拟"电厂即用户群在用电尖峰时刻减少用电，这时就相当于发电出力。"虚拟"电厂最快可以在几分钟内做好启动准备，然后根据电网负荷水平释放出相应的电力。"虚拟"电厂每1kW投入成本600~800元，与传统火力发电调峰电厂造价1kW约3600~4100元相比；虚拟电厂运营费用极低，约为传统电厂1/10。上海黄浦区已经开发了50MW"虚拟电厂"，到2019年，力争覆盖上海全市2000幢以上商业建筑，建成预期具有500MW容量（DR）、100MW自动需求响应能力（ADR）、20MW二次调频能力，年虚拟发电运行不小于100小时的商业建筑"虚拟电厂"②。电价需要采取更灵活、更市场化的计价模式，从而吸引更多楼宇成为"发电节点"。如家庭空调、电热器、热水器、洗衣机、淋浴等用电负荷具有一定的时间可移

① 曾惠娟：《2017年京津冀区域电力市场建设情况》，国际电力网，2017年12月14日，http://power.in-en.com/html/power-2284956.shtml

② 国家发改委办公厅：《国家发改委同意上海市开展商业建筑需求侧管理示范项目》，国家电网节能服务有限公司网，2016年8月22日，http://www.sgecs.com.cn/html/jngs/col1250002364/2016-08/22/201608221846525789580831.html

性，尽快出台居民分时电价，不仅可以有效消纳午间光伏发电与夜间风力发电，还可以形成“虚拟电厂”，实现削峰填谷等。

第五，进一步提高京津冀地区机动车中电动车占比。确立出租车、公交大巴更换为电动车的时间表。存量家庭燃油轿车退役后续购电动车时给予政策补贴，如继续购买燃油轿车则需重新进行单独体量内的摇号以减少燃油车存量。协调居民小区物业公司、充电站/桩运营企业等，探讨多方共赢的模式，解决推进充电桩用地障碍，促进家庭电动汽车发展。政府对用户购电动车的补贴逐渐减少而转换为加大峰谷电价差或者阶梯电价递减等补贴方式，激励夜间低谷充电以消纳风能发电，激励中午充电以消纳光伏发电。

第六，京津冀地区尽快出台客户灵活的用电电价机制。达到一定用电量规模的工业、商业企业，可以与周边风力发电进行直接交易，电网企业只收取过网费，过网费可以采用阶梯递减的方式，即输送电量越多输配电价越低。取消居民客户用电量越多价格越贵的分段电价方式，设计成电量使用越多电价越低的方式，这样可以激励居民客户以电代煤、以电代油。家庭空调、电热器、热水器、洗衣机、淋浴等用电负荷具有一定的时间可移性，尽快出台居民分时电价，这样可以有效消纳午间光伏发电与夜间风力发电。

【作者简介】

李群，中国社科院数技经所综合研究室主任、研究员，中国特色社会主义经济建设协同创新中心研究员。

谭忠富、闫庆友，北京能源发展研究基地教授。

张向达，东北财经大学公共管理学院院长、教授。

“一带一路”民间贸易亟待推进治理方式变革

孙景宇

【内容简介】“一带一路”倡议推行五周年来，已经在政策沟通、设施联通、资金融通方面取得了一系列丰硕的成果。在当前基础设施网络和金融合作网络已经初步形成的情况下，民间贸易对于深化“一带一路”国际合作具有无可替代的重要意义。浙江义乌拥有全球最大的小商品市场，在适应市场竞争环境和海外市场开发方面具有良好的基础和优势，习近平等党和国家领导人多次考察和指导义乌的发展，并鼓励义乌勇当“一带一路”建设排头兵。从我们的调研情况来看，义乌已经在改善基础设施、提高贸易便利化程度方面取得了很大的成就，但在构建新型营商模式方面还存在明显的短板。这表现为商户的市场开拓动力不足，对“线上”“线下”贸易融合发展的新型营商模式需求不足，以及市场综合服务的支撑能力不足。义乌的实践表明，“一带一路”建设不是政府唱“独角戏”，而是需要政府、商户和市场中介组织的共同参与。

“一带一路”倡议自2013年提出至今已有五年。在夯基垒台、立柱架梁的五年中，“一带一路”逐渐从倡议落实到行动，已经在政策沟通、设施联通、资金融通方面取得了一系列丰硕的成果，完成了总体布局。为了推动“一带一路”倡议向着更高质量、更具可持续性的方向发展，接下来的工作需要聚焦重点，关键领域和关键环节精准发力，促进“一带一路”合作从行动转化为成果。在当前基础设施网络和金融合作网络已经初步形成的情况下，加快发展中国与“一带一路”沿线国家的民间贸易，既有利于进一步扩大经贸合作从而提升贸易畅通水平，也有利于贯彻和落实“一带一路”所秉承的市场运作和互利共赢的共建原则，还有利于为民心相通搭建平台和创造条件，在深化“一带一路”合作方面发挥着不可替代的重要作用。

义乌被誉为“世界小商品之都”，又是“一带一路”倡议的支点，在民间市场培育和海外市场开发方面居于国内前列。南开大学副教授孙景宇主持的国家社会科学基金青年项目，分别于2016年、2017年、2018年三次对义乌小商品市场开展“一带一路”民间贸易的现状和问题进行专题调研，共走访商户三千余家，回收有效问卷2819份，为中国加快发展与“一带一路”沿线国家的民间贸易提供了有益的借鉴和启示。

一、民间贸易对于深化“一带一路”国际合作具有无可替代的重要意义

首先，“一带一路”倡议作为我国为促进全球共同繁荣发展、推动构建人类命运共同体而提出的中国方案，其根本宗旨是改变不合理的世界经济旧秩序，改善全球经济治理体系，打造国际合作新平台。这也是中国坚持和倡导的以实体经济为基础实现共建共享的发展理念在经济治理层面的自然延伸。与政府主导或参与的经贸合作不同，民间贸易因其具有自发性和自主性的特征而最能够体现“一带一路”所秉持的市场运作、互利共赢、共建共享的基本原则，有助于推动“一带一路”建设朝着多元、自主、平衡和可持续的方向发展，从而为构建人类命运共同体奠定基础和创造条件。

其次，“一带一路”建设离不开政府、企业和国际社会等各方面主体的共同参与。从五年来“一带一路”建设所取得的成果来看，无论是在“六廊六路多国多港”合作框架内实现基础设施互联互通，还是在多边或双边框架内与140多个国家和国际组织签订合作文件，以至于扩大产能与投资合作、拓展金融合作空间，主要都是在政府主导下实现的。但是必须看到，离开了作为市场主体的企业的参与，“一带一路”已经建立的各种机制很难真正运作起来。因此，在“一带一路”逐渐成为国际共识、基础设施越来越完善、贸易自由化和便利化程度越来越高的情况下，进一步提高贸易畅通水平必然成为“一带一路”建设的重点内容。而发展民间贸易，则有利于让市场机制真正运作起来，增强“一带一路”国际合作的动力，让参与其中的国家和人民都有实实在在的获得感。

最后，对中国而言，“一带一路”本质上是内外联通的发展战略，有利于改变过去形成的东快西慢、海强陆弱的经济格局，形成东西双向共进、海陆内外联动的全面开放格局。进一步促进“一带一路”民间贸易的发展，可以调动更多的民营企业特别是中小企业的积极性，这一方面能够促进在更大空间、更大领域内形成“大众创业、万众创新”的新浪潮，有利于催生贸易新业态新模式，创造经济新动力，从而在打造新时代全面开放格局的同时优化经济结构、提高经济增长的质量，形成国内国际相互联通的大市场，更好地为世界贡献中国智慧和中国力量。

二、中国与“一带一路”国家民间贸易的现状与问题：义乌实践的启示

改革开放以来，义乌在既没有区位和资源优势，又没有国家特殊政策扶持的情况下，完全立足于市场运作，成功培育出全球最大的小商品市场，其产品出口到世界200多个国家和地区，在适应市场竞争环境和海外市场开发方面具有良好的基础和优势，是我国进出口贸易中重要的“桥头堡”。随着“一带一路”倡议从理念转化为行动，习近平等党和国家领导人多次考察和指导义乌的发展，并鼓励义乌勇当“一带一路”建设的排头兵。

从我们近三年对义乌小商品市场的调研情况来看，“一带一路”贸易畅通既需要硬件建设，即加强和改善营商设施和交通、信息网络，打造大平台、大通道，也需要软件建设，即通过改革贸易管理体制提高贸易便利化程度，通过创新治理方式构建新型营商模式。而相比较硬件建设而言，软件建设更容易成为制约民间贸易畅通的短板。就义乌而言，虽然通过推进“义新欧”中欧班列常态化、义甬舟开放大通道建设、打造国家电子商务示范城市，形成了向东直面海上丝绸之路、向西通达陆上丝绸之路、触网建设网上丝绸之路的框架格局，但依然存在的问题是：第一，商户的市场开拓动力不足。市场交易主要以“老客户”为主，有62%的商户与其客户的合作时间在五年以上，29%的商户与其客户的合作时间在十年以上。更重要的是，有92%的商户坐等新客户主动联系。第二，对“线上”“线下”贸易融合发展的新型营商模式需求不足，只有50%的商户使用网上交易平台销售产品，而其中有96%的商户网上销售额不到全年销售额的一半，有56%的商户网上销售额不到全年销售额的10%。第三，市场综合服务的支撑能力不足。仅有25%的商户加入商会，认为能从政府部门或者商会获得客户信息的不到15%。在发生商业纠纷后，有92%的商户选择私下协商解决，只有13%的商户倾向于通过法律和政府部门解决。显然，这些问题的存在，不利于优化贸易结构和扩大贸易规模，更不利于寻找新的贸易增长点。

事实上早在2010年，义乌就已经开始进行国际贸易综合改革，2014年开始推进“电商换市”，2015年又全面启动了国内贸易流通体制改革。而之所以软件建设的成效反而不如硬件建设，原因在于硬件建设的主体主要是政府，而软件建设则需要政府、商户以及市场中介组织的共同参与。其中，政府所扮演的角色只是制度供给者，如果商户没有形成对政府所供给制度的需求，软件建设的效果就会大打折扣。这也正是政府从2013年就致力于打造的，能够为小商品市场提供可控、可信、可溯源的交易保障的“义乌购”网上交易平台，

没能吸引大多数商户的原因所在。如果商户不愿意改变原有贸易模式、不熟悉新的营商模式，又缺乏市场中介组织等其他主体的有效引导，就难以形成对新制度的需求，政府的制度供给也就难以达到预期效果。

三、推动民间贸易治理方式变革的对策建议

与“一带一路”贸易畅通相关的软件建设，其根本任务是为商户拓展市场提供制度支撑，主要包括两个内容：第一，改革国际贸易管理体制，优化通关、检验程序，提高贸易便利化水平；第二，创新市场治理方式，为撮合交易、规避贸易风险、解决贸易纠纷、维护市场秩序提供有力保障。义乌的实践表明，富有成效的软件建设不是政府唱“独角戏”，而是需要政府、商户和市场中介组织的共同参与，从而形成政府引导、商户参与、社会中介组织协同的系统完备、科学规范、运行有效的制度体系。

一方面，考虑到中国与“一带一路”沿线国家的经贸合作是在法律规则不对接、社会制度多元化、文化传统和价值观念等方面存在较大差异的情况下进行的，政府应致力于促进不同国家之间规则公议、监管互认和执法互助，积极推动构建“一带一路”顶层法律设计。在这过程中尤其值得注意的是，没有形成制度需求的制度供给难以收到实效，能够适应社会需求的制度规则通常都是逐渐从不完善走向完善的，因而制度建设的成功不在于最初制定的制度规则有多完善，而是在于能否有能力解决不断出现的问题，从而不断创造出对新制度规则的需求。因此，政府必须在制度建设的过程中，设计并建立起能够推动制度规则适应性调整和变革的程序，及时根据不断出现的新问题和新情况进行修订，在政府与社会的互动中不断推动制度规则走向完善。

另一方面，考虑到“一带一路”国家的贸易规则难以实现趋同，而民间贸易又具有自发性和非政府性的特征，因而民间贸易的治理更需要发挥市场中介组织在撮合交易、解决贸易争端方面的作用，为商户开拓市场提供有效的保障。在有条件开展电子商务的国家和地区，可以打造集信息传递、买卖匹配、通关和物流服务、信用担保和争端解决于一体的国际贸易综合服务平台，提高贸易的信息化、集成化和便利化水平，增加商户对新型营商模的需求，推动贸易模式的变革。对于市场制度不完善、信息化程度不高的国家和地区，可以着力培育商会或行业协会等市场中介组织，有意识地引导其在信息中介和交易仲裁方案发挥作用，鼓励其作为民间组织成为沟通不同国家间政府、市场和社会之间联系的纽带，尤其是在市场制度不完善、信息化程度不高的情况下为贸易畅通提供保障。

值得一提的是，虽然软件建设需要政府、商户以及市场中介组织的共同参

与，但这并不意味着政府作用范围和领域的单项弱化。事实上，政府既可以在市场中介组织、网上交易平台都不完善的情况下发挥作用，来保障市场交易的进行，也可以在鼓励、支持和引导市场中介组织发展、构建网上交易平台方面发挥重要作用，还可以与市场中介组织和网上交易平台形成互补，从而促进市场治理机制的优化。因此，治理方式的变革并不是要弱化政府的作用，而是强调需要重新定位政府的作用、规范政府的行为、转变政府的职能。对中国而言，只有正确发挥政府的作用，才能够真正建立起系统完备、科学规范、运行有效的制度体系，为推进国家治理体系和治理能力现代化提供重要支撑。

【作者简介】

孙景宇，南开大学经济学院副教授、中国特色社会主义经济建设协同创新中心研究人员。

加快推进先进制造创新平台建设的建议*

刘洪银

【内容简介】天津市先进制造研发基地建设存在工业互联网大数据平台建设滞后，制造业智能化升级受阻；难以识别和形成共同利益，线下平台建设难关联性差；政府资金支持不足，平台初创期建设困难；网络化联盟替代创新中心，制造业平台出现“去中心化”趋向；科技成果转化和产业化平台建设滞后，技术成果商业化难等短板。建议如下：规划建设工业互联网平台，逐步形成制造平台生态系统；调整财政投资方向领域，支持构建先进制造业区域性创新中心；建设科技成果产业化服务平台，促进高新技术制造业形成；加快培育平台型企业，深入推进先进制造示范区建设；建设非营利性平台组织，有效整合社会创新资源。

一、先进制造业创新平台建设问题

1. 工业互联网大数据平台建设滞后，制造业智能化升级受阻

电商产业快速发展过程中工业比重较高的地区（如东北和天津等）反应较慢，工业互联网平台建设滞后。虽然有零星的互联网企业或企业分部进入，天津尚未形成有影响力的平台网络。无论是产品设计研发，还是高新技术制造业的形成都离不开大数据资源支持，离不开互联网平台支撑。我国在设备数字化、网络化方面与美国、德国相比差距较大，2017 年，我国企业设备数字化率为 44.8%、数字化设备联网率为 39.0%，制造业互联网平台建设需要加快信息技术和数字技术创新，构建支持智能制造升级和先进制造集群化发展的数字化、网络化平台。

2. 难以识别和形成共同利益，线下平台建设难关联性差

一方面，共同利益是创新平台组建的基础，平台参与者只有识别共同利

* 本报告是 2017 年天津市科技发展战略研究计划重点项目“京津冀协同发展背景下推动先进制造研发基地建设研究”（17ZLZDZF00510）的阶段性研究成果。

益，才能产生参与的积极性和主动性，形成优势互补的创新力量。由于创新风险和金融风险的存在，潜在参与者在综合评估风险、成本和收益后，倾向于选择低风险的租赁性服务模式。部分潜在参与者看重显性收益而忽视隐性利益，没有挖掘形成潜在共同利益，影响平台建设参与动力。另一方面，各个创新平台之间应形成互联互通的创新网络，形成平台生态系统。但我国制造业平台组织规模小，平台之间存在行业分割和区域分割，难以形成分工明确、布局科学的创新网络。各类孵化器规模有限，难以形成平台网络，抑制平台潜能的释放。

3. 政府资金支持不足，平台初创期建设困难

平台要产生收益，需要一定规模的初始投资，当产生显性收益或收益预期时，才会吸引社会资本注入。美国联邦政府在前2～3年内向每个制造创新所注资7000万美元，5～7年后，创新通过向社会提供有偿服务产生“造血”功能，开展营利活动。我国财政资金和税收优惠政策主要投向了创新型企业，平台组织获益不多。平台组织缺乏沉淀资金来源，难以承担融资风险，难以形成具有吸引力的收益预期。国家创新政策应调整投资方向，从企业导向向平台导向转变。

4. 网络化联盟替代创新中心，制造业平台出现“去中心化”趋向

创新中心等机构吸引力下降，而网络化联盟等松散型组织被广泛接受。制造业平台建设出现“去中心化”和“去中介化”倾向。以项目为纽带的联盟更具有灵活性和可选择性，项目参与者获得各自收益后即行退出。但制造业技术创新既需要各种各样不断更新的异质性资源，也需要形成稳定的创新平台生态系统，以实现相对稳定的互补性合作，而松散型联盟难以形成稳定的合作关系，不利于科技研发、成果转化和产业化等一系列创新活动的开展。快餐式的联盟增加了创新活动交易成本。如《人民日报》2016年调查，高校和科研院所的创新资源（高端仪器设备、重点实验室等）开放共享的积极性不高，租用企业沟通时间长、费用高，难以满足创新要求。

5. 科技成果转化和产业化平台建设滞后，技术成果商业化难

当前我国科技成果转化平台建设滞后，阻碍技术推广和产业化。如高校发明专利转化率为13.5%、科研院所为28.2%、企业为67.5%，高校和科研院所许多技术发明被束之高阁。制造业创新平台建设滞后，国内外科技资源和市场信息整合能力不足，导致制造技术成果供求错位，降低了成果转化率、转化效率。高的技术风险、投资风险和市场风险降低了民营资本参与科技成果转化的积极性，政府资本应参与成果转化平台建设。

二、加快先进制造业创新平台建设对策建议

1. 规划建设工业互联网平台，逐步形成制造平台生态系统

第一，工业互联网平台培育需要以工业 PaaS 平台建设为聚焦点和突破口，优先将拥有设备数据采集优势的装备和自动化企业以及拥有丰富工业 know-how 的先进制造企业打造成为平台提供商，通过平台技术模块化和知识经验软件化，建设和使用工业互联网平台。这就需要建立省部联动的“输血”机制，即国家通过专项支持等方式建设开放开源的工业基础数据库，各地政府通过购买服务的方式加快工业互联网平台的应用推广。

第二，借助移动互联网 5G 试点，建设先进制造数字化、网络化和智能化网联平台。建议政府实行制造业设备改造专项补贴，鼓励制造企业开展网络化、智能化设备改造，提高制造企业设备数字化率和数字化设备联网率，加快制造业智能化改造升级。

2. 调整财政投资方向领域，支持构建先进制造业区域性创新中心

第一，建议国家制造强国建设领导小组办公室根据东中西和东北地区产业特点规划布局区域性制造业创新中心，力争每个省份建设一个制造业创新中心，每个创新中心根据本区域制造业升级需求选择一个战略性前沿研究领域，开展该领域共性技术和通用技术研发、技术中试和产业化、技能人才培育和行业标准制定等。

第二，整合中央和省市各类财政资金和产业基金，优先支持制造业区域创新中心建设。财政资金负责 3～5 年初始投入，带动吸纳社会资金参与创新中心建设运营。政府采取加快设备折旧和永久性税收减免等措施支持创新中心科技研发和产业化活动。

第三，加强区域制造业创新中心组织管理。创新中心由国有企业、大中小民营企业和初创企业、高校和科研机构，以及社会组织构成，由一个牵头单位负责运营管理。中央和省市政府承担出资责任和监督责任，财政支持建设期结束，创新中心独立运营后，通过向社会提供成套设备、技术咨询、技能劳动力培训、技术工艺服务等获得收入，各参与者根据贡献获得相应的收益。

3. 建设科技成果产业化服务平台，促进高新技术制造业形成

规划建设科技成果小试、中试、熟化，成果转移转化推广，产品检验检测等线上、线下互动关联的产业化技术服务平台。

第一，建立技术成果中试熟化平台。美国创新研究所自行开展技术成果的中试熟化，直接出售成熟的成套设备和技术服务。我国技术成果中试熟化多数是科技创新企业自行完成，尚未形成独立的产业平台，亟须整合各类中试平台资源形成平台网络。

第二，建设成果转移转化推广服务平台。整合科技成果转化推广中心、国际先进技术承接扩散地和国际科技成果交易中心，建立技术转移转化服务平台网络。

第三，加强产品检验检测服务平台建设。在协会主导下，整合散布在各高校科研院所重点实验室以及各类国家工程（技术）中心和企业研究中心的检验检测资源，形成专业化检验检测平台网络。

4. 加快培育平台型企业，深入推进先进制造示范区建设

政策重点支持建设平台型企业，带动大中小企业融通发展。政策引导行业龙头企业建立平台型企业，与大中小企业、初创企业、高校、科研院所和社会组织建立创新联盟，开展协同创新。以平台型企业和具有核心竞争力制造企业为主导，探索能够充分发挥本区域资源优势和产业优势的制造业智能化、高新技术化升级模式。

5. 建设非营利性平台组织，有效整合社会创新资源

第一，财政支持建设非营利性组织（NPO）孵化器。政府资助是非营利性组织平台建设的主要资金来源，如美国非营利性组织协会（NCN）83%的资金来源于美国联邦政府的拨款和社会捐款。借鉴美国等发达国家经验，建议通过政府资助方式建设非营利性组织孵化器，促进非营利性组织孵化和生成。

第二，财政支持示范性社会组织和枢纽性社会组织建设。建议政府支持建设一批示范性社会组织和枢纽性社会组织，引导枢纽性社会组织发挥桥梁和纽带作用，为各种社会组织提供公共服务，推动社会组织协同创新发展。

【作者简介】

刘洪银，天津农学院人文学院教授，经济学博士，民盟天津市委员会经济委员会委员。研究方向：人力资源经济学，农业农村经济学，产业经济学。

关于构建天津市涉农电商“三点两链”发展思路的建议

刘奇勇

【内容简介】通过对天津市涉农电商业态的整体分析，发现天津市涉农电商产业在发展中存在产品形态上处于“复制”“模仿”、产品附加值少与利润点偏低、品牌意识缺乏、利润源不足基础薄弱与利润池储备不足、产品层次低与产业链存在缺陷、产业集聚效应不显著、价值链延伸不足等问题。本报告建议通过构建涉农电商“三点两链”的发展思路：(1) 品牌化路径提高涉农电商产品利润点。(2) 多元化丰富涉农电商利润源。(3) 搭建平台扩大涉农电商利润池。(4) 进城下乡多产业并进增强产业链集聚效应。(5) 提升涉农电商产业价值链。

一、天津市涉农电商产业发展现状分析

1. 产品附加值少、利润点偏低

天津市在农村电商发展过程中农产品上行相对滞后，农民在农村电商中得到的收益较少。从全国涉农电商经营类型看，农村地区网络销售主要以服装、小家电为主，农特产品只排在第三位。多数农村电商经营者停留在低价销售初级农产品的“搬运工”角色上，在产品包装培育推广和质量保障体系建设方面重视不够，资源优势尚未充分挖掘。农副产品深加工明显不足，产品附加值明显偏低，低价竞争也比较普遍，与城市电商相比，农产品利润点明显偏低。

2. 品牌意识缺乏、利润源不足

目前，许多农业产业化龙头企业已经建立了自己的品牌，但知名度仅限于本土地区，没有获得全国范围的认可。例如，天津市龙康食品有限责任公司生产的“狗牙儿”系列食品，在天津静海区较为知名，但在全国范围内，并没有多少人知晓。从网络搜索结果看，淘宝仅有几家售卖。企业自身电子商务意识落后，限制了企业市场销售量。天津目前已经有蓟州磨盘柿、静海独流老醋、津南小站稻等特色农产品，但产品特色化发展不明显，产品层次差，产品

质量有待提高，产品交易量小。与城镇居民选购的商品相比，农村居民网购商品的范围小、价位低、层次差。农村网购覆盖面较低，商品种类不齐全，彰显了农村电商异于城市电商的独特性，消费市场严重不振。绝大多数网商处于无品牌经营状态，产品以模仿为主，无享誉京津冀乃至全国的名牌产品，导致消费者对具有天津特色的农村电商产品缺乏认识。

3. 基础薄弱、利润池储备不足

截至2016年8月底，在全国共发现1311个淘宝村，广泛分布在18个省市区。其中，浙江（506个）、广东（262个）和江苏（201个）的淘宝村数量位居全国前三位，以下依次为山东（108个）、福建（107个）、河北（91个）、河南（13个），广泛分布在18个省市区。其中，淘宝村数量较多的省为浙江、广东、江苏、山东、福建、河北，六省淘宝村数量合计占97.3%。而天津仅有5个淘宝村，虽位居全国第8位，但仅比辽宁（4个）多1个，不仅远远落后于浙江、广东、江苏，就是与山东、福建、河北相比也差距较大。天津农村电商基础仍然较为薄弱，利润池储备严重不足。

4. 产品层次低、产业链存在缺陷

抽样数据显示，2016年，淘宝村网店销售额排名前三的商品分类依次为服装、家具和鞋，排序与上年相同，第四到第十名依次是：箱包皮具、汽车用品、化妆品、户外用品、玩具、居家日用品和床上用品。这些商品对应于大众化的网购需求。而我市淘宝村生产与销售的产品仍以农产品为主，与淘宝村主流产品类型相差甚远，仍处于低层次发展阶段，产业链存在缺陷。

我市农村网络基础设施建设虽有较大提升，但相对于流行的以网络直播平台营销农产品所需要的高清视频流，带宽仍有待提升。农村物流基础设施薄弱，由于物流需求和供给较为分散等因素，导致农村物流从运输、仓储、包装、搬运装卸、流通加工等环节缺乏系统性、高效性、便捷性和低成本性。

当前在建设农村电商公共服务体系方面有待创新和突破。部分区县级行政单位仍侧重于建园区、建服务站等“硬件”建设，对人才引育、营商服务、品牌建设、质量管控等“软件”投入不足。

5. 产业集聚效应不显著、价值链延伸不足

涉农电商产业大多仅限于售卖农产品，未实现与蓬勃发展的乡村休闲与旅游等产业有机融合，价值链较短，延伸不足。在2016年新增的淘宝村中，约72%源自38个淘宝村集聚，反映出强劲的集聚带动效应。2016年中国集聚效应明显的十大淘宝村排名中天津淘宝村和淘宝镇均未上榜。通过分析淘宝村空间分布的核密度可以看到，核密度最高区域基本呈现了“淘宝村集群”的空

间分布格局。其中，在华东地区，浙江省与苏南地区呈现出淘宝村、淘宝镇连绵发展的态势，并随着时间推移不断加密；在华南地区，呈现出珠三角、粤东、闽东南三地淘宝村团块状发展态势；而华北平原是淘宝村另一个广泛分布的区域，但相对而言分布较为分散，密度相对较低。以上分析表明天津农村区域电商集聚效应不显著，电商类型单一，未形成集群带动作用，价值链有待拓展。

二、构建天津市涉农电商“三点两链”发展思路的建议

1. 品牌化路径提高涉农电商产品利润点

为避免我市农产品重走简单地“复制”“模仿”的老路，需跳出低价营销的“陷阱”，提高涉农电商产品利润点，其根本出路就是走品牌化。深入实施农产品品牌战略，强化农业品牌建设，是推进农业供给侧结构性改革的重要抓手，是加快推进农业转型升级的重要手段。在“互联网 +”迅猛发展的大背景下，农业品牌化建设将进一步创新思路、理念和方式方法，借助信息化技术和互联网平台，充分发挥互联网扁平化和泛在化的优势，创新展示方式，拓展宣传渠道，增强信任度，提高认可度，增加美誉度。

重点在西青、静海、蓟州、宝坻鼓励涉农电商的龙头企业注册地域特色商标，实现地域品牌化与产品商标化相结合，从而实现产品的知名度而将地域特色转化为提升产品利润点的途径。

2. 多元化丰富涉农电商利润源

在具有农业比较优势的蓟州区、静海区、宝坻区、宁河区、西青区等 5 个区建立乡村旅游、休闲产品、农产品、民俗产品、农资、日用消费品等双向流通的县域电商园区或运营中心，助推新型农商经营主体开拓网上策划体验、推介销售及与物流快递企业对接等业务，支持其与大型电商对接或自建运营平台，实现开展线上营销与线下体验结合，以丰富的多类型产品扩展利润源。还可通过淘宝、天猫、京东等网络直播销售平台，农户可与受众充分互动，达到网络营销产品的目的。

3. 搭建平台扩大涉农电商利润池

在区位优势明显的武清区、宝坻的京津新城等地，建立以服务天津各涉农区县农产品电子商务的专业性网络平台，是以农产品交易平台、投融资平台、信息交流平台为核心的天津农村电子商务综合服务平台，立足天津，面向京津

冀，辐射环渤海，为农业企业及种植大户提供产品销售、质量控制、信息交流、资金支持等综合的性公益服务。

4. 进城下乡多产业并进增强产业链集聚效应

“下乡”的意义在于以电商为载体促进涉农产业与城市服务的产业链融合进而形成集聚效应。应推动信用良好的合作社、农资公司、农业科研院所下乡。可依托大型农业、农资电商平台和供销社等已有渠道和载体，开展化肥、种子、农药、农具等主要生产资料网络推介销售，推动“放心农资进农家”，为农民个体、农业经营主体提供优质、实惠、可追溯的农业生产资料。

“进城”与下乡类似，以电商平台为载体，实现城乡二元的有机结合。可在西青、静海、蓟州、宝坻、宁河、津南等重点村镇，构建具有本地特色农产品生产基地，建立社区电商平台，通过密集型选址和快速投放的方式凸显规模化效应，形成农村地区与城市社区的高效率产销渠道，消除农产品进入社区的“最后一公里”瓶颈。

西青、静海、宝坻、蓟州、宁河等涉农区休闲农业与旅游资源建设、开发，整合休闲农业资源，完善提升采摘、餐饮、住宿、主题活动、民俗产品购销等主要服务内容，利用天津休闲农业网、天津旅游地理信息系统等平台，实现乡村旅游线上直销，推动形成线上线下融合、城乡互动发展的休闲农业产业链。

5. 提升涉农电商产业价值链

政府、企业、农民合力提升涉农电商产业价值链。据相关研究发现，在山东菏泽、河南洛阳、江苏宿迁等地涌现多方合力推动形成的淘宝村，即“村民规模化创业 + 政府积极引导 + 服务商专业服务”相结合。推动农产品上行系统性的开发，以垂直 B2B 作为农产品上行的重要渠道。垂直 B2B 平台使通过前端零散用户的订单集合，改造传统供应链，引导生产端的标准化，实现按需定制，并整合供应链金融，提供金融服务，有力促进农产品上行。

【作者简介】

刘奇勇，天津财经大学珠江学院教师，经济学博士后，南开大学滨海开发研究院研究员。

未来十年的国际经济贸易环境与对策

——中美贸易战结局探讨

佟家栋

【内容简介】自唐纳德·特朗普执政以来，美国在民粹主义推动下，实施了所谓对等贸易原则。由此，美国先后对加拿大、墨西哥、欧盟、日本和印度实施贸易压制，强迫这些国家开放市场，平衡与美国的贸易收支顺差。更对战略竞争者俄罗斯展开多轮制裁，与中国的贸易战不断升级，展开了有史以来最大规模的贸易战。这种以追求对等贸易为准则的行为，意味着美国放弃了贸易自由化倡导者和国际贸易秩序维护者的角色，逐步回到与别国平等国际贸易伙伴国的地位。这意味着，全球贸易秩序，甚至经济秩序将逐步脱离美国霸权，展开新一轮的国际贸易关系，乃至国际经济关系的调整。

一、国际经济环境的变化与挑战

2018 年 3 月开始，美国总统特朗普在“美国优先”的口号下，争取要回美国“损失”的利益，在对等贸易原则之下，要求加拿大、墨西哥、欧盟、日本、韩国、印度、俄罗斯和中国消除与美国的贸易逆差，以对特定产品（钢材与铝制品）征收 25% 和 10% 的关税相威胁。一些国家被迫签订了“改善贸易关系”的协议。欧盟、日本尽管签订了“贸易自由”的协议，但是在具体商品的出口上，仍然遭到美国进口关税的惩罚。俄罗斯受到美国的制裁，美国还与中国展开了多轮的贸易大战。

由美国发动的逆经济全球化的行动，破坏了第二次世界大战以来逐步走向自由化的贸易环境，使世界经济的增长或发展呈现出高度的不确定性。

美国发动针对全球的贸易战不是偶然的，它是美国民粹主义发展到一定程度的反映。自 20 世纪 90 年代以来，全球比较自由的贸易环境和相对稳定的经济发展环境，推动了经济全球化高潮的到来。全球化背景下不同生产要素流动性的巨大差异下，使资本的所有者获取了大量的利润，而劳动力所有者在资本和生产过程移向国外以后，失去了就业机会，从而失去了收入提高，甚至收入稳定的机会，形成了不同要素所有者经济全球化利益分配的高度不平衡，进而导致民粹主义的盛行，并在投票中支持逆全球化的倡导者。特朗普是这一意愿的典型代表。美国在经历了保护主义、自由贸易、公平贸易政策实施阶段之后，转向对等贸易政策实施阶段。对等贸易是早期重商主义的出发点。

世界面临的挑战是，引领世界贸易自由化秩序的国家成为反对自由化的带头人，并利用自身的逆差国地位，强行要求各顺差国调整顺差，而不顾顺差国是否有对特定产品的需求和逆差国是否有特定产品的供给。根本上否定了市场经济的自由买卖和自由竞争的原则，使国际贸易的单纯经济合作与交往，转变为政治经济学的所谓价值判断。

按照这样的标准，美国不再是自由贸易的倡导者。然而，经济全球化，乃至各国之间的经济联系已经深度发展，全球价值链已经将各国的生产过程（包括美国的跨国公司）联系在一起。因此，在美国调整了自己的贸易政策和贸易准则，进而是全球贸易定位的情况下，各国需要相应调整贸易关系。

二、美国输赢的辩证关系

特朗普执政以来，其执政团队有一个非常重要的观点，对美国而言，打贸易战很容易赢。根据该团队的观点，美国是双边贸易的逆差国，和任何国家打贸易战都会因为贸易报复的筹码不如美国多而让步。因此，和任何国家打贸易战都会以别国被迫让步为结果。实际结果部分验证了该团队判断的准确性。如，韩国和墨西哥被迫做出让步。但是，欧盟、日本、俄罗斯和中国都相继采取了报复行动，推高了美国企业和消费者的成本或价格使特朗普团队认为的“很容易赢的”贸易战迟迟没有结束。

从长期看，美国利用这种贸易收支逆差，从而被别国依赖的地位，要挟别国被迫调整贸易收支的行为严重损害，甚至失去了自身在市场经济中领导者的形象和地位。推动各国探讨没有美国领导的全球自由贸易环境，或多边合作秩序的调整和重建。其方向是明确的，即是全球自由贸易秩序，从而经济全球化的可持续发展，不能建立在一个国家单一逆差或单一货币作为国际结算货币的基础之上。否则，早晚会出现该国家的强行“对等贸易”。

美国没有想到的是，以“美国优先”“让美国再次伟大”的追求，导致了美国领导地位的逐步丧失，并将自己引向一个普通贸易对等国家的境地。

首先，追求对等贸易就意味着，双边贸易必须以短期贸易收支平衡为基础，不存在一国对另外一国市场的偏向依赖，相互依赖成为两国相互贸易的基本结构。这种贸易关系是典型的以物易物贸易的现代表现。

其次，主张对等贸易就意味着，该国货币不可能通过贸易逆差的方式将本国货币释放到各参加贸易的国家，无法作为支付手段和储备手段，因而无法成为国际货币。实际上，自从布雷顿森林体系建立开始，美国长期存在的贸易收支逆差，就是靠美元特殊的国际货币地位所弥补。但是，特朗普政府不顾历史上，乃至今天美国长期贸易收支逆差靠印发美元弥补的事实，单纯谈论有形产品贸易的不平衡，显然是有问题的。现在美国倡导对等贸易，无疑放弃贸易收支逆差，从而依靠国际储备货币平衡贸易乃至国际收支的合法性。这意味着，美国在奉行贸易收支平衡的同时，也要相应放弃美元的特殊地位。

因此，美国奉行对等贸易的长期影响是，鼓励当今世界，要尽快建立起没有美国主导的世界贸易秩序；要尽快建立以一篮子货币为基础的国际货币，改变一国货币独霸天下的非稳定结构，消除单一主导国家贸易原则调整给整个世界贸易秩序带来的不确定性。

三、向相对稳定的国际贸易体系过渡

特朗普发动的由贸易自由化向对等贸易准则转变的战略，启动了国际贸易秩序由不确定性向相对稳定性的国际贸易秩序，乃至国际金融秩序的过渡。

首先，贸易结构充分反映了一国的产业结构。按照国际贸易的基本理论，各国贸易结构和地位是各国比较优势决定的，这种比较优势的累积性变化或结构性变化，决定于各国的技术进步速度和要素累积的速度差异。因此，贸易收支的不平衡要在竞争中形成和调整。

其次，要建立一个包含有形产品贸易和无形产品贸易利益都能受到保护的国际贸易规则，贸易制度体系。否则，这个多边贸易组织就只是一部分贸易参加国的组织。一个多边贸易组织要存在并发展，必须能够保护所有成员国正当的贸易利益，否则，这个国际贸易组织是不可持续的。因此，改革现行多边贸易体系，不仅是美国发动的贸易战所致，更多地它已经严重地缺乏对贸易参加国利益的包容性。

最后，改革国际货币体系，脱离美元体系，建立新的国际货币体系，以此消除必须依靠一国贸易收支逆差，甚至国际收支逆差才能保证国际货币的充足供应的局面。否则，是支付手段荒，或支付手段灾。今天讨论或启动这样的探索特别具有现实意义。

四、中国的对策

在全球贸易秩序大调整中，中国受到的冲击可能是最大的。一方面，我们要不屈服于外部压力，沿着发展中国家正确的发展道路前进。另一方面，我们也要认真思考，面对全球贸易，从而是国际贸易规则的重建，应该怎样深化改革和开放，跟上世界经济形势的变化，遵守国际通行规则，深化市场经济改革，在市场竞争中探索创新科技的动力和压力机制，处理好市场与政府干预之间的关系。为新的国际经济秩序的建立做出贡献。

【作者简介】

佟家栋，南开大学原副校长、中国特色社会主义经济建设协同创新中心首席专家、南开大学研究生院院长、南开大学允公集团董事长、世界经济学会副会长、欧盟研究会常务理事、欧洲学会常务理事、南开大学应用经济学科学位分委员会主任。

新时代资源型城市转型发展困境分析与应对之策

薄文广

【内容简介】 新时代下，资源型城市发展面临着低附加值资源型产业锁定与当前高附加值新产业发展滞后、资金外溢与转型发展资金缺口、人才外流与创新发展人才需求、资源开采导致环境污染与日益严格环境规制、传统全能地方政府主导与有为地方政府引导等多重矛盾。日益严峻的外部环境以及产业、人才、资金、地方政府效能等缺乏的联合作用使得资源型城市陷入自身无法解决的发展困境。迫切需要中央政府相关制度顶层设计为基础，高效有为地方政府的构建为支撑，产业转型与优化升级为根本，加快对内对外开放为保障来支持资源型城市转型发展。

我国共有资源型城市262个，涉及28个省（区、市）和126个地级行政区，占全国国土面积的40.71%，这些资源型城市为我国经济建设提供了重要的能源及原材料支持，为建立我国独立完整的工业体系以及促进国民经济发展做出了重要贡献。但是，当前这些资源型城市经济发展却陷入多重困境，面临着巨大的转型压力，甚至举步维艰，迫切需要引起高度重视。

一、新时代资源型城市转型发展困境分析

1. 低附加值资源型产业锁定与高附加值新产业发展滞后的矛盾

资源型城市发展易形成对资源产品开发的路径依赖，也使其对其他行业的项目发展产生了相对挤出效应。此外，大宗产品价格不能随行就市，国家对资源价格采用“控高不控低”的非对称调控原则，形成了所谓“煤兴城兴，煤弱城弱”的共振格局，并使资源型城市陷入“经济趋好、资源价格上扬时无暇转型；经济低迷、资源价格下滑时无力转型”的不利局面。

当前，国家产业发展进入了一个新旧动能转换期，调存量与强增量的非对称性产业发展举措实施使得更多依赖传统资源型产业以及高附加值的新经济发展较为滞后的资源型地区发展陷入了缺少优质产业支撑而不舍转型的困境。

2. 资金外溢与转型发展资金缺口的矛盾

由于在自然资源收益分配以及相关制度不健全，资源价格高涨期资源收益较少被资源所在地基层地方政府或普通百姓所有，资源开采的短期性和逐利性也使得资源型城市宝贵的资金常流向外地而非支持本地转型发展。如 2017 年山西省金融机构本外币各项存款余额为 32844. 9 亿元，而同期本外币各项贷款余额为 22573. 8 亿元。

但是，一旦资源型产品价格下跌，对于主要依靠资源型产业发展的地方政府而言，其财政收入也将明显减少，同时，地方政府用于基本民生、社会公共服务以及财政工资等刚性支出却减少较难，许多资源型地方政府都处于“入不敷出”的状态，不得不依靠上级政府的转移支付来勉强维持运行，资源型城市宝贵资金的外溢与转型发展对于巨量资金缺口的矛盾也常常使得企业或地方政府陷入“有心无力”而不能转型的困境。

3. 人才外流与创新发展人才需求的矛盾

资源型城市较高的产业专用性以及高度自动化的产业特征使其吸纳的人才和就业相对有限，导致人才存在着“低端供应过剩，高端供应不足”的结构性失衡特征，这又使得资源型地区优质生产要素呈现日益增加的流出态势。

当前创新发展已成为中国突破中等收入陷阱以及实现高质量发展的重要支撑。人才特别是高素质人才已经成为当前决定各个地区创新发展核心的要素资源，而近期国内主要城市地方政府纷纷出台相关优惠政策大力度吸引人才，资源型地区当前迟缓的经济发展导致的内部人才外流与创新发展需要大量的创新人才之间的矛盾使其陷入了缺乏创新人才而不会转型的困境。

4. 资源开采导致环境污染与日益严格环境规制的矛盾

据不完全统计，全国每年工业固体废弃物排放中 85% 以上来自矿山开采，现有煤废渣就有 30 多亿吨，煤矿排放的废水每年达 26 亿吨，废气达 1700 亿立方米，这些给自然环境都带来了严重影响。

当前，可持续发展问题已经上升为国家战略高度，大生态成为当前及未来时期国家经济发展的理念和前提，这将会对以资源型产业为主导的城市发展带来日益严峻的外部挑战。资源开采导致环境污染与日益严格的外部环境规制之间的矛盾使得资源型城市发展陷入了不利于自身发展而不得不转型的困境。

5. 传统全能地方政府主导与有为地方政府引导的矛盾

资源型地区普遍存在“矿城一体”“煤城一体”“政企合一”等地方政府大包大揽的全能属性传统，这种企业功能近似等同于城市功能的特征使资源型城市对改革开放后日益强调市场化的经济和社会转型过程的适应性和应变性远滞后于非资源型城市。

资源型城市一直存在的“政府强势”特点也使得本已弱小的社会和非国有企业的发展更为困难，而“该管的没有管好，不该管的乱管”等低水平政府管理和治理又使得资源型城市的企业面临着较高制度成本，资源型城市全能地方政府主导与当前需要有为地方政府的精确引导之间的矛盾使得资源型城市地方政府陷入了不知转型的困境。

二、资源型地区转型发展的政策应对

1. 中央政府相关制度顶层设计为基础

我国实行了资源有偿使用制度和生态补偿制度，但实施力度和相关保障措施远未完善，特别是资源价格高涨期的收益分配与资源价格下降期的成本承担存在严重不对等特征。“收益外流和成本独享”相关制度设计使得资源型地区发展面临着不利局面，特别是在当前供给侧结构性改革以及大生态理念日益深化的外部环境更是使得资源型地区转型发展“雪上加霜”，现在单纯凭借地方政府的力量无法实现资源型城市转型发展。

中央政府相关制度的理性顶层设计是资源型地区转型发展的必要前提，中央对资源型城市转型发展不应是简单项目支持，而重点应放在单独资源型城市自身力量难以解决的问题，如加快形成反映资源稀缺程度与市场供求关系的资源型产品价格形成、探索资源主消费区给予资源主开采区的横向区际生态补偿以及改变当前较少考虑区域发展的现实与发展巨大不平衡性的“一刀切”的环保政策等。

2. 高效有为地方政府的构建为支撑

资源型城市低水平的政府管理在新时代背景下成为这些地区陷入困境的重要制度原因。应以政府简政放权为契机，减少地方政府对市场的不合理干预和对市场主体的不合理管制，建设各企业主体公平竞争的市场体系，打造高效服务型有为地方政府。

此外，一些“不聪明的”地方政府还在按照之前思路，来被动地等待中央政府的自上而下的资金或是项目照顾，而即使是聪明地方政府也常常陷入“有想法，没办法”的困境中。特别是通过创新先行先试找到可以解决产业发展“痛点和难点”的相关改革政策时，理性改革者会更多选择成本最小化而非收益最大化举措，因此资源型地方政府应大力推行允许改革失败的容错免责机制，更好发挥地方政府的基层创新作用，同时通过恰当的制度设计，使中央和地方形成良性互动，合力推动资源型城市转型发展。

3. 产业转型与优化升级为根本

资源型城市低附加值、收益外溢且易受外部影响的单一产业结构是发展陷入迟缓的重要内部原因。应充分利用供给侧结构改革契机，围绕产业转型与优化升级，主动放弃一些难以救活的“僵尸”性企业，同时加快围绕资源主业，实施上下游产业链条的深度开发战略，推进资源型城市产业由“一业独大”转向“一业为主，产业联动”。

此外，资源型城市许多重要资源均为央企控制，在国企混改大背景下，并非仅采取单纯卖给民企和外企等简单降低国企比重的简单方式，而是要借鉴重庆和上海国企改革的成功经验，积极完善资源型地区国企投融资体制机制，对一些战略和新兴产业形成政府领投，带动民资和外资跟进，三者互促互进的共赢局面。

4. 加快对内对外开放为保障

发展模式相对封闭的内循环是资源型地区经济发展较慢重要外部原因，外部资源流入对于打破当前资源型城市发展困境重要催化作用。应进一步加大资源型城市对内对外开放力度。建议在中央政府支持下，在具有较好发展潜力的资源型地区规划建设区际产业合作区，并代替传统意义上的“撒胡椒面”式的对口支援，资源型地区主要负责基础设施，项目审批以及社会管理等事务，产业规划、运营、招商引资等运营机制完全按照输出地标准来进行，并采取收益共享、风险共担的市场化方式运作，以此作为突破口，逐步吸引国内资本进入。

此外，在市场准入、投资、并购、合资合作等方面，积极吸引国外相关行业知名公司的进入，并充分借鉴承诺制审批、不见面审批等地方政府简政放权的好经验，形成以开放倒逼改革、以改革促进开放的互动格局，激活资源型城市封闭的市场活力。

【作者简介】

薄文广，南开大学经济研究所副教授，中国特色社会主义经济建设协同创新中心研究员。

关于把重要产品信息化追溯体系建设纳入各地党政一把手绩效考核评价的建议

李　群　李恩极

【内容简介】假冒伪劣产品给国家和人民带来严重危害。国务院办公厅颁布《关于加快推进重要产品追溯体系建设的意见》，部署推进重要产品信息化追溯体系建设工作，旨在建设覆盖全国、统一开放、先进适用的重要产品追溯体系，提升产品质量安全与公共安全保障能力。各地方各部门党政一把手亲自抓重要产品信息化追溯体系建设具有重要的迫切性和现实意义。要结合各级政府工作的实际情况把重要产品信息化追溯体系建设纳入党政一把手绩效考核评价，同时制定切实可行的考评机制。要建立目标责任制，设置科学考评指标；要运用科学技术，规范考评流程；要健全考评成果运用机制。

近年来，各地区和有关部门围绕食用农产品、食品、药品、稀土产品等重要产品，积极推动应用物联网、云计算等现代信息技术建设追溯体系，在提升企业质量管理能力、促进监管方式创新、保障消费安全等方面取得了积极成效。但是，也存在统筹规划滞后、制度标准不健全、推进机制不完善等问题。为加快应用现代信息技术建设重要产品追溯体系，2015 年 12 月 30 日，国务院办公厅颁布《关于加快推进重要产品追溯体系建设的意见》。随后，2017 年 2 月 16 日，商务部联合工业和信息化部、公安部、农业部、国家质检总局、国家安全监督管理总局、国家食品药品监督管理总局印发《关于推进重要产品信息化追溯体系建设的指导意见》（以下简称《意见》），部署推进重要产品信息化追溯体系建设工作，旨在建设覆盖全国、统一开放、先进适用的重要产品追溯体系，提升产品质量安全与公共安全保障能力。我们认为，要全面深入贯彻落实以上《意见》，使之成为各级政府的实际行动，确保每个任务真实落地，根治“疫苗事件、问题奶粉、僵尸冻肉、假冒农资、地沟油、夜光猪肉、毒牛奶、毒大米”等假冒伪劣产品，关键在于调动各地党政一把手的积极性、责任心和担当，把重要产品信息化追溯体系建设纳入各地党政一把手绩效考核评价，把为人民群众生命健康负责放到重要位置。

一、假冒伪劣产品给国家和人民带来严重危害

国民经济的可持续健康发展会因为假冒伪劣产品的泛滥，而受到一系列的危害。诸如造成国家税收的大量流失，给国家形象带来负面影响，扰乱市场秩序，影响工业和农业的生产，威胁人们的财产以及人身安全，给消费者带来精神和物质上的多重伤害，滋生腐败现象，破坏社会风气等。

1. 造成国家经济损失，破坏国际形象

假冒伪劣的生产经营活动一般都是地下隐蔽进行，存在跨区经营、信息收集困难等特点，不仅造成国家税收的大量流失，而且各级政府每年还需拨出相当数目的专项资金，用于执法部门打假，严重影响了国民经济的健康发展。据悉在中国，假冒伪劣重要产品规模是3000亿~4000亿元，特别是烟、酒、农资、食品、药品等行业，已成为假冒伪劣的“重灾区”。

假冒伪劣产品在国际上被视为“仅次于贩毒的世界第二大公害”，而中国目前已成为全球最大的假冒伪劣产品的产地，一些国家和地区还专门成立打假联盟来对付中国产品，严重败坏了中国产品和企业在国际上的形象。同时，假冒伪劣产品也破坏了我国的投资环境，国外投资者对他们在中国的投资回报表示担忧，进而使我国丧失了许多引进外资和先进技术的机会。

2. 扰乱市场秩序，降低资源配置效率

价格机制是市场机制中的基本机制，对整个社会经济活动具有十分重要的影响。假冒伪劣产品由于不用支付研发费用、宣传费用，在生产中使用低劣的原材料，因而在价格上占据“竞争”优势，甚至使真品的市场份额逐渐缩小直至消失。假冒伪劣产品严重破坏了“游戏规则”，使价格机制不能充分发挥其调节作用，导致社会资源配置效率低下。

3. 增加企业生产经营成本，影响企业长期发展

通常被假冒的产品都是一些经受过市场和消费者检验的优质品牌。面对泛滥的假冒伪劣产品，这些企业不仅要支付比假冒伪劣产品更高昂的生产成本，而且要成立专门的打假机构。一个企业的人力、财力、物力是有限的，打假活动势必会影响企业的正常生产经营活动，削弱企业的市场竞争力。此外，由于打假费用较高，且具有“公共品”性质，一些企业无力打假或不愿打假，以至于在市场上出现“劣胜而优汰”的怪相。

4. 安全事件频发，严重侵害消费者权益

消费者是假冒伪劣产品的最终受害者。假冒伪劣产品以次充好是对消费者权益的公然掠夺，致死致残事件频发，使广大消费者人身财产安全承受巨大侵害。2017 年，全国消协组织共受理消费者投诉 72.7 万件，比上年增长 11.2%，其中质量安全、虚假宣传等问题较为突出，在全国发生的多起重大劣质酒中毒、药品安全等事件，令人触目惊心。

5. 滋生腐败现象，破坏社会风气

近年来，中央政府的打假力度持续加强，取得了一定成效，但是制假、贩假活动仍然是屡禁不止。在制假、贩假的背后往往存在监管官员的失职渎职以及权钱交易、官商勾结等腐败问题。一方面，一些官员为了一己私利，无视人民利益和法律，充当制假贩假者的“保护伞”。另一方面，唯 GDP 至上的官员晋升机制，使得一些地方政府或官员片面追求任期内经济发展，和企业相互勾结，采用行政手段限制外地区真品的流入，进一步加剧了假冒伪劣产品的泛滥。

二、党政一把手亲自抓重要产品信息化追溯体系建设的追切需要和现实意义

一些干部群众说，“千难万难，一把手肯抓肯干就不难”，这形象地说明了作为“关键少数”的党政一把手的作用。重要产品信息化追溯体系建设是惠民生、促消费、稳增长和推进供给侧结构性改革的重要举措，对提高供应链效率和产品质量安全保障水平、推动流通转型升级和创新发展、构建信息化监测监管体系、营造安全消费的市场环境具有重大意义。因此，为了进一步推进重要产品信息化追溯体系建设，需要发挥制度优势，充分调动党政一把手的积极性。

1. 党政一把手亲自抓重要产品信息化追溯体系建设是提升政府公信力的有效途径

改革开放四十年来，中国经济取得了举世瞩目的成就，人民生活水平不断提高，但是也产生了诸多社会问题。其中假冒伪劣问题对整个社会经济造成了多方面的危害，严重阻碍了社会主义和谐社会的构建。食品药品安全事件频发不仅直接威胁了广大人民群众的生命安全，也在一定程度上影响了公众对政府的信心，长此下去，势必会导致政府公信力的不断下降。党政一把手亲自抓重

要产品信息化追溯体系建设既能体现党和政府对重要产品质量安全的重视，维护党的形象，也能使保障产品质量安全成为政府履职的重要方面，提升政府公信力。

2. 党政一把手亲自抓重要产品信息化追溯体系建设是实现服务型政府的重要举措

服务型政府就是为人民服务的政府，其基本职能是提供制度、供给服务和提供良好的公共政策服务。同时服务型政府是一个民主和责任的政府，如果连产品质量安全问题都不能有效地解决，建设服务型政府、构建和谐社会都是不切实际的。重要产品信息化追溯体系具有公共物品的属性，而政府正是依据这样的公共需要而产生的，政府机构有责任在法律约束范围内尽可能提供高质量的服务。因此，作为党政一把手应发挥示范作用，以上率下，统筹协调，加强产品质量安全监管，加快推进重要产品信息化追溯体系建设。

3. 党政一把手亲自抓重要产品信息化追溯体系建设是强化政府监管职能的基础

中国政府的监管体制是纵向监管为主，横向监管为辅。从2008年的“三鹿奶粉”事件到近期的“长生疫苗”事件，已经暴露了中国政府监管模式的一些问题。上级监管下级，管理范围广、成本高，很难发现问题，如果被监管者是上级亲手提拔的人，监管者更会因此放松警惕，很难实现真正的监管。重要产品信息化追溯体系建设是关系国计民生的重要工程，由党政一把手亲自抓部署、抓方案、抓协调，层层传导责任，才能够最大限度地引起各级政府的重视，强化政府监管职能，使重要产品追溯体系建设工作顺利开展。

三、对策建议

为了使党政一把手亲自抓重要产品信息化追溯体系建设不流于形式，真正达到党政一把手重视产品质量监管，主动开展体系建设工作的目的，必须结合各级政府工作的实际情况把重要产品信息化追溯体系建设纳入各地党政一把手绩效考核评价，同时制定切实可行的考评机制。

1. 建立目标责任制，设置科学考评指标

党政一把手亲自抓重要产品信息化追溯体系建设是当前经济社会发展的客观需要，绝不是权宜之计。但要做到常抓不懈，成为各级党政负责人的自觉行动，并不容易。因此，对党政一把手亲自抓重要产品信息化追溯体系建设实行

定期的目标考核，尤为必要。应建立目标责任制，对各单位做出具体的工作计划，同时对年底的目标考核对象、内容、方法做出公示。考评目标既要有量化指标，也要兼顾综合情况；既要重视党政一把手的主观努力情况，也要兼顾地方的自然条件和发展程度，做到公正客观，调动各单位党政一把手亲自抓重要产品信息化追溯体系建设的积极性。

2. 运用科学技术，规范考评流程

近年来，移动互联网、云计算、大数据、人工智能、“区块链”等网络信息技术不断涌现、相互叠加、迅猛发展。“区块链”作为分布式数据存储、点对点传输、共识机制、加密算法等技术的集成应用，已成为联合国、国际货币基金组织等国际组织以及许多国家政府研究讨论的热点，被越来越多地应用于政府治理方面。“区块链”系统的透明化、数据不可篡改等特征，可适用于党政一把手的考评机制。具体来说，可将重要产品信息化追溯体系建设工作的流程数据与“区块链”网络进行实时同步，内部审查人员和广大群众可通过节点对数据记录进行监管和验证，保障考评的客观性，提高政府的公信度。

3. 健全考评成果运用机制

考评党政一把手政绩本身不是目的，充分运用考评结果，才能激发广大干部的工作热情，因此，必须健全相关成果运用机制。以 GDP 增长为基础的政绩考评机制在调动地方官员发展地区经济的积极性方面曾发挥过重要的历史作用。但随着市场的发育和完善，这种激励机制的消极后果也越来越明，违背了全面建成小康社会的要求。近些年，中央政府特别强调地方科学发展问题，着力构建以“四个全面”为导向的科学政绩考评体系，不再简单地以 GDP 增长来“论英雄”了。

重要产品信息化追溯体系建设以保障民生为核心，坚持发展一切为民的价值导向和民生优先的行为导向，是一项重要的民生工程和公益性事业，符合以“四个全面”为导向构建科学政绩考评体系的要求。只有将重要产品信息化追溯体系建设成果与干部的选拔任用相关联，做到奖优罚劣，才能让党政一把手充分重视重要产品信息化追溯体系建设，发挥示范作用，立足全局，打破利益阻隔，造福人民。

【作者简介】

李群，中国社科院数技经所综合研究室主任、研究员，中国特色社会主义经济建设协同创新中心研究员。

李恩极，中国社会科学院研究生院博士生。

基于脆弱性视角的反贫困政策建议

荆克迪　谢　春

【内容简介】 1978 ~2018 年，我国扶贫工作已走过 40 年的光辉历程，反贫困事业取得了举世瞩目的成就。2013 年，习近平总书记提出“精准扶贫”，强调精准识别、精准帮扶，实现了由粗放扶贫向精准扶贫的转变，其关键之处在于“精”和“准”的实现。

20 世纪 90 年代，西方经济学家提出贫困脆弱性的概念，其中有代表性如阿马蒂亚·森（Amartya Sen）等。贫困脆弱性用于预测未来贫困发生的可能性，从而做到准确识别贫困对象，提前做出防范措施。所谓贫困脆弱性是指个人或家庭在遭受各种风险冲击后陷入贫困的可能性，脆弱性越高，陷入贫困的可能性越大，反映出具有动态特征的脆弱性更能准确识别贫困。为打好“脱贫攻坚战”，实现 2020 年全面建成小康社会的目标，减少脱贫后返贫现象的发生，要关注贫困脆弱性问题，科学制定反贫困政策，真正做到“精准扶贫”。

一、从脆弱性角度看贫困产生的原因

研究表明，脆弱性与贫困的发生具有正相关关系，自然、社会、经济等方面风险冲击使得脆弱性高的个人或家庭更容易陷入贫困。

首先，自然条件因素。我国是自然灾害多发的国家，灾害类型多样、发生次数频繁、覆盖范围辽阔、治理要求复杂、危害程度深远，遇上重大灾年往往造成农作物歉收或绝收。2016 年，全国农业受灾面积 26221 千公顷，灾害类型主要包括水灾、旱灾、风雹、冷冻等，其中导致损失最严重的是旱灾，占比 50% 以上。随着人类生产活动的开展，生态环境渐趋恶化，出现“七分天灾，三分人祸”现象，自然灾害不确定性提高，抵御能力下降。灾害增多和生态恶化使得个人或家庭福利减少甚至低于社会公认的水平，生计难以继续，从而陷入贫困。相较于居住在平原地带的家庭，居住在偏远山区的家庭更容易陷入贫困，地理条件的限制造成交通不发达、生产成本高、规模生产难、通讯不便利等问题，加之气候条件、资源禀赋等原因，使其成为高脆弱性地区。

其次，个人或家庭因素。户主的个人特征往往影响家庭的贫困状况。一般而言，户主受教育年限越长，人力资本的积累越多，抵抗风险的能力就越强，从而更不容易陷入贫困；户主年龄与脆弱性呈“U”型关系，即户主年龄处于40～49岁之间的家庭整体脆弱性最低。家庭的整体状况也会影响家庭的贫困状况。贫困家庭往往脆弱性更高，较高的脆弱性导致未来贫困发生的可能性更大，从而陷入贫困陷阱无法自拔；家庭规模扩大有利于增加劳动力数量，从而提高劳动生产率，但持续扩大的规模会提高家庭的脆弱性，抵消生产率增长带来的正向作用；有长期重大疾病患者的家庭面临风险冲击时被动性更大，恢复能力更弱；家庭关系网络对脆弱性有极大影响，有富裕家庭关系网的家庭在面临风险时可通过相互救济避免陷入贫困，主动性强，与之相反，只有贫困家庭关系网的家庭更多地表现出无能为力、束手无策的现象；有子女将要或正在接受高等教育的家庭未来的脆弱性更低，即使该家庭现阶段脆弱性可能较高，人力资本的积累将带来正向作用；家庭成员外出务工或务农能够增加收入渠道，显著降低家庭脆弱性。

最后，社会经济环境因素。社会经济环境对家庭福利产生重大影响。社会中的矛盾冲突是造成脆弱性增大的原因之一，不安定的社会环境使得就业机会减少，就业、生产风险增大，出现外出务工务农者大量返乡务农现象，就业渠道减少、收入降低，脆弱性增加。经济频繁波动不利于农产品生产与销售，农户难以预估未来市场走势，产品供求相对平衡实现困难，农户效用最大化的实现面临困境，进而导致脆弱性增加。当社会动荡与经济波动共存时，脆弱性将呈现急剧上升趋势。

二、甘肃省贫困问题的脆弱性分析

脆弱性理论预测，贫困或即将陷入贫困的个人或家庭通常存在生活环境恶劣、住房价值低、人力资本积累不足、家庭成员多、收入水平低等基本特征，具有此类特征的家庭脆弱性通常较高，抵御风险的能力弱。甘肃省经济发展水平低、贫困发生率高、贫困程度深。截至2017年末，甘肃省贫困发生率为9.6%，比全国水平3.1%高出6.5个百分点，是我国扶贫攻坚的重点区域。

2015年，甘肃农业受灾面积1011.0千公顷，主要受灾源是旱灾，所占比例为57.25%，对农民造成了直接经济损失。甘肃是西北地区三大高原交汇地带，属于旱半干旱气候，水资源短缺，沙尘暴肆虐自然条件对贫困有重要影响。随着扶贫工作的开展，全国范围内的贫困发生率下降。与全国住房价值上升发展趋势相同，甘肃省农村居民住房价值虽有上升，但始终低于全国水平，与甘肃贫困省份事实相符合，反映了居民住房价值与贫困的负向关系。甘肃全省每十万人口中平均各级各校在校生人数与全国平均水平持平，但高等教育明显低于平均水平，说明该地区的教学质量等有待提高，受教育年限有待延长，反映出受教育年限与贫困的负向关系。农村居民人均可支配收入数据表明甘肃地区的农民收入水平显著低于全国平均水平，可支配收入增长趋势也明显低于全国平均增速，反映出收入水平和贫困间的负相关系。

综上所述，甘肃目前贫困状况正好切合了脆弱性预测的结果。由于地处偏远地区，经济增长所带来的“涓滴效应”难以有效发挥作用，这就强调了政策制定的重要性，依靠脆弱性可相对准确地预测出贫困对象，进而及时制定相关措施。

三、政策建议

脆弱性对于贫困的预测具有一定的可靠性。因此，反贫困政策的制定需追根溯源，力求从根本上消除贫困，避免脱贫与返贫现象共存，形成贫困的恶性循环。实现该目标的关键在于减缓风险和应对致贫风险的能力，提高抗逆力和减少风险冲击。

首先，减灾与扶贫结合。自然灾害问题由来已久，防灾减灾工作为历任领导者所重视，我国在此的投入力度及规模较大，持续关注灾害高发地区，为避免陷入灾害—贫困—灾害的恶性循环之中，减灾与扶贫相结合的方式应运而生。所谓减灾就是要依靠科学技术、政策和投入来减少自然灾害的发生，降低损失，实现投资收益的最大化。

要建立灾害预警机制。对于自然灾害的治理属于事后机制，即在灾害已经造成设施、作物、经济等的损坏或损失后采取的补救和恢复措施，属于破坏后的治理，无疑造成个人及家庭的直接福利损失。为此，建立灾害预警机制就显得格外重要。所谓预警，即在灾害尚未发生时就已经预测到并制定和采取相关预防措施，真正做到未雨绸缪，减少灾害可能带来的福利损失，从而减少贫困发生的可能性。通过建立一套涵盖气候、环境、社会、经济等多重风险来源的预警机制，提前获取风险信息，提醒和指导贫困家庭进行生计资产结构优化，提高抗风险能力。如采用空间遥感大数据技术、全球卫星定位系统、RS 检测、GIS 技术、气象监测、防灾减灾信息自动语音传输系统技术等用于自然灾害防御监测和信息传输，降低脆弱性。

要完善基础设施建设。目前，我国贫困地区主要进行农业生产，基础设施是农业生产的基础，完善的基础设施能显著提高生产率，增加农户收入，促进经济增长。加大对于乡镇公路的修建力度，增加资金投入，提高公路质量，降低农产品运输成本，减少极端天气下由于道路坎坷造成的经济损失；保证水利设施、电力设施和通信设备的完善，使得生产经营过程通畅。同时，洁净水的饮用可降低贫困地区人群的疾病发生率，增强个人和家庭抵御风险的能力。对于一些基础设施建设挑战极大、成本极高的地区，可组织协调移民搬迁，将资源用于新居住地基础设施建设，从根本上减少脆弱性。

要推动生态环境治理。经过长时间的探索，我国农村经济取得了长足的发展，同时还应关注到，传统粗放的农村经济发展模式并没有得到根本的转变，使得生态环境渐趋恶化，随之而来的是自然的无情“报复”，面临的风险冲击更多、更大，影响到农村经济发展和农业生产进步，贫困脆弱性呈现增长趋势。人的主观选择是造成生态恶化主要原因，通过新媒体平台等向公众普及环保知识，提升环保意识，设置治理和保护生态奖励机制，引导和激励公众自觉开展生态环境的治理和减少使环境继续恶化的行为。通过政府立法强制个人和家庭采取低危害或无危害生产方式，同时建立问责机制，强化干部与群众的合作，共商治理措施。通过政府积极引进与创新生态治理方式，提供治理技术、专家指导和资金支持，吸引外界人士支持，全方位治理生态环境，从而降低贫困脆弱性，同时减少风险的发生。

其次，制定差异化扶贫政策。基于脆弱性理论，扶贫政策的制定关键在于瞄准贫困对象，我国扶贫过程中出现了“益贫困地区”大于“益贫困户”现象。在整村推进过程中，真正受益的群体是贫困村中相对富裕的农户，缩小了贫困地区和发达地区差距的同时却显著扩大了贫困地区内部的差距。政策实施过程中存在的瞄准偏差要求制定差异化的扶贫政策，因地制宜，提高扶贫成效。

要按区域差异制定扶贫政策。研究表明，我国西部地区脆弱性高于东部地区，偏远山区脆弱性高于平原地区，因地制宜，制定适合本地区发展的扶贫政策。经济发展水平与脆弱性大小有着紧密联系，通常而言，经济发展水平高的地区脆弱性更低，我国西部地区经济发展水平明显落后于东部地区。因此，扶贫政策应主要倾向于西部经济落后地区，通过制定市场优惠政策，吸引外来投资，壮大市场规模，为贫困地区的生产者提供市场机遇，增加收入渠道，获得更多就业及教育机会，从而降低脆弱性。

要按人群特征制定扶贫政策。相较于汉族人群，民族聚居地区具有更高的脆弱性，尤其西部少数民族地区是我国扶贫工作面对的重点区域，地势偏远、环境恶劣、资源匮乏、人力资本薄弱、居住地分散等疑难问题亟待解决。因此，扶贫政策应更倾向于该类地区。对于少数民族地区的扶贫政策制定还应关注其社会风俗，做到平稳推进。如加大财政支持促进少数民族地区发展生态旅游产业，实行优惠政策使其利用现有资源开展电商发展模式等。

要按贫困划分制定扶贫政策。贫困可划分为暂时性贫困和慢性贫困。暂时性贫困即持续时间较短的贫困，其表现为不是“经常穷”而是“有时穷”；慢性贫困即长时间处于贫困线以下的贫困，持续时间长（大于5年）甚至包括整个生命周期。造成暂时性贫困的原因主要是偶然性事件或风险冲击的发生，包括自然灾害、婚丧嫁娶、家庭成员上大学等等，造成慢性贫困的主要原因是资产积累不足，从而难以摆脱贫困，甚至出现贫困的代际传递。针对不同贫困发生的原因，制定不同的扶贫政策，为减少暂时性贫困，可制定灾害预防和治理机制、实行教育优惠政策。对于慢性贫困，可加强人力资本积累，提高收入水平等。

最后，促进个人和家庭发展多元化。政策帮扶的最终目标是福利水平的提高，具有主观行为的个人和家庭的选择对于福利的实现有着直接影响。因此，通过制定相关政策，促进个人和家庭的多元化发展有利于降低脆弱性，增加福利，减少贫困。

要加大人力资本积累，以教育促发展。习近平主席在考察北京师范大学时强调，百年大计，教育为本；教育大计，教师为本。在农业生产中，教育回报率通常偏低，基于自身效益最大化的考量，贫困地区的人们通常选择缩短教育年限以增加劳动力数量，提高收入。同时，教学环境的艰苦和师资力量的短缺进一步加剧了教育投入的减少，由此导致了人力资本的投入不足，与之呈负相关关系的脆弱性增加，抵御风险能力下降。教育通过开发人力资源、提升人口素质、扭转贫困文化等多种方式改善贫困地区整体状况，并起到持久脱贫致富的作用。“扶教育之贫”，第一要解决贫困地区“不让上学，不愿上学，上不起学”的问题，通过制定上学补助、学费减免、奖学金激励等政策，弥补贫困家庭劳动力减少带来的损失以及消除无钱上学的困境，同时提高贫困地区人们的教育意识。第二要完善教学硬件设施建设，修建宿舍、食堂等，便于偏远地区学生上学。第三要制定教师激励机制，吸引优秀教师和志愿者前往任教，壮大师资力量，开阔学生视野。加大人力资本积累，从根本上摆脱贫困。

要支持和引导外出务工，增加收入渠道。家庭成员外出可增加就业机会，拓宽收入渠道，尽管从事的工作相对繁重且危险，但家庭脆弱性显著降低。贫困地区的人们由于信息闭塞，长期习惯于进行传统的农业生产，容易遭受自然灾害等风险冲击，造成福利损失。通过制定相关政策，引导和支持人们外出，以增强其自身抗逆力。如实行企业+村集体形式，企业提供岗位信息给村委会，村委会定期向村民公开就业信息；开展集体学习和培训活动，让村民获得相关技能，增强自身竞争力，从而降低脆弱性。

要完善保险保障制度，提高社会福利。疾病是造成贫困脆弱性的重要因素之一，“因病致贫”“因病返贫”现象依然存在，2017年因病致贫比例高达44.1%，尤其在脆弱性高的地区更为明显。我国虽推行了一系列医疗保险制度，覆盖率高，但贫困地区的人们“看病难”问题依然比较突出，收入不能满足高昂的医疗费用，医保报销比例较小，乡村卫生院医疗设施简陋，医护人员和医疗用品紧缺，医疗水平有待进一步提高。金融保障也是政策制定者需关注的问题，由于普遍的教育投入不足，贫困地区的人们金融知识和经济素养有待提高，面对复杂多样的金融风险冲击，抵御能力不足，容易造成贫困。通过提高完善医疗保险制度、养老保险制度、金融保险制度，提高贫困地区居民的抗风险能力，降低陷入贫困的可能性。如提升大病保险管理的能力和服务水平，加强乡村与城镇的医疗团队协作，简化报销手续，加强金融知识宣传力度等。

四、结　　论

脆弱性理论对于扶贫政策的制定具有指导意义，尤其是在我国精准扶贫政策下，提高贫困的精准识别水平和瞄准精度成为首要任务。研究表明，自然条件、个人或家庭特征、社会经济状况等均对脆弱性有着极大影响，脆弱性更高的地区陷入贫困的可能性更大，政策制定者应更关注高脆弱性地区。同时，通过以甘肃省为例对脆弱性进行实证分析，进一步证明了脆弱性理论的可靠性以及实用性，使用该工具有利于实现精准识别、精准帮扶。将减贫与扶贫相结合、制定差异化扶贫政策以及促进个人和家庭发展的多元化，能够显著降低脆弱性，从而达到减贫目的。

【作者简介】

荆克迪，中国特色社会主义经济建设协同创新中心办公室主任，南开大学讲师。

谢春，南开大学本科生。

加快医护人员队伍建设　助力医养结合的建议

刘洪银

【内容简介】“医养结合”纳入《“健康中国2030”规划纲要》，目前全国已有90个城市开展医养结合试点工作。调查发现，医养结合试点中出现养老机构和民办机构人才吸纳困难，护理人员素质低，中小医疗机构中坚人才缺乏，全科医生严重短缺，医疗服务社区延伸受限等问题，制约医养结合服务的开展。本报告建议：统筹制定医养结合人才规划，建设专业化高素质医护人员队伍；改革医护人员教育体制，满足医养结合人才需求；改革医护人员培训体制，提高医养结合人员技能水平；改革人员编制和职称评定政策，加强医护人员体制内外交流；改革政府补贴政策，提高医养结合服务业人才吸引力。

2017年，我国老龄化率达到17.3%，其中上海、北京、天津位居前三位，分别为33.2%、24.5%、23.4%。有关数据显示60岁以上老人患病率是一般人群的3~5倍，失能半失能老年人较多，以天津南开区为例，全区60岁以上老人达到21万左右，其中30%的属于失能和半失能老人，大多患有多种慢性疾病，亟须长期护理服务。但医护人员短缺成为医养结合推进中的难题。

一、医护人员缺乏是医养结合的短板

1. 护理人员招聘难素质低，养老机构用工成本高

天津农学院《医养结合养老模式研究》课题组对天津市民政局老年病医院的调查显示，劳动力进入短缺时代，护理人员招聘困难，即使通过专业中介组织，也难以招聘到足够的护理人员。政府没有专门开展护理人员教育培训、资质认定和技能管理，护理人员大多来自农村，知识技能素质低，养老机构需要组织或委托开展技能培训，缴纳社会保险，增加了用工成本。护理人员和后勤人员不在编，不享受政府补贴，养老机构承担所有用工成本。医养护一体化医院中病人自己雇用护理人员，给医院人员管理带来困难。

2. 中小医疗机构缺乏中坚人才，人才结构不合理

无论从医疗设备还是经费投入，中小医疗机构难以与三级医院抗衡，中小医院人才成长环境不具有竞争力。开展医养结合服务的中小医疗机构人才结构不合理。高级职称人员多为外聘和退休人员，35～45 岁中级职称的中坚力量短缺，中小医疗机构人才吸纳能力差，留不住成长前景好的人才。而低级职称的大多是刚毕业的学生，进入中小医院是为将来转入三级医院的权宜之计，中小医院成为其积累资历的跳板。

3. 养老机构人才吸纳力差，医养结合中医护人员严重短缺

无论是养老机构内设医疗机构，还是一、二级医院转型的老年护理院，具有行医资格的医师、执业护士和专业护理人员都严重短缺。传统上，养老服务业从业门槛低，职业地位不高，人才吸纳力差。但养老业人员需求量大、综合素质要求高。源于个人成长空间约束，医养结合中，养老机构难以吸纳和留住医疗技术人员和医疗护理人员，医务人员不会选择长期留在养老机构工作。养老机构的内设医疗机构，虽然面向社会接诊，但数量和病种上与正规医院相比仍存在较大差距，内设医疗机构经营业绩差，人才成长环境不具有竞争力。同样，美国 PACE 计划（The Program of All—Inclusive Care for the Elderly）也受制于专业护理人才和医疗保健人员短缺。

按照国际规则，每 3 位老人需要 1 名护理人员，我国养老护理员的需求大约在 1000 万，但是目前我国养老机构人员尚不到 60 万，其中，持证上岗的不足 10 万。目前，我国仅有 30 余所院校开设了老年服务与管理专业，每年培养的人才仅有千余人，远不能满足养老护理需求。具有执业资格的医疗康复医师同样缺乏。2015 年相关数据显示，全国康复医师 70% 以上为跨专业行医，治疗医师的缺口也在 50 万人左右。

4. 全科医生短缺，医疗服务社区延伸受限

医疗保健服务的社区延伸需要建立一支家庭责任医生队伍。但家庭医生签约服务中，每个医生签约对象众多（如天津市达到 800 人），签约医生力不从心。全科医生短缺是制约医疗服务社区延伸的主要因素。从医生培养体制看，临床医学学科是建设重点，而全科医学学科建设滞后，全科医生培养供不应求。医养结合需要大批全科医生和专业化医疗护理人员，医护人才培养结构应该从倒金字塔式向圆柱式转变。

5. 民办医养结合机构人才吸纳困难，智力资源流失严重

第一，与公办机构相比，民办医养结合机构没有正式编制，即使给予高于

对等公办机构的人员待遇，人才吸纳仍存在困难，民办养老机构内设的医疗机构难以吸纳和留住专业医护人员。第二，专业医院不愿与养老机构合作，担心人才流失。调查发展，部分省市三级医院挂着医养结合的牌子，但既没有实际开展医养结合服务，也没有与养老机构合作。第三，社区服务中心先进医疗设备配备齐全，但医护人员的专业水平不高，基层医疗机构服务质量上不去，难以满足医养结合服务要求。

二、加快医护人员队伍建设助力医养结合的建议

1. 统筹制定医养结合人才规划，建设专业化高素质医护人员队伍

第一，各省市民政与卫计部门联合制定 2018 ~ 2022 年医养结合产业发展规划。确定产业发展目标、发展模式、试点示范工程、政策支持等，为医养结合人才发展规划奠定基础。

第二，卫计与民政部门联合制定 2018 ~ 2022 年医养结合人才发展规划。根据老年人口数量和失能比率，制定需要培养的医护人员类型、数量、来源、培养计划、培养标准、经费支持等，每年制定医养结合紧缺人员目录，培养福利计划等。

2. 改革医护人员教育体制，满足医养结合人才需求

第一，开展政校医合作，加强“医养结合”医护人员的教育培养。一是教育部门加强医学和中医学高校全科医学学科建设，有条件地纳入地方一流学科和特色学科群建设计划。加快全科医学学科研究生培养，尤其临床专业学位研究生培养。二是教育部门引导医学和中医学高校设立医疗康复、医疗护理和养老护理专业和医养结合管理专业，全日制培养老年护理和管理型专业化人才。

第二，试行高校养老专业免费培养制度。地方政府给予免学费和生活补助，要求学生毕业后在当地养老机构从事一定年限的养老服务工作。

3. 改革医护人员培训体制，提高医养结合人员技能水平

第一，改革医护人员培训体制，建立高校医护专业技能培养制度。制定医养结合医护人员岗位能力，高校设立医护人员实训中心，按照医养结合岗位能力建设标准，开展多种形式的全科医生、医疗护理、照料护理等技能培训。

第二，建立养老护理人员社会化培训体制。按照省市医养结合人才发展规划，人社部门、民政部门和卫计部门联合制定养老护理人员技能培训福利计

划，制定岗位能力要求、培训计划、培训标准、培训政策等，面向社会有计划地开展公益性培训，培训后经考核鉴定，颁发相应的职业技术资格证书，并在全行业实行证书管理。

第三，医养结合机构按照需求，委托医科院校和医疗机构开展执业医师、医疗护士、养老护理人员和管理人员培训。

4. 改革人员编制和职称评定政策，加强医护人员体制内外交流

第一，建议将养老机构内设的医疗机构及其医护人员纳入计生部门统一管理，实行医养机构人员同等评价标准。“医养结合”机构中医护人员在资格认定、职称评定、技术准入和推荐评优等方面与专业医疗机构执业人员享受同等待遇，鼓励医护人员到“医养结合”机构执业。

第二，建议将民办医疗机构和民办医养结合机构中医护人员纳入事业编制管理。卫计部门将民办机构中医生和医疗护理人员纳入编制管理，用人单位负责支付工资和社会保险（属于自收自支类型），促进医护人员体制间流动。

第三，加强医联体内医护人员交流。在三级诊疗体系建设和一、二级医疗机构护理转型基础上，建立医联体内医护人员上下交流制度。要求三级医院医生定期到一、二级医养结合医院开展业务指导和人员培训，医养结合养老机构医务人员定期到三级医院或其教学基地轮训。

第四，加强医学高校与医养结合机构人员交流。教育部门规定医学高校教师定期到医养结合机构从事一段时间的医疗护理指导和人员培训工作，作为职称晋升的必要条件。

5. 改革政府补贴政策，提高医养结合服务业人才吸引力

第一，拓宽护理人员招聘渠道。地方人社部门牵线搭桥，吸纳周边贫困地区、对口援建地区和困难企业下岗职工从事养老护理工作，政府给予医养结合机构培训费用和社会保险补贴。

第二，政府设置公益性岗位，为雇用残疾人员的养老机构提供社会保险和工资补贴。鼓励养老机构雇佣本地农村转移劳动力从事照料护理工作。

第三，引导和支持志愿者提供医养结合护理服务。鼓励志愿者在专业护理人员指导下为社区老年人日间照料中心和居家老人提供多种形式的护理保健服务。

【作者简介】

刘洪银，天津农学院人文学院教授，经济学博士，南开大学特约研究员。研究方向：人力资源经济学，农村城镇化。

新疆和田劳动力转移就业扶贫的经验做法与建议

陈宗胜　张　杰

【内容简介】新疆南疆和田地区是维吾尔少数民族聚居的贫困地区，是北京、天津、安徽等省市结对帮扶实施扶贫协作地区，其下辖的皮山县、墨玉县、策勒县等7县均为国家级贫困县（其中，天津援建的民丰县已于2018年脱贫）。近年来，和田地区在国家精准扶贫战略的指导下，在对口帮扶省份的支援下，各贫困县在精准扶贫工作上取得了显著成果，特别是在劳动力转移就业、劳务输出扶贫工作上取得了显著的成果。

南开大学扶贫调研团队，对和田部分区县的劳动力转移就业扶贫工作进行了调研，重点关注了皮山、墨玉及于田三县的劳动力转移就业扶贫工作情况。首先，重点了解了由各县政府直接协调的劳动就业计划、目标、政策，以及实际完成的劳动力转移规模、数量、效果等等；其次，特别集中考察了几个比较有代表性的劳动力转移就业扶贫项目，包括几个以培训促输出的劳动力转移培训项目，如“市场政府结合”模式的皮山县福农劳务有限公司，“政学结合”模式的皮山县职业培训中心，以及“政企结合”模式的于田县新业转移就业职业技能培训学校；再次，还考察了几个直接接收劳动力就业的中小微企业，如以吸纳“就近就地就业”为主的乡镇企业乔达乡图玛丽丝手工羊毛地毯加工有限公司，以“小规模零散灵活就业”为主的木吉镇萨依村私有个体企业阿尔祖手工业发展有限公司和木吉镇阿萨尔村制席厂，以“政府劳动资料补贴”形式扶持的木吉镇阿萨尔村养殖合作社，以“政府订单—企业加工”为主的墨玉县龙头企业和田霸丽穆商贸有限责任公司，以及内地入疆企业鑫祥服装有限公司。总体看来，这些以培训促就业为主的项目与直接吸收劳动就业的小微企业项目，在促进和推动转移就业扶贫方面，都取得很好的效果，是相当成功的举措。

一、做法与经验

通过对和田地区三县的劳动力转移就业情况调查，我们发现新疆维吾尔少数民族地区的扶贫任务是比较严峻的，但同时其扶贫的力度和广度也是前所未有的，扶贫成效也是较为明显的。和田地区劳动力转移就业的基本路径有三：一是由政府部门直接组织协调，向疆外和疆北地区输出较大规模的劳动力；二是在政府引导下由劳务公司和培训学校培训培育后，向外输出一批劳动力；三是由政府支持在当地创办中小微企业，吸收接纳一批就近就业人员。

分别来看，一方面是在政府的引导下，改进、改善并提高劳动力供给质量和数量，从而形成了和田地区三县经由培训过程的劳务输出运作机制，呈现出明显的相互协调特点，可简单概括为：由区政府人社局根据劳动需求下达区县劳务输出任务→县人社局指导并协同县培训中心、培训学校与用人单位，对接劳务输出计划并在网上进行公布→各乡镇按照劳务输出指标和要求，向培训中心或学校组织劳动力；同时培训中心或学校也接受社会自愿报名，占比在30%左右→由培训中心或学校培训成合格的劳动力，然后一部分进入由政府协调和企业搜寻的工作岗位，另一部分进行劳动储备。

另一方面，搜寻并扩大劳动力需求数量和规模。已经摸索出三方面的劳动力需求途径：分为疆外需求、疆内需求（指在和田地区以外新疆自治区以内实现就业）及就近就地就业（指在和田地区以内实现就业）。疆外需求主要来源于地区人社局、县人社局及疆外派驻的工作组或工作人员搜寻的岗位，较为集中的省市包括湖北省、山东省、江西省等；疆内需求包括自治区规定的北疆国有企业需承担的劳务承接任务，以及南疆区内阿克苏、巴音郭楞蒙古族自治州等地的季节性劳务需求，比如采棉花、育苗等农地管理工作。就地就近就业需求主要来自当地成立的建筑企业、纺织企业等，主要针对不能不愿外出、家庭特殊困难及政审不通过等不能外出的群体。

所以，和田地区三县的劳动力转移就业已经形成比较完善的机制和做法，大致有十一个侧面：一是政府通过相关部门以计划规划直接组织和协调劳务输出；二是政府购买公益岗位或以相关政策引导鼓励和激发劳动力转移；三是政府牵头成立内地劳动需求信息机构，或鼓励市场主体设立中介机构扩大劳动需求；四是政府支持和资助（免费受训、减费食宿、免费交通等）劳动力专业培训教育；五是劳动力转移多采取规模型"组团式"（少由30~50人一组、多则上百人同行）输出方式；六是政府部门安排行政干部专门带队并负责保安；七是协调用人单位专门安排清真伙食、夫妻宿舍、特色休闲；八是安排政府干部驻场管理、翻译、保安等，形成特色"双语干部驻厂配合集中管理"模式；九是提供往返交通费用及奖金鼓励外出人员持续稳定就业；十是安排"优惠四托"，即免费或优惠托儿所、托老院，牲畜托养户及土地集中置换等等，解除劳务输出人员的后顾之忧；十一是支持和资助建立当地中小微企业吸纳更多就近就地就业等。这些做法和措施是在实践中逐步摸索实行的，简单易行，行之有效，效果较佳，值得认真提炼总结并坚持下去，也值得在全国扶贫工作中在其他适宜地区，特别是一些少数民族贫困区推广借鉴。

二、问题与表现

当然问题也是存在的。调研团队通过考察发现，和田地区农村富余劳动力总量仍然很大，绝大部分处于失业或隐性失业状态；劳动力转移的结构性矛盾也很突出，在已转移的劳动力中技能型人才数量短缺，不能满足经济发展需要。所存在的问题主要如下：

第一，劳动力自身存在文化程度差、观念落后、语言交流水平低等问题。大多数农民文化素质不高，都是小学文化水平，教育水平平均在6年左右（6~7年），不识字和很少识字的人口数量占比较大，自学能力明显不足。另外，受传统观念的束缚，仍有部分劳动者不愿意背井离乡，思乡情结严重，最近几年在政府的大力引导下有很大改进，但部分仍是存在的，安于现状、小富即安的人生观比较普遍。素质与观念问题不是短期可以很好解决的，需要持之以恒地采取措施。

第二，转移劳动力层次相对比较低、技能单一，主要从事简单体力劳动，以体力、青春乃至健康为筹码的就业形式，决定了其就业年限可能不会很长，也使得其转移就业不稳定，应当采取措施提高转移劳动力的技术层级。

第三，专业技术人才培训渠道狭窄，现有职业技术学校主要集中在技术含量低的劳动密集型行业培训上（地毯编织、果蔬花卉生产技术、园艺），而焊接技术与应用、计算机应用等仍需要加强；而且培训期较短、培训的针对性有待持续提高。

第四，和田地区农村富余劳动力大多数是维吾尔族及蒙古族，普通话水平较低，基本上不能进行普通话正常交流，虽然有定期的普通话培训，但都是为期较短的突击式培训。应当加强常规培训和通识文化教育。

第五，疆外岗位开发仍然不足，劳动力需求信息不充分也不充足。新疆地区各级政府和企业，对内地企业的用工需求信息掌握不全面，内地企业大量存在“用工荒”，企业想用人，但很难招到新疆的工人。由于与输入地对接不及时，也往往错过了用人机会，甚至也会导致劳务输出亏本及工资拖欠。

三、结论及建议

总而言之，调研团队对和田地区推动劳动力转移的情况与机制的考察，以及对其取得的经验的总结表明，和田地区的劳动力转移就业扶贫是一种比较成功有效的扶贫方式，值得总结与提炼、坚持和推广。为了尽快完成脱贫任务，需要认真坚持现有的经验，克服存在的问题，在加大就近就地转移工作力度的同时，继续加大疆内其他地区劳务输出的力度，特别要争取更多向疆外输出、经过技能培训、普通话水平较高的劳动力，实现由就地就近就业为主，向就近就地与跨省就业并重的战略转变，建立和形成劳动力转移的持续稳定机制。为此还需做更大的努力：

一是坚持政府直接协调和政策引导。各级政府相关部门要加强责任制，特别是劳动保障部门和扶贫协调机等相关部门，要根据国家任务制定具体的劳动转移与输出计划，下达指导性分配指标给有关机构和主体，引导其他部门和企业及市场向扩大劳务输出的方向集中资金、人力和信息传播等其他力量；同时要坚持以往的鼓励政策（如“优惠四托”），甚至出台新的优惠政策（如“能托尽托”），给劳动力输出和转移的优秀的单位、企业、个人以资助和奖励，支持全社会关心、关注、参与到剩余劳动力就业工作中，以尽快提高劳动转移和输出的规模和效果。

二是坚定坚持以“培”促“输”劳动力机制。以岗前培训为基础，以专业技能培训为重点，以国语贯穿于各个培训阶段，在目前的政府引导就业模式的基础上，逐步推行市场需求与“订单式”培训对接的模式，逐步放松对政府的依赖。在培训对象上突出抓好潜力较大、易于接受技能培训的劳动力，如应届初中和高中毕业生以及有就业意向的青壮年农民，争取将这部分劳动力输出疆外。在培训专业上重点放在市场需求量大、易于就业的岗位上，如焊工、车工为主的制造业，木瓦工为主的建筑业，以美容、餐饮、家电维修为主的服务业，以及大大增加以电脑使用为主的新兴产业。还要整合好培训资源，把人社、教育、妇联、农业、扶贫等部门的培训资源整合起来，强化劳动力的技能培训、普通话培训、劳动纪律意识和法律法规意识培训，力争使劳动者能“输得出、稳得住”。

三是建立以市场导向的劳动用工精准对接机制。在政府的引导下，鼓励相关单位、学校和企业主体，在摸排自身劳动力状况的基础上，积极主动到疆内外各地开展劳务对接，搞好就业信息服务、积极牵线搭桥，促进农牧民富余劳动力与企业就业岗位的对接，以实现点对点的精准劳务对接和转移增收。鼓励、支持劳务派遣公司、劳动力转移中介机构参与劳动力转移就业工作，逐步形成“政府政策引导，乡村组织登记，中介主体组织和参与，居民自主实现就业”的机制，进行市场化运作，积极引导劳动力转移由无序向有序流动发展。

四是进一步疏通外出渠道。政府及中介机构建立的各种外地工作站的作用要扩大并加大力度发挥。针对季节性转移相对集中区域，以输出人数规模大小设立工作站，协调和田地区劳务人员在本区域内的服务工作，避免同一区域多头管理、各自为政、资源分散的弊病。通过各级服务机构的组建，及时化解和调处劳动争议，切实维护外出务工人员的合法权益，使他们能够安心在外务工，以实现务工环境和谐有序。

【作者简介】

陈宗胜，南开大学教授、中国特色社会主义经济协同创新研究中心资深研究员、中国财富经济研究院院长。

张杰，南开大学中国财富经济研究院扶贫调研组成员。

津冀承接北京高科技资源的现状与对策

——中关村企业在天津和河北投资发展情况调查

周彩云　周立群

【内容简介】中关村是全国创新资源的宝库，是天津和河北产业转型升级和高质量发展的创新源和动力源之一。本研究报告在对中关村企业以及天津、石家庄、唐山、廊坊、保定、张家口六城市调研基础上，以 2014 ~2018 年 3 月中关村企业在津冀两地投资数据为基础，分析天津市、河北省在吸引和承接中关村企业投资发展的现状和特点，并提出吸引和对接中关村创新资源和高科技企业的对策建议。

一、中关村企业在津冀投资的现状和特点

1. 投资企业数及投资额在快速增长后呈滑落态势，其成因与北京市科技与产业的新布局相关

从 2014 ~2018 年 3 月，中关村在天津的投资企业数为 1213 家，投资金额达 497 亿元；在河北的投资企业数为 975 家，投资金额为 529.68 亿元。其中，2014 ~2016 年期间，中关村企业在津冀两地的投资企业数和投资额均快速增加；在津的投资企业数和投资额年均增长率分别达到 27.8% 和 36.6%；在冀的投资企业数年均增长 120%，投资额更是成倍增长。但是 2017 年，中关村在津冀的投资开始下降，与 2016 年相比，投资于津冀的企业数分别下降了 24% 和 45%；到 2018 年 3 月，与 2017 年同期相比，投资进一步下降。

2017 年至今中关村企业在津冀投资额和投资企业减少，除了津冀自身的原因外，如天津自身结构调整和经济增速下降，河北与北京的产业发展梯度差异较大制约了部分领域企业的进一步转移，还与北京内部结构调整与产业导向的一些新变化相关。一是北京为围绕科技创新中心建设全力推进中关村科学城、怀柔科学城、昌平未来科技城三大科学城和科技创新中心主平台建设。尤其昌平未来科技城主要吸引和集聚新能源、新材料、宽带技术、电子信息、民用飞机设计等方面企业和创新创业人才，并推出了一些优惠举措，中关村企业

更青睐于去昌平未来科技城发展。二是伴随北京城市总体规划出台和北京新机场的建设，北京市正在制订新一轮南部地区发展行动计划。北京市委提出了以北京经济技术开发区、新机场临空经济区等功能区为依托，推动一批新项目在南部布局。这也使得部分中关村企业放缓在津冀投资发展而寻求在南部大兴区发展的机遇。

2. 投资的技术领域主要是电子与信息技术，津冀各有侧重，总体与津冀的技术产业优势相契合

中关村企业在津冀投资的领域集中于高技术领域。其中电子与信息技术是其在津涉足的主要领域，在津投资企业59%集中于该领域。而除了电子和信息技术以外，新能源与高效节能技术以及环境保护技术是中关村企业在冀投资的另一重点，这三个领域的投资企业数分别占全部在冀投资的32%、20%和11.7%。进一步分析表明，在生物工程和新医药、现代农业技术、新材料及应用技术以及新能源与高效节能技术领域投资于河北的企业远高于天津。

这与津冀的产业发展特点和内在优势相关。对天津而言，一方面，电子与信息是其规模最大的高技术产业，且企业数多、分布广。天津拥有国家级高新技术企业3000多家，工业总产值超4000亿元，集中在电子与信息、光机电一体化、新材料三大领域，三大领域企业数占比约为24%、24%、16.5%。另一方面，天津信息化、智能化制造的发展需要对传统制造业进行技改和升级，对电子与信息产业（包括信息服务）需求较大。对河北而言，一方面生物、电子信息和新材料作为河北高新技术产业的主要领域之一，具有内在优势；另一方面，河北作为京津冀生态发展支撑区，新能源与高效节能技术以及环境保护技术在冀会有较大的市场空间，而且河北的医药制造业相比京津具有外在的规模优势，其农业优势也很明显。因此，中关村企业在津冀投资的技术领域分布有其内在的必然性，符合津冀的产业发展特点和内在优势使其在相关技术领域的投资更容易获得较好的产业配套、资源和市场空间。

3. 投资的区域分布各有特点，在津相对集中，在冀相对分散，相关园区和创新载体的作用显现

中关村企业在天津的投资相对集中，滨海新区和武清区成为吸引北京优质资源和投资的最大集聚地。其中，在滨海新区的投资企业数为575个，投资额377.68亿元，分别占中关村在津投资的47.4%和76%；武清区吸引中关村投资企业数359家，投资额48.54亿元，分别占中关村在津投资的27.6%和9.8%。进一步分析表明滨海—中关村科技园较好地发挥了承接平台的作用，自贸区的创新实验和政策优势也得以显现，二者成为中关村企业在滨海新区投资的主要集聚地。而武清区“通武廊”的战略合作及其在社会管理、公共服

务、体制机制创新的不断深化也促进了要素跨区域流动，再加上其良好的区位优势、产业实力和创新生态环境，使得武清成为中关村企业在天津投资的第二大区域。

中关村企业在河北的投资则相对分散，呈现出多点开花的格局，石家庄、廊坊、保定、张家口、唐山均是中关村企业投资的重点城市，在这五个城市投资的企业数和投资额分别占全部在冀投资的 68.5% 和 76.4%。进一步分析表明，石家庄的正定中关村集成电路产业基地、保定的保定·中关村创新中心、唐山的中关村—曹妃甸高新技术成果转化基地较好发挥了承接平台作用，成为中关村企业在当地的主要集中地。而廊坊的区位优势、张家口自然资源和旅游资源丰富的优势也使得二者成为中关村企业投资的重要区域。

二、加大吸引中关村创新资源入津冀发展的建议

随着非首都功能疏解的深化，中关村创新资源和高科技企业的扩展和转移步伐在加快。截止到 2018 年 5 月，中关村企业在津冀两地建立 7189 家分支机构，其中分公司 3341 家（天津 1083 家，河北 2258 家），子公司 3848 家（天津 2074 家，河北 1774 家），若加上企业之间的投资，则数额会更大。从投资比重看，中关村在津冀投资仅占全部北京在津冀投资中的一小部分，但其投资的技术含量和产业分布领域却对津冀结构优化和产业升级产生重要影响。

1. 把握中关村高科技企业的发展取向和外扩特点，找准有效承接的技术和产业的对接点

中关村是我国科教智力和人才资源最密集的区域，拥有高新技术企业 2.6 万多家，日均新设立科技型企业 80 家，上市公司达 318 家，形成了下一代互联网、移动互联网和新一代移动通信、卫星应用、生物和健康、节能环保、轨道交通等六大优势产业集群。把握中关村企业的发展取向并找准承接的着力点，一方面，要把握中关村企业腾退空间、外疏功能、外扩产业、抢占市场的新取向，找准承接和对接的项目源和投资方。创新型科技公司把天津的制造业转型升级视为是其成果转化的机遇，环保类企业将河北视为其重要的市场，投资公司和基金公司在寻找新兴产业转移和科技成果孵化的新投向，电信和网络公司在酝酿互联互通中的信息技术支持和更大范围的便捷网络。

另一方面，要追踪和把握中关村科技企业和科技服务业的新布局和新需求，找准招引、承接、对接的环节和着力点。近年来，中关村人脸识别、语言识别、无人驾驶、计算机视觉、智慧物流、精准营销等人工智能新技术、新产业快速成长，而北京的空间拥挤和制造业格局在一定程度了制约了这些产业的

发展空间和现场应用。天津的智能制造、智慧港口、智慧城市建设，河北的智慧能源、智慧交通建设既为其发展提供了广阔的空间，也是其应用和拓展的基地和市场。找准承接与对接中关村企业和技术的着力点不仅有助于将科技创新与津冀智造对接，而且能实现多方共赢。

2. 抓住北京服务业开放的契机，探索吸引中关村企业在津冀发展的新路径，实现科技创新与产业深度对接

科技、金融和商贸是北京服务业的三大支柱。调查显示，北京市服务业扩大开放试点获国家批复后，其服务业对外经济合作向产业链高端延伸的步伐加快，尤其是一些创新型的模式、技术、业态、环节的延展和合作，如陆港间新型转关通关模式方面的通检流程、智能通关、口岸服务、新一代物流配送网络；又如跨境电商孵化器、生物医药研发成套进口设备租赁、境外股权投资基金、保险资金跨境投资等。

津冀的高端服务业比重均较低，天津科学研究和技术服务业以及信息传输、软件和信息技术服务业占比12.76%，河北仅占7.49%。而中关村在津冀投资重点为电子与信息技术领域，其项目重在科技服务，如科学研究和技术服务、信息传输与信息技术服务。这有助于提升津冀生产性服务业的高端化，并推动传统产业与信息技术的融合，促进津冀高质量发展。适应北京服务业开放的新形势，津冀应积极探索与中关村有效协同合作的新模式、新形态、新机制。在园区建设中重视科技创新与产业深度对接，并推动建设产城一体综合性创新社区，积极提供配套服务和政策支持。

3. 聚力各园区、基地等载体的建设，提升招商引智的吸引力和竞争力

按照党中央“控增量、疏存量，实现非首都功能疏解新突破”的部署，中关村企业的“东扩”和“南移”已成定局，津冀作为其功能延伸、科技成果转化和产业扩展的重要基地，应发挥好相关园区、基地、平台的作用，提升招商引智的集聚力和吸引力。

津冀各有优势，天津创新发展的基础设施和营商环境较优，产业链条较完整，河北自然资源丰富，这为中关村不同类型的企业在津冀的投资提供了相应的产业配套能力和资源。调研表明，天津的滨海—中关村科技园、自贸区，河北的石家庄正定中关村集成电路产业基地、保定·中关村创新中心、曹妃甸—中关村高新技术成果转化基地具有相对较好的产业承接生态体系，成为中关村企业投资外拓颇为青睐之地。

鉴于中关村在津冀地区布局了多个科技园，各园区的招商力度都在加大，津冀的招商引资部门应充分发挥本地优势，聚力各园区、基地、平台等载体建

设，精准承接目标，实现由“多元招商”向“精准招商”转变、“项目招商”向“产业链招商”转变、“招商引资”向“招商引智”转变。

【作者简介】

周彩云，天津财经大学讲师、南开大学应用经济学博士后。

周立群，南开大学滨海开发研究院教授、中国特色社会主义建设协同创新中心研究员。